经典诗文台词朗诵技巧

张海燕 著

语文出版社

·北京·

图书在版编目（CIP）数据

经典诗文台词朗诵技巧 / 张海燕著. — 北京 ：语
文出版社，2012（2019.4重印）
ISBN 978-7-80241-491-4

Ⅰ．①经… Ⅱ．①张… Ⅲ．①朗诵－语言艺术－高等
学校－入学考试－自学参考资料 Ⅳ．①H019

中国版本图书馆CIP数据核字(2012)第123288号

责任编辑 郑伟钟　时玲玲
装帧设计 刘姗姗
出　　版 语文出版社
地　　址 北京市东城区朝阳门内南小街51号　100010
电子信箱 ywcbsywp@163.com
排　　版 语文出版社照排室
印刷装订 北京天宇万达印刷有限公司
发　　行 语文出版社　新华书店经销
规　　格 787mm×1092mm
开　　本 1／16
印　　张 17.25
字　　数 248千字
版　　次 2012年5月第1版
印　　次 2019年4月第6次印刷
印　　数 11,001-21,000
定　　价 39.80元

☎ 010-65253954(咨询) 010-65251033(购书) 010-65250075(印装质量)

代序：朗诵练习是开启口语表达宝库的金钥匙

赵立泰

张海燕副教授是开创"汉语口语表达"新兴学科的万里教授的嫡传弟子，深得其真传。20 世纪 90 年代，时任国家教委师范教育司副司长的孟吉平同志曾打趣道："万教授得意门生的名字多有'燕'字，如中央电视台著名主持人白燕升，在高校搞科研教学的张海燕。"

青出于蓝而胜于蓝。万里教授去世后，张海燕不仅继承了老师所开创的"汉语口语表达"（国家教委将其定名为"教师口语"）这一新兴学科的教学与科研事业，还使这一新兴学科冲出讲台和校园，延伸到社会上诸多层面，使该学科的外延不断扩大，因而其内涵也更为丰满和完善。

一个生理正常的人可以不读不写，但绝不可能不听不说。人人都能开口讲话，但未必人人都能把话讲好。人们要交谈，要开会，要搞公关，要洽谈业务，要在谈判桌前据理陈词战胜对方，要在讲台上完成"传道、授业、解惑"的教学任务，没有良好的语言表达能力，是很难胜任上述工作的。有人说，口头语言的表达，是人们的第二张名片。此话并不夸张。人与人之间，经过一番语言交流，便可知其职业特点、文化修养、思想境界、审美情趣、心理与个性特征，这就是所谓听其言、知其人。从古至今，世界上没有"通才"，假如硬要火箭、导弹专家钱学森去跳芭蕾舞，恐怕比宇宙飞船上天还要难；如果说世界上有"通才"的话，只有具备良好口才的人可称得上"通才"。

第二次世界大战之后，美国在总结这次战争时惊叹于"口才"的特殊功能，有人把"舌头、原子弹、金钱"视为赖以生存、在竞争中使自己立于不败之地的三大战略武器。西方发达国家把"舌头"（即口才）放在三大战略武器的第一位，这就不能不让人从社会的发展趋势来看待这一问题了。

说起重视口才、运用口才，我们的起步要比其他国家早得多。早在公元前，盘庚用三次富于鼓动性的演说，使臣民拥护迁都于殷的主张，从而延长了商朝的统治；既黑又矮、其貌不扬的晏婴出使楚国，以高妙的外交辞令和机敏的辩才维护了齐国的尊严；郑国老臣烛之武在兵临城下的危难之际，挺身而出，以三寸不烂之舌说退秦兵；苏秦则以善辩的口才，游说六国，挂六国帅印……当时，能言善辩成为广泛的社会风气。孔子曾将"言语"列为四个必修学科之一，这可以算是我国最早的"口语表达"学科了。

两千多年后的今天，随着社会的飞跃发展，人们的视野更加开阔，交际范围越来越广，人们更加注意到口才在社会人际交往中的重要作用。生产管理人员因善于激励，可以使生产量上升；推销人员因富于口才，可以使销量陡增；言不达意、笨嘴拙舌会坐失良机，用语精当、应对机敏可以赢得主动；善于辞令能左右逢源，出言不当会顿感"四面楚歌"；精辟的外交答辩可以维护国家尊严；精彩的竞选演说可以使选民热血沸腾；一席语重心长的话可以使浪子回头……可以毫不夸张地说，一个发挥口才、充分运用口才表达的时代已经到来。为了适应时代，适应潮流，为了迎接挑战，迎接竞争，成就社会主义的伟大事业，提高全民族的语言素质，使每个人都具有良好的口才，已成为摆在我们面前的迫切任务。

良好的口语表达，不是与生俱来的，只能通过训练获得。但是，人体构造的奥秘至今尚未完全解开。人类内部思维语言的形成，由内部思想语言向外部有声语言的迅速转换，是一个非常复杂的过程，它涉及人体科学、心理学等诸多尖端学科。它看不见，摸不着，因而严重阻碍着口语表达能力的训练。海燕即将出版的《经典诗文台词朗诵技巧》正好破解了这一难题。即通过朗诵练习这一桥梁，获得有声语言表达的各种技能、技巧后，再逐步向即兴讲话过渡，形成良好的口语表达能力。

此书内容丰富，简明扼要，筛选或节选了古今中外的名著名篇、经典台词，作为朗诵练习的材料，并一一做出有针对性的分析和指导。但是，此书面世的意义和所产生的效果，远远超出了作者只为应试所用、爱好者所用的预期。掌握了朗诵的各种技巧，就能掌握将书面语言转换为有声语言的技能，就能为顺畅、快捷、准确、得体的口语表达打下坚实基础。所以说，朗诵练习是开启口语表达宝库的一把最好的金钥匙。

本书的读者朋友们，当你看到，在紧张、激烈的谈判中，有人用严密周详的表述、机智有力的反驳使对方进退维谷，最后赢得胜利的时候；当你看到，在工作中或社交场合，有人应对如流，谈笑风生，并且轻松自如地用简洁、明了的话语，摆脱令人困扰的人事纠葛的时候；当你看到，有人走上讲台，面对莘莘学子期待的目光，一开口使满屋顿时生辉，学生如沐春风的时候……你一定会暗暗赞叹他们的干练、智慧、才华和魅力。但是，你最惊羡的，肯定是他们的口才。古人有句话："为之，则难者亦易矣；不为，则易者亦难矣。"练起来吧，打开此书，不畏艰苦地练起来，持之以恒地练下去，就从现在开始，就从朗诵开始！

目　录

绪　论·· 1

第一章　朗诵基础······································ 9
　第一节　发声方法···································· 9
　第二节　共鸣控制···································· 16
　第三节　吐字归音···································· 19

第二章　朗诵表达技巧······························ 21
　第一节　对作品的理解与感受················· 21
　第二节　朗诵内部心理状态······················ 30
　第三节　朗诵外部表达技巧······················ 39
　第四节　朗诵特殊表达技巧······················ 54

第三章　不同文体朗诵方法······················ 62
　第一节　诗词朗诵···································· 62
　第二节　散文朗诵···································· 68
　第三节　寓言故事朗诵···························· 74
　第四节　小说朗诵···································· 80
　第五节　演讲词朗诵································· 84
　第六节　戏剧、影视台词朗诵·················· 92

第四章　经典篇目朗诵指导······················ 101
　春江花月夜/［唐］张若虚······················ 101
　满江红/［宋］岳飞································· 103
　再别康桥/徐志摩·································· 106
　你是人间的四月天——一句爱的赞颂/林徽因

　　··· 109
　人民解放军占领南京/毛泽东·················· 112

沁园春·雪/毛泽东 ·········· 113

我为少男少女们歌唱/何其芳 ·········· 116

理想（节选）/流沙河 ·········· 118

《青春万岁》序诗/王蒙 ·········· 120

一月的哀思（节选）/李瑛 ·········· 123

回答/北岛 ·········· 127

等你，在雨中/余光中 ·········· 130

一棵开花的树/席慕蓉 ·········· 132

我愿意是急流/（匈牙利）裴多菲 ·········· 135

前赤壁赋/〔宋〕苏轼 ·········· 137

爱莲说/〔宋〕周敦颐 ·········· 142

莲花和樱花（节选）/严文井 ·········· 144

课不能停（节选）/刘墉 ·········· 146

海燕（节选）/（苏联）高尔基 ·········· 148

猴吃西瓜/佚名 ·········· 151

自己救自己/佚名 ·········· 154

我有一个梦想（节选）/（美）马丁·路德·金 ·········· 156

最后一次的讲演/闻一多 ·········· 160

话剧《茶馆》中王利发与唐铁嘴的对白/老舍 ·········· 164

话剧《雷雨》第二幕（节选）/曹禺 ·········· 169

话剧《恋爱中的犀牛》中马路的独白/廖一梅 ·········· 177

电影《简·爱》中的人物独白（改编） ·········· 180

话剧《哈姆雷特》中哈姆雷特的内心独白（节选）/（英）莎士比亚

·········· 183

第五章 朗诵体态语运用 ·········· 187

第一节 朗诵服饰语 ·········· 189

第二节 朗诵身姿语 ·········· 194

第三节 朗诵表情语 ·········· 204

第六章 朗诵作品的选择与改编 ·········· 208

第一节 朗诵作品的选择 ·········· 208

第二节　朗诵作品的改编 …………………………… 213

第三节　新闻故事的改编 …………………………… 218

第七章　专业考试推荐篇目及朗诵提示 ………………… 223

饮酒/[晋] 陶渊明 …………………………………… 223

江城子/[宋] 苏轼 …………………………………… 224

浪淘沙/[南唐] 李煜 ………………………………… 224

念奴娇·赤壁怀古/[宋] 苏轼 ……………………… 225

与陈伯之书（节选）/[南朝·梁] 丘迟 ……………… 226

纸船——寄母亲/冰心 ……………………………… 227

教我如何不想她/刘半农 …………………………… 228

黎明的通知（节选）/艾青 ………………………… 229

七律·长征/毛泽东 ………………………………… 230

风流歌（节选）/纪宇 ……………………………… 231

一片槐树叶/纪弦 …………………………………… 232

谈心/祝相宽 ………………………………………… 233

山雀子噪醒的江南（节选）/饶庆年 ……………… 234

谈生命（节选）/冰心 ……………………………… 235

黄河号子（节选）/歌吟有梦 ……………………… 236

安塞腰鼓（节选）/刘成章 ………………………… 237

活埋（节选）/远方 ………………………………… 238

朋友和其他/杏林子 ………………………………… 239

梦中的哈纳斯/李鹏程 ……………………………… 241

春夜听雨（节选）/张蜀君　丘峰 ………………… 242

乌鸦与狐狸/(俄) 克雷洛夫 ……………………… 243

挤牛奶的姑娘/选自《伊索寓言》 ………………… 244

蝙蝠/(俄) 克雷洛夫 ……………………………… 245

一吃就饱的东西/韩雪 ……………………………… 246

小山羊卖菜/韩雪 …………………………………… 246

藏羚羊跪拜（改编）/王宗仁 ……………………… 247

一瓶水的修养/（根据新闻故事改编） …………… 248

一只让人流泪的水缸/（根据故事改编） ………… 249

有一种情感永不泯灭/（根据新闻故事改编） ……………………… 250

让爱生爱/（根据故事改编） ……………………………………… 251

母亲的清醒一刻/（根据故事改编） ……………………………… 252

便当里的头发/（根据故事改编） ………………………………… 253

话剧《罗密欧与朱丽叶》中罗密欧的独白 ……………………… 254

话剧《雷雨》中繁漪的台词/曹禺…………………………………… 255

电影《甲午风云》中邓世昌的台词 ……………………………… 255

电影《安娜·卡列尼娜》中安娜的台词 ………………………… 256

电影《剪刀手爱德华》中爱德华的台词 ………………………… 257

电影《十二夜》中 Jeannie 的台词 ……………………………… 257

电影《大腕》中演员李成儒的台词 ……………………………… 258

电视剧《康熙王朝》中康熙的台词 ……………………………… 260

后　　记 ………………………………………………………… 262

参考文献 ………………………………………………………… 264

绪　　论

　　中国古代诗词文赋的创作、传承、学习的语音方式，主要有唱、吟、诵、念四大类。念，就是用口语读。诵，是艺术化的念，强调清晰、准确和语气及情感。关于"朗诵"的基本解释是"大声诵读诗或散文，把作品的感情表达出来"。这里"朗"指声音清楚、响亮；"诵"指用高低抑扬的腔调念。自古以来，朗诵多指"高声吟诵、大声诵读"这种动作，如宋代陆游《浮生》诗："横陈粝饭侧，朗诵短檠前。"《京本通俗小说·错斩崔宁》："那同年偶翻桌上书帖，看见了这封家书，写得好笑，故意朗诵起来。"《醒世恒言·乔太守乱点鸳鸯谱》："乔太守写毕，叫押司当堂朗诵与众人听了。"清代焦循《忆书》一："朕一日万几，尚不忘，乃自首腺诵至末。"巴金《再访巴黎》："有两位法国同学分别用中国话和法国话朗诵了我的文章。"在现当代，"朗诵"还表示一种文艺形式，如韩北屏《非洲夜会·举杯痛饮》："晚会上还有朗诵和话剧，这些节目全不长。"《广播电视简明辞典》中将"朗诵"解释为："朗诵是把文学作品内容清晰、感情丰富地表达出来的一种语言艺术活动。它以文艺性为其特征，可辅以适当的表情动作，为观众和听众进行引人入胜的表演。语言表达具有渲染、夸张的特点。"我们认为，朗诵是把书面语言转化为有声语言的再创作、再表达的艺术活动，是朗诵者用规范响亮的声音、引人入胜的技巧、大方得体的表情动作对原作品进行艺术性的诠释与演绎。

一、朗诵特点

朗诵是一种口语表达的重要形式和传情艺术方式，主要特点有以下几个方面：

（一）创造性

朗诵虽然要依据一定的文字作品来进行，但绝不是照本宣科、见字出声，而是要对文字作品进行真正的创作，在创作的过程中又融入了自己的理解和感受。徐世荣先生曾说："朗诵是把写作语言还原，变为口语的有声语言，补上书面语言表达不出来的语气、语调、语势、语感，抑扬顿挫，轻重缓急，使语言增加了活力，有了跳跃着的生命。"这里，至关重要的是"还原"二字，这就是朗诵的实质。"还原"是一种变化，要把无声的书面语——一个个方块字，变成有声的口头语言，而且还要"补上"书面语所表达不出来的东西，要把文本的生命显示出来，"跳跃"起来，变成更能"表情达意"的另一种形式。文字语言是不可能把作者的全部想法都表达清楚的，"言不尽意"即为此意，朗诵者要在深入理解作品的基础上将那些隐藏在文字之外的意思补充出来；同时，文字作品不可能把一句话用恰切的语气体现出来，这也要靠朗诵者运用有声语言表达技巧进行创作；另外，朗诵者的有声语言表达本身就是一种创作，动听的声音、高超的表达技巧都在一定程度上为文字作品增色，加上配乐、灯光、舞美的设计等等，使得朗诵成为一项创造性的活动。

（二）艺术性

朗诵与其他传播信息的语言表达方式有较大差别。生活中的介绍、解说、评述、论辩和新闻播音等，主要是为了阐明观点或把事情讲明白、说清楚。因此，往往用最朴实的语言表达方式来转化文字语言，字音、音长、音强、音色、语气、节奏的变化都限制在一定的幅度之内，其朴实性和真实感异常重要。而朗诵则不同，因其现场性的特点，对声音运用有特殊的要求。因为感情浓烈，所以朗诵时语气、节奏的变化幅度相对较大;因其声音的特点,要求朗诵者通过训练增强语言的表现力和感染力等。所有这些要求,都体现出朗诵艺术性的特点。

(三)音声性

音声主要指朗诵的声音。朗诵最重要的特点之一就是音声性。朗诵是把文学作品转化为有声语言的艺术创作。在这个过程中,不论朗诵者对文字作品思想内涵的理解如何深刻,不论他对朗诵的整体设计如何精妙,最终都主要体现在有声语言表达上;因为听众是通过朗诵者的有声语言表达来接受文字作品的思想内涵,了解朗诵者的艺术修养,欣赏文字作品的艺术魅力。在此,有声语言几乎成了朗诵艺术唯一的载体。声音虽然不是朗诵的全部,但是有其独立存在的意义,是增强朗诵艺术魅力的重要因素。因此,在朗诵的训练过程中,练声既是基础性的工作——它是进行朗诵的必要条件,也是贯穿始终的工作。

(四)规范性

规范性主要表现在朗诵所选择的文字作品和所使用的语言上。一般来说,朗诵时选择的文字作品都应是规范的,其思想内容和语言形式大都经过作者的精心思考;另外,朗诵要使用普通话。到目前为止,大家所听到的朗诵绝大多数都使用普通话,其标准的语音、规范的词汇和语法为大多数听众所熟悉,能为大众理解和接受;同时,这种规范的语音最能体现抑扬顿挫、平仄相间、富于韵律的特点,最能表现出朗诵的艺术魅力。

(五)综合性

朗诵艺术是一项综合性的艺术。它不仅要求朗诵所依据的文字作品有较高的艺术水准,要求朗诵者有对文字作品的理解力、感受力以及有声语言的表现力和感染力,还要有适当的表情和手势动作,有时还要求音乐、灯光、舞美等多种因素的完美配合。不仅要求这些因素自身的完美,还要有机配合,彼此映衬,互相促进。否则,语言与配乐的力度对比反差过大、内容与形式格调背离都会影响到朗诵作品的艺术效果。此外,朗诵者还应掌握一些心理学和传播学的知识,能够在现场有效地控制自己的身心状态,使自己传达的思想、抒发的感情能够真正传输到受众的心中。朗诵的艺术效果是朗诵者综合素质的集中表现，因此朗诵也成为播音、编导、表演类专业考试中的重要测试项目。

二、朗诵与朗读的异同

朗诵与朗读只有一字之差，在运用上非常接近。朗诵与朗读都以口头语言为表达手段，都需要"朗声""高声"；二者都是以书面语言为依据，以书面语言为表达内容；二者都要求语音规范，吐字清晰，语句流畅，表达方式多样。

朗诵与朗读在实际运用过程中，却有很多差别，一定要细致分析，才能把朗诵与朗读区别开来，以便在不同的场合采用不同的表现方式。

（一）表达目的不同

朗读本质上还是一种念读，是一种应用型的朗声阅读。它更注重讲解功能。换句话说，它是附属于讲解的一种口语形式。因此朗读更注重语言的规范、语句的完整和语意的精确。即使是角色朗读，它注重的是角色"说了什么"，而不是"怎么说的"。朗读呼唤的是受众客观、理智的思考，追求的是让受众全面、准确地理解朗读者所表达的意思。

朗诵，本质上是一种语言表述的艺术表演形式。朗诵要求朗诵者在朗读的基础上更加注重对文稿的表达形式进行艺术的加工和处理。朗诵者借助于语速、停连、语调、轻重音等方面富于变化的个性表达手段，将朗诵材料转化为一种艺术表演。它呼唤的是听众的情感共鸣，追求的是使听众听之入耳、听之入心、听之动情的艺术感染力。

（二）表达文体不同

朗读的选材十分广泛，诗歌、散文、议论文、说明文以及各种文章、书信等都可以朗读；朗诵在选材上比较严格，只有文辞优美、语流畅达、音韵上口、富有表演性的作品才适合朗诵。例如一篇知识性的说明文章《景泰蓝的制作》，读者通过朗读可以获得知识信息，但是如果用来朗诵，却淡而无味，效果平平。

（三）表达方式不同

朗读对声音再现的要求接近自然化、本色化和生活化，口语形式平实自然，要求音量适中，停连适度，节奏均匀，语气运用得体，语调起伏有所控制，整体风格讲究"不火不炆、恰到好处"。朗诵对声音再现的要求则是风格化、个性化甚至可以戏剧化。朗诵要求朗诵者将自己对作品的体会，通过音量的大小、语调的高低、节奏的快慢等多方面的变化，凝结成一种独特的艺术感染力，深入并撼动听众的心灵。

（四）应用范围不同

朗读是一种教学方式或信息传播形式，主要用于课堂学习和电台、电视台播音。朗诵是一种艺术表演形式，多在舞台上或文娱活动中使用。如中央电视台的《新年诗会》，各种"朗诵会"或"朗诵表演"，一般都要准确地称为"朗诵"而不是"朗读"。

（五）语音要求不同

朗读对语音的要求非常严格，一定要在语音规范的基础上进行。如普通话测试中的朗读，目的就在于通过朗读作品测试应试者的语音面貌，对其他表现技巧要求不高。而朗诵可以在选用普通话的基础上，运用富有特色的语音技巧来渲染气氛、塑造人物。如张家声先生朗诵的《人民万岁》中，有两节采用富有毛泽东个人特色的湖南口音高呼"人民万岁"，虽然使用了方言，但作为一种特殊的艺术表现方式，对作品进行了生动的再现和创造性的发挥，产生了震撼人心的艺术效果。

（六）语言形式不同

朗读以听者全面准确理解表达内容为目的，运用普通话以"读"的方式来表达。朗诵大多采用"背诵"的方式，尽管朗诵一些篇幅较长的作品可以带文本出场，但多数部分还是以背诵为主，以语言艺术魅力和形态动作来感染听众。

（七）体态要求不同

朗读一般对朗读者的形体、态势、表情、眼神等均无明确的要求。如老师可以来回走动着读课文，播音员通常坐着播音。朗诵要求朗诵者在朗诵过程中形体、态势、表情、眼神和谐统一，相互配合，以强化朗诵语言的艺术感染力。

综上所述，朗读和朗诵，既有区别又有着密不可分的联系。朗读者所处的位置是本色化的，而朗诵者所处的位置是艺术化的。

朗读是朗诵进行艺术加工的基础，朗诵是朗读的进一步深入和艺术化的加工升华过程。

三、朗诵训练的意义

朗诵是演员、播音员、主持人或其他语言工作者的必修内容，也是专业考试中的重要科目。日常生活中，朗诵训练对一个人的口头语言表达能力的提高也起着重要的作用：

（一）朗诵训练在口语表达中起承上启下的桥梁作用

朗诵训练是口语表达训练的有机组成部分，是普通话正音的继续，是说话训练的开始。在普通话中学到的声、韵、调等知识和发音训练中所学到的用气发声、共鸣控制、吐字归音等技能，能够在朗诵训练中融会贯通，得到进一步提升。朗诵训练是口语表达训练的开始，口语表达要把内部语言转换为外部有声语言，是一个复杂的心理过程。训练时，必须循序渐进，逐步提高。而朗诵是把作品的书面语言，转换为有声语言。但朗诵的这一"转换"，有现成材料，有文字依托，看得见，摸得着，便于开口。同时，朗诵中的正音辨调、表情达意及一切技能、技巧，都是口语表达的基本功。所以说，朗诵训练是口语表达训练在初级阶段最为理想的训练形式。

（二）朗诵训练是提高一个人思维能力的有效方法

思维和口语表达关系极为密切，朗诵训练可以锻炼一个人的思维能力。朗诵者从准备朗诵开始，直到有声语言的最终完成，始终保持着积极的思维状态。在分析、感受作品的过程中，语脉的发展，层次的构成，文气的贯通，对朗诵者的逻辑力、分析力、理解力、判断力等都是极好的锻炼。在朗诵过程中，作品中那些优美的情景描绘、鲜明的人物刻画、复杂的感情变幻等，对朗诵者的记忆力、想象力、鉴赏力、创造力等能力的提高都会有所帮助。

（三）朗诵训练是积累语言词汇的重要方式

朗诵过程，也是广泛汲取古今中外名家语言精华的过程。作品中那些准确的词语概念、精湛的句式结构、妥帖的修辞方法，总是在悄悄地丰富着朗诵者的知识宝库。朗诵者通过朗诵作品储存的大量词汇，会成为口语表达中所需要的物质材料，用时就会信手拈来。那种词不达意、半截"卡壳"的现象，就会大为减少。所以说，朗诵训练，是提高口语表达能力的有效方法。

（四）朗诵训练是提高口头语言表现力的捷径

同样的内容，由朗诵技能高超的人讲述，会生动感人，妙趣横生；由未受过朗诵训练、讲话呆板的人去说，就会使人感到枯燥乏味，索然无趣。通过学习朗诵技巧，可以借鉴朗诵当中的情景再现、内在语、对象感等内部心理状态的调节方法，更可以运用重音、停连、节奏、语气和语调等声音表现技巧，大大提高有声语言的表现力。

四、提高朗诵能力的途径

评价朗诵的优劣，往往是看朗诵者的艺术创造是否能给人一种美的享受。这样，朗诵者的文化修养、对语言文字的感悟能力、语音运用技巧、艺术表现能力就成了决定朗诵水平高低的因素。要提高朗诵能力，需要经过一个系统的学习训练过程。

首先要进行普通话正音训练。朗诵是一项口头语言的艺术，需要创造性地还原语气，使无声的书面语言变成活生生的有声语言。要使自己的朗诵优美、动听，必须使用标准的普通话进行朗诵。因为普通话是汉民族共同语，用普通话朗诵，便于不同方言区的人理解和接受。而且，朗诵作品一般都是运用现代汉民族共同语（即普通话）写成的，只有用普通话语音朗诵，才能更好地、更准确地表达作品的思想内容。另外，普通话由于自身的特点和优势，音系比较简单，音节结构形式较少，音节中元音占优势，四个声调抑扬分明且元音成分较多，音节间隔清晰，词的双音节化和轻重格式的区分，以及轻声、儿化的使用，使得有声语言表达更加准确、丰富。因此，在朗诵前必须了解普通话基本知识，进行普通话正音训练，为朗诵奠定良好基础。

第二，进行发声共鸣与吐字归音训练。只有科学发声、归音到位，朗诵诗文才有韵味。因此，发声共鸣与吐字归音是朗诵者必须具备的一项基本功。优秀的朗诵艺术家总是不断地进行声音训练，只要他一张口，听众立刻就会被其富有磁性、悦耳动听的声音吸引住。

第三，聆听或观摩优秀朗诵艺术家的录音和视频，学习、借鉴他们的朗诵表现方式。如方明、林如、虹云、张家声、瞿弦和、任志宏、乔榛、丁建华、孙道临、李默然、鲍国安、濮存昕等人的朗诵艺术水平都很高超，而且各有特色，初学朗诵者可以多观摩，多体会。

第四，提高朗诵技能最为关键的是系统了解朗诵知识，掌握表达技巧。在深入分析、理解经典名篇的基础上，加深感受，产生真实的感情、鲜明的态度，然后通过富有感染力的声音，运用丰富多样的表达技巧，准确、生动地再现作品的思想内容，加深受众对作品的理解，引起共鸣，激发感情，从而达到朗诵目的。

最后，要多读朗诵作品，经历大量朗诵实践，积累多种朗诵经验，然后创造出自己的朗诵风格。

第一章　朗诵基础

朗诵作为一种特殊的有声语言表现方式，比起谈话、介绍、解说、评述和朗读等语言形式，对声音条件、气息状态和共鸣状况的要求要高出许多。不同的人音色各不相同，同一个人在不同状态下发出的声音也有差别。朗诵者要创作出不同性格特点的声音作品，就要控制好声音。俗话说："工欲善其事，必先利其器。"朗诵者要发出美妙动人的声音，就必须了解与掌握发音器官的构造与运动功能，掌握呼吸、发声、共鸣、吐字方法，通过调节呼吸、共鸣和吐字状态，用技巧驾驭自己的声音，呈现出声音的强与弱、高与低、刚与柔、明与暗、虚与实等多种变化形式，达到气息控制自如、吐字圆润饱满、声音富于变化的目的。

第一节　发声方法

参与发声运动的器官主要有发音器官、动力器官和共鸣器官三部分。

一、发音器官运用方法

发音器官也叫声源器官，主要指喉头和声带。由肺呼出的气流经过气管通过喉部时，处于喉部的声带在气流的作用下产生振动，发出声音。

声带作为人类发音的振动体，是两条薄薄的、富有弹性的肌肉韧带，又叫声带肌。它的运动取决于喉内肌和喉外肌的收缩。在发音前，声带进入发音准备状态。开始发音时，拉紧声带的肌肉和起着不同作用的喉肌收缩，使两侧声带达到必要的紧张度并相互靠拢、闭合。由于声带有节律的运动，气流通过声带时，造成空气振动而形成音波，音波经喉、咽、口、鼻等共鸣腔的扩大和美化，就形成了人的声音。

声带的长短、厚薄变化对语音的音高和音色有重要影响。声带长度变化产生不同音高，声带间声门开合变化产生不同音色。声带的长度与边缘厚度直接相关：声带越长，边缘越薄；声带越短，边缘越厚。人在发低音时，声带收缩变短，声音变低；发高音时声带拉长、变紧，声音变高。

两声带间叫声门。发声时声门的松紧变化对形成的音色有重要影响：声门紧密闭合，声带振动发出的是乐音性质的明亮实声；声门轻松闭合或半闭合，声带振动以乐音成分为主，也带有部分气流摩擦声，发出的是柔和的虚实声；声门开度略大，声带振动的乐音成分小于气流摩擦音，这是耳语声音，也就是气声的发音状态。

在通常情况下，人们说话时，声带的振动频率在60~350赫兹之间。声带的振动频率决定了发音的音响、音高、音色。声带对发音起很大的作用。声带的好坏，既靠先天因素，也靠后天的训练和保护。注意恰当地训练与运用声带，改变声带条件，保护声带，都是提高朗诵技能的重要方面。

在朗诵时，声带运用要科学得当，才能使声音发挥到最佳程度：

（一）通过练习"吊嗓子"，尽量将音量放开。例如朗诵古诗词或《雷电颂》《哈姆雷特》及《恋爱中的犀牛》等剧作中大段的内心独白，因情感起伏较大，需要有声音的大开大合，必须将音量放开。

（二）在长时间朗诵之前，声带要做准备活动，犹如赛跑前韧带要做准备活动一样。方法是：将声带放松，用均匀的气流轻轻地拂动它，使之发出细小的抖动声，仿佛小孩子撒娇时喉咙里发出的那种声音。可以逐渐加大到一定分量，使声带启动，以适应即将到来的长时间运动。

（三）朗诵时选择适合自身音色和音量的作品。发音要轻松、自然，特别是起音要高低适度，控制好音量；否则，声带负担过重，会导致声带不堪重负，变得嘶哑，影响朗诵效果。

二、动力器官训练方法

呼吸器官也叫动力器官，是由肺、胸腔、横膈膜等部分组成的呼吸运动的联合体，它是人类说话发声的原动力器官。肺在胸腔内，由许多弹性纤维的上皮组织组成，其中是空的肺泡，形状如海绵，具有明显的伸展性和弹性。吸气时，肺扩大；呼气时，肺缩小，而肺扩大、缩小的呼吸运动，主要靠胸腔扩大、缩小的运动来维持。

胸腔由十二对弓形的肋骨组成，构成胸廓。肋骨间有肋间内肌和外肌。外肌收缩可以把肋骨提起，使胸腔增大，帮助吸气；内肌收缩可以让肋骨下降，而使胸腔缩小，帮助呼气。

横膈膜是肺下端一层有弹性的膜。横膈膜的膈肌收缩时，横膈膜就拉下去，胸腔就扩大，可以帮助吸入气息；膈肌松弛，横膈膜又缩上去，胸腔就缩小，可以帮助呼出气息。呼出的气息冲击声带，产生音波，音波再到咽腔、口腔、鼻腔等产生共鸣，扩大音响，随着口腔中发音部位与发音方法的变化，就产生了千变万化的声音。

呼吸不仅是人类赖以生存的生理机能，而且也是说话、朗诵发声的原动力。呼吸训练对于声音的表现有重要作用。声带的震动、共鸣的发挥、声音的变化、情感的表达等全有赖于气息的控制与运用。为了适应朗诵艺术语言的特殊要求，就必须进行呼吸训练。

气息是声音的动力来源，充足、稳定的气息是发音的基础。有的人讲话或唱歌声音洪亮、持久、有力，"底气"很足；有的人说话或唱歌音量很小，有气无力，上气不接下气，使人难以听清，这种人则"底气"不足。其间除了有身体素质的区别外，还有一个气息调节的技巧问题，即呼吸和讲话的配合、协调是否恰当的问题。

正常情况下，说话是在呼气时而不是在吸气时进行的，停顿则是在吸气时进行的。如果是持续时间较长的讲话或朗诵，必然要求有比平时更强的呼吸循环。

朗诵时的正确呼吸方法，应当采用有控制的胸腹式联合呼吸法（也称丹田呼吸法），即运用小腹收缩，靠丹田的力量控制呼吸。

胸腹式联合呼吸介于胸式呼吸和腹式呼吸之间，是二者的结合。具体方法如下：

吸气：小腹向内即向丹田收缩，相反，大腹、胸、腰部同时向外扩展，可以感觉到腰带渐紧，前腹和后腰分别向前、后、左、右撑开的力量。用鼻孔吸气，做到快、静、深。

呼气：小腹始终要收住，不可放开，使胸、腹部在控制下，将肺部储存的气息慢慢放出，均匀地外吐。呼气要用嘴，做到匀、缓、稳。在呼气过程中，语音一个接一个发出后，组成有节奏的有声语言。

这种呼吸方法可以使腹部和丹田充满气息，为发音提供充足的"气"。同时，由于小腹向内收缩，胸前向外扩张，以小腹、后腰和后胸为支柱点，为发音提供了充足的"力"。"气"与"力"的融合，为优美的声音奠定了坚实的基础。

在朗诵过程中，要处理好发声和呼吸的关系，必须注意：

第一，尽可能轻松自如，吸气要迅速，呼气要缓慢、均匀，吸入的气量要适中。

第二，尽可能在朗诵中的自然停顿处换气，不要等讲完一个长句才大呼大吸，显得很吃力。还要根据自己的气量来决定长句的读法，不要为了渲染和增强表达效果而勉强为之。那样，会适得其反。

第三，朗诵时要根据内容情感的表达需要调整气息和语调的变化，采用强弱气息控制方法，才能表现不同的内涵情感。"情、气、声"三者紧密关联，朗诵时必须以情运气，以气托声，以声传情，才能做到由内而发，声情并茂。

下面以郭沫若的话剧《屈原》中《雷电颂》片段为例，来说明"情、气、声"的控制调整方法。

风！你咆哮吧！咆哮吧！尽力地咆哮吧！在这暗无天日的时候，一切都睡着了，都沉在梦里，都死了的时候，正是应该你咆哮的时候了，应该你尽力咆哮的时候！

尽管你是怎样的咆哮，你也不能把他们从梦中叫醒，不能把死了的吹活转来，不能吹掉这比铁还沉重的眼前的黑暗，但你至少可以吹走一些灰尘，吹走一些沙石，至少可以吹动一些花草树木。你可以使那洞庭湖，使那长江，使那东海，为你翻波涌浪，和你一同地大声咆哮呵！

啊，我思念那洞庭湖，我思念那长江，我思念那东海，那浩浩荡荡的无边无际的波澜啊！那浩浩荡荡的无边无际的伟大的力呀！那是自由，是跳舞，是音乐，是诗！

啊，这宇宙中的伟大的诗！你们风，你们雷，你们电，你们在这黑暗中咆哮着的，闪耀着的一切的一切，你们都是诗，都是音乐，都是跳舞。你们宇宙中伟大的艺人们啊，尽量发挥你们的力量吧。发泄出无边无际的怒火把这黑暗的宇宙，阴惨的宇宙，爆炸了吧！爆炸了吧！

雷！你那轰隆隆的，是你车轮子滚动的声音？你把我载着拖到洞庭湖的边上去，拖到长江的边上去，拖到东海的边上去呀！我要看那滚滚的波涛，我要听那鞺鞺鞳鞳的咆哮，我要飘流到那没有阴谋、没有污秽、没有自私自利的没有人的小岛上去呀！我要和着你，和着你的声音，和着那茫茫的大海，一同跳进那没有边际的没有限制的自由里去！

啊，电！你这宇宙中最犀利的剑啊！我的长剑是被人拔去了，但是你，你能拔去我有形的长剑，你不能拔去我无形的长剑啊。电，你这宇宙中的剑，也正是，我心中的剑。你劈吧，劈吧，劈吧！把这比铁还坚固的黑暗，劈开，劈开，劈开！虽然你劈它如同劈水一样，你抽掉了，它又合拢了来，但至少你能使那光明得到暂时的一瞬的显现。哦，那多么灿烂的、多么眩目的光明啊！

《雷电颂》选自郭沫若的历史剧《屈原》，该剧塑造了我国伟大的政治家兼诗人——屈原的形象，充分表现了诗人痛恨黑暗、向往光明、忠于祖国、热爱人民的高尚情操和崇高理想，以及英勇无畏的斗争精神。全剧剧情紧张激烈，波澜起伏；风格刚健悲壮，酣畅淋漓；语言激情澎湃、气势磅礴，充满浪漫主义色彩。本文是第五幕第二场里屈原的一段长篇独白，是人物内心深处最强烈的思想感情的自然流露，也是一首高亢激越、气势雄伟、充满战斗激情的诗篇，是一篇不可多得的朗诵精品。

在现代话剧中，独白是一种非常具有表现力的艺术手段，它可以直接展现人物内心深刻而复杂的矛盾。这段抒情独白，是"生之颤动，灵之喊叫"，极力宣泄着主人公内心强烈的情感。朗诵时要把握好全文的基调：悲壮、慷慨、激昂。要用激越的感情，读出气势，读出力量，读出九死未悔的勇气和决心。但是也不能从头喊到尾，还要触摸文字内涵，把握好内在节奏。本段文字内容节奏非常明显，每小段几乎都有"强与弱"的明显对比，朗诵时要注意用气息与声音的强弱控制区分出来。

渐强控制："风！你咆哮吧！咆哮吧！尽力地咆哮吧！"这几句对风的呼喊，流露了屈原对风的急切的渴盼。风即改变黑暗的变革力量，对风以及后面的雷、电的呼唤实际也就是对变革现实的伟大力量的呼唤。朗诵时注意把握急切、渴望之情，但是不能奔突而上，要低声缓起，慢慢提高音量，读三个"咆哮"逐渐提升语调，到"尽力"时达到最高点。

弱控制："在这暗无天日的时候，一切都睡着了，都沉在梦里，都死了的时候"，这里要将音量降低，语速减慢，表现"睡、梦、死"的沉闷状态。

渐强控制："正是应该你咆哮的时候了，应该你尽力咆哮的时候！"这里可以突然提高音量，重点强调"尽力"一词。

渐弱控制："尽管你是怎样的咆哮，你也不能把他们从梦中叫醒，不能把死了的吹活转来，不能吹掉这比铁还沉重的眼前的黑暗，但你至少可以吹走一些灰尘，吹走一些沙石，至少可以吹动一些花草树木。"这里语气减弱，重音强调"至少"，表示退而求其次的无奈情感。

渐强控制："你可以使那洞庭湖，使那长江，使那东海，为你翻波涌浪，和你一同地大声咆哮呵！"这里语气逐渐加强，音量逐渐提高，快速将"使那洞庭湖，使那长江，使那东海"三个短语连在一起，在"翻波涌浪"上蓄足气息，然后爆发出强有力的"大声咆哮"四个字。

弱控制："啊，我思念那洞庭湖，我思念那长江，我思念那东海"，朗诵该句前要稍作停顿，转换情感与气息。因为表达"思念"之意，不能再用慷慨激昂的语气，要沉下声音来，表现屈原内心深处细腻的一面。虽是弱控制，但在语调上可以起伏变化，既可逐渐降低也可逐渐提升，还可以用"平、升、降"的变化方式，来表现"思念"内容的丰富。

渐强控制："那浩浩荡荡的无边无际的波澜啊！那浩浩荡荡的无边无际的伟大的力呀！那是自由，是跳舞，是音乐，是诗！"，前面两句是叙述句，渐强变化体现在四个"是"内容上，可以逐渐提升语调，由低到高，将屈原激动难耐的内心情绪推到一个新的高潮处。

强控制："啊，这宇宙中的伟大的诗！你们风，你们雷，你们电，你们在这黑暗中咆哮着的，闪耀着的一切的一切，你们都是诗，都是音乐，都是跳舞。你们宇宙中伟大的艺人们啊，尽量发挥你们的力量吧。发泄出无边无际的怒火把这黑暗的宇宙，阴惨的宇宙，爆炸了吧！爆炸了吧！"这一段都是激越的情感，为防止一味高声喊叫，可在朗诵呼喊目标"这宇宙中的伟大的诗"和"你们宇宙中伟大的艺人们啊"时尽量压低音量，一方面显得祈求语气更亲近、更真诚，一方面将后面呼吁的内容衬托得更高亢、更有力。

弱控制："雷！你那轰隆隆的，是你车轮子滚动的声音？你把我载着拖到洞庭湖的边上去，拖到长江的边上去，拖到东海的边上去呀！"这里要降低音量，将语速放缓，一方面在前一个高潮过后稍作休整，另一方面也为下一个高潮的到来积蓄力量，换足气息，酝酿好情绪。

渐强控制："我要看那滚滚的波涛，我要听那鞺鞺鞳鞳的咆哮，我要飘流到那没有阴谋、没有污秽、没有自私自利的没有人的小岛上去呀！我要和着你，和着你的声音，和着那茫茫的大海，一同跳进那没有边际的没有限制的自由里去!"三个"我要"与三个"和着"感情逐渐强烈，语调逐渐升高，达到最高潮，到"一同跳进那没有边际的没有限制的自由里去!"，让情感与声音发挥出来，形成一泻千里的气势。

强控制："啊，电! 你这宇宙中最犀利的剑啊! 我的长剑是被人拔去了，但是你，你能拔去我有形的长剑，你不能拔去我无形的长剑啊。电，你这宇宙中的剑，也正是，我心中的剑。你劈吧，劈吧，劈吧! 把这比铁还坚固的黑暗，劈开，劈开，劈开!"这段也是主人公情绪的高潮点，重点强调"有形"与"无形"两词，以示对比；三个"劈吧"可以用一口气快速将重音"劈"甩出去，三个"劈开"需要字字强调，速度放慢，语调要有高低起伏变化，使内容与情感逐渐深入。

弱控制："虽然你劈它如同劈水一样，你抽掉了，它又合拢了来，但至少你能使那光明得到暂时的一瞬的显现。哦，那多么灿烂的、多么眩目的光明啊!"这一段在情感与语气上也要作适当缓冲，音量降低，语速减慢，重点强调"至少"一词。结尾句充满梦想与渴望，因此要在"哦"之前、之后，稍作停顿，将愤怒、慷慨的语气转换成向往与热爱的语气，用虚声、慢速表现光明的美好，将诗人的情感推向极致。

第二节　共鸣控制

共鸣器官包括全部发声系统的腔体。如胸腔、喉腔、咽腔、口腔、鼻腔和鼻窦等。通过调节控制，可以扩大音量，美化音色。

软腭以上的鼻腔、鼻窦、蝶窦、额窦等为上部共鸣腔；胸腔、喉腔、咽腔、口腔为下部共鸣腔。其中喉腔、咽腔、口腔为可调节的共鸣腔，如口腔可开可闭、可大可小，舌头可松可紧、可薄可厚，活动频繁。软腭、上下唇都可以活动，咽腔的肌肉可张可缩、可长可短，喉头可上下，活动自如。

鼻腔和鼻窦。鼻腔以垂直的鼻中隔为界分出左右两个部分。鼻窦包括额窦、筛窦、上颌窦和蝶窦，这些含有空气的骨腔均有小孔与鼻腔相通。鼻腔靠软腭控制气流的通道：软腭下垂，气流进入鼻腔，软腭提高，与口腔隔开，可以此改变共鸣方式。

声道指的是由喉腔、咽腔、口腔与鼻腔连接起来组成的共鸣管。由于有些腔体可以活动，造成了声道的不同变化，从而使人的声音表现出不同的音量和色彩。

人的声音是否悦耳动听，取决于共鸣器官的作用。共鸣器官可形成口腔共鸣、鼻腔共鸣、胸腔共鸣三种共鸣方式。

口腔共鸣是最重要的共鸣。朗诵要运用口腔咬字和吐字，其他腔体的声音振动也需要口腔共鸣作为基础，否则声音无法为语言服务。一般情况下，朗诵的声音在口腔中应该是集中靠前的，因为这样可以连通鼻腔、口腔、胸腔的共鸣，使呼吸通畅，声音自然、圆润。有些艺术专业考试中要求考生用"广场效果"朗诵，就需要放开音量，较多地采用口腔共鸣方式。在话剧台词朗诵、大合唱前的领诵和大型活动的朗诵中，较多需要口腔共鸣。例如光未然的《黄河颂》（节选）：

> 啊，朋友！
> 黄河以它英雄的气魄，
> 出现在亚洲的原野；
> 它表现出我们民族的精神：
> 伟大而又坚强！
> 这里，
> 我们向着黄河，
> 唱出我们的赞歌。

诗人作为时代的歌手出现，他站在高山之巅，代表祖国英勇的儿女，向着黄河唱出了颂歌。这一段场面辽阔、气势宏伟，朗诵时必须要放开声音，形成面对旷野、目视黄河的感觉。但是又不能没有遮拦地大声喊叫，必须通过打开口腔，收拢唇形，让声音在口腔内部形成共鸣与回声效果，使音色饱满集中，响亮有力，朗诵出歌词激昂、豪迈、一泻千里的恢弘气势，激发听者壮怀激烈、热血沸腾的情感。

鼻腔共鸣在朗诵中有着重要的作用。有效运用鼻腔共鸣，不仅能增加声音的音韵美感，还有助于表现感情强烈、辽阔宏大的场景和气势。鼻腔共鸣和鼻音有着很大的区别，鼻腔共鸣能增强声音的艺术效果，而鼻音却有损声音的表现，使每个字音都成了严重的鼻化音，犹如患了严重的感冒。鼻腔共鸣只有与口腔共鸣联系起来，并以口腔共鸣为基础，才能发挥更好的共鸣效果。

胸腔共鸣，包括肺和气管。振动胸腔共鸣时，能感觉到声波在胸腔明显的振动。胸腔共鸣有助于表现深沉、厚重、忧伤、阴郁等情感。

朗诵总体要求达到"以口腔为主，三腔同时共鸣"的效果，然后根据朗诵内容和情感表达的需要，在共鸣方式上做到灵活调整，使音色、音量运用自如。

例如朗诵曹操的《短歌行》：

> 东临碣石，以观沧海。
> 水何澹澹，山岛竦峙。
> 树木丛生，百草丰茂。
> 秋风萧瑟，洪波涌起。
> 日月之行，若出其中；
> 星汉灿烂，若出其里。
> 幸甚至哉，歌以咏志。

"东临碣石，以观沧海。"以叙事发端，起调平稳，朗诵时以口腔共鸣为主，辅以雄浑、低沉的胸腔共鸣，形成沉郁顿挫和略带霸气的语音特色。

"水何澹澹，山岛竦峙。"这两句写大海雄浑、开阔的气象，是远景，全景。朗诵时可采用胸腔共鸣方法，通过口腔控制使音色虚化，表现诗人极目远眺、场景辽阔的深远意境。

"树木丛生，百草丰茂。"这两句写山岛，突出其林密草丰的特点，是近景，是局部。要以口腔共鸣为主的形式，采用实声，将受众从辽远的场景拉回到近景中来。

"秋风萧瑟，洪波涌起。"这两句写秋风和大海波涛汹涌的动态，可多加些胸腔共鸣效果，用低沉浑厚、略带沧桑的音色表现苍凉的意境。

"日月之行，若出其中；星汉灿烂，若出其里。"这四句是说日月星辰都好像在大海的胸中运行，显示大海包容一切的博大胸怀，是虚拟之景，想象之词。朗诵时先用低声、胸腔共鸣方式，然后提高音量，改用以头腔共鸣为主的共鸣方式，呈现上天入地、吞吐宇宙的宏伟气象，表现诗人的辽阔襟怀和英雄气概。

结尾句"幸甚至哉，歌以咏志"本来是配乐时用的套语，一般与正文意义无关，但在这首诗里却显得浑然天成。朗诵时要回到口腔共鸣为主的旋律上，采用实声，完美收尾。

第三节　吐字归音

"吐字归音"是我国传统说唱理论中提及咬字方法时所用的一个术语。从汉语音节特点出发，汉字一个音节的发音过程可分为字头、字腹、字尾三个阶段。朗诵时要求出字清晰，立字饱满，归音到位。

所谓出字，也叫吐字，是指头（声母）和颈（介音，也叫韵头）的发音过程，即"咬字"阶段。咬字要求干净利落、弹发有力，并与韵头迅速结合。如 dian，d 是字头，i 是韵头，a 是字腹，n 是字尾。整个字头的发音应具有一定的弹射力，这是整个音节是否有"力度"的关键。字头部位是否准确，咬字是否适当，是汉语语流中字音是否清晰，并且有一定"亮度"的关键。

所谓"立字"是指韵腹（字腹）的发音过程。韵腹的发音应有"拉开立起"之势，要"立得住"，也称"立度"。汉字音节中，口腔开合度最大、泛音共鸣最丰满、声音最响亮的就是韵腹（主要元音）。再加上韵腹是声调（字神）的主要体现者，声调和韵腹充实的声音结合在一起，在有声语言中形成抑扬顿挫的语言音乐美。

所谓"归音"是指音节发音的收尾过程。要求字尾弱收，肌肉由紧渐松，口腔随之由开渐闭、渐松。归音干净利索，趋向鲜明，既不可拖泥带水留尾巴，也不可唇舌"不到家"。开尾音节收音时应注意用减弱的声波来收束音尾，不要改变口腔的大小，不可"吃字""倒字""丢字"。"吃字"即吃了字头，出字不清；"倒字"即韵腹发音有毛病，字没立住；"丢字"即归音不到家，丢了字尾。

例如朗诵张若虚的《春江花月夜》。这首被闻一多先生誉为"诗中的诗，顶峰上的顶峰"的诗篇，一千多年来使无数读者为之倾倒。诗人凭借对春江花月夜的描绘，尽情赞叹大自然的奇丽景色，讴歌人间纯洁的爱情，把对游子思妇的同情心扩大开来，与对人生哲理的追求、对宇宙奥秘的探索结合起来，从而汇成一种情、景、理水乳交融的幽美而邈远的意境。朗诵此诗，读出韵味是关键。若要读出韵味，必须在每个字的吐字归音上下足工夫。全诗共三十六句，四句一换韵，共换九韵。全诗随着韵脚的转换、平仄的交错运用，一唱三叹，前呼后应，既回环反复，又层出不穷，节奏感平和而优美。朗诵时要注意每个音节归音到位，使语音与韵味的变化切合诗情的起伏，使声情与文情丝丝入扣，婉转谐美。

第二章　朗诵表达技巧

第一节　对作品的理解与感受

朗诵是朗诵者的一种再创作活动。这种再创作，不是照字读音的简单发声，也不是脱离朗诵材料的另行演绎，而是要求朗诵者通过有声语言传达出原作的主要精神和艺术美感。不仅要让听众领会朗诵的内容，而且要使其在情感上受到感染。为了达到这个目的，朗诵者在朗诵前就必须准确地把握作品内容，透彻地理解其内在含义。虽然朗诵中各种有声艺术手段的运用十分重要，但是如果离开了准确、透彻地把握内容这个前提，那么，艺术技巧成了无源之水、无本之木，成了一种纯粹的形式主义，也就无法做到以声传情达意。要准确、透彻地把握作品内容，可以通过以下几个步骤：

一、深入分析作品，全面理解朗诵内容

（一）首先是清除障碍。对作品中的字、词、句、成语典故，要解决其声、韵、调、语流音变等读音问题，然后搞清文中字词、语句的深刻含义，不能囫囵吞枣、望文生义。

（二）联系作品的创作背景与写作意图，深入分析、理解作品，准

确概括作品主题，这样才能准确把握作品主旨，不会断章取义，不至于把作品读得支离破碎，甚至歪曲原作的思想内容。

（三）对作品进行结构分析，理清作品脉络结构，揣摩词句的内在含义，体味语句之间的逻辑关系。结构分析是表达的坚实基础，分析结构就能找出文章情感的变化，在朗诵的时候就会注意到自己的情感也要随之改变。

（四）感受全文的语言风格，根据文章的语句和词汇特点，确定不同的表现方式，朗诵出文章的独特韵味。

例如朗诵范仲淹的《岳阳楼记》：

予观夫巴陵胜状，在洞庭一湖。衔远山，吞长江，浩浩汤汤，横无际涯；朝晖夕阴，气象万千。此则岳阳楼之大观也。前人之述备矣。然则北通巫峡，南极潇湘，迁客骚人，多会于此，览物之情，得无异乎？

若夫霪雨霏霏，连月不开，阴风怒号，浊浪排空；日星隐曜，山岳潜形；商旅不行，樯倾楫摧；薄暮冥冥，虎啸猿啼。登斯楼也，则有去国怀乡，忧谗畏讥，满目萧然，感极而悲者矣。

至若春和景明，波澜不惊，上下天光，一碧万顷；沙鸥翔集，锦鳞游泳；岸芷汀兰，郁郁青青。而或长烟一空，皓月千里，浮光跃金，静影沉璧，渔歌互答，此乐何极！登斯楼也，则有心旷神怡，宠辱偕忘，把酒临风，其喜洋洋者矣。

嗟夫！予尝求古仁人之心，或异二者之为，何哉？不以物喜，不以己悲。居庙堂之高，则忧其民；处江湖之远，则忧其君。是进亦忧，退亦忧。然则何时而乐耶？其必曰："先天下之忧而忧，后天下之乐而乐"乎！噫！微斯人，吾谁与归！

朗诵这篇文章可以从以下几方面入手：

首先，要读准文中一些生僻字词，以避免在朗诵时出现"硬伤"。谪（zhé）：封建社会官吏降职或远调。衔（xián）：用嘴含着，指包含。霪（yín）雨霏霏（fēi）：阴雨连绵。怒号（háo）：吼叫。樯（qiáng）倾楫（jí）摧：樯，桅杆；楫，桨。冥冥（míng）：昏暗。谗（chán）：诽谤。岸芷（zhǐ）汀（tīng）兰：岸上的香草，小洲上的兰花。嗟（jiē）夫：叹词。噫（yī）：叹词。

　　其次，要联系背景，明确主题。分析这篇文章时，许多人会直接进入正文而忽略了前言："庆历四年春，滕子京谪守巴陵郡。越明年，政通人和，百废俱兴，乃重修岳阳楼，增其旧制，刻唐贤、今人诗赋于其上，属予作文以记之。"这段文字虽然不必朗诵出来，但对朗诵者深入理解作品有很大帮助。八百里洞庭湖，自古以来就是令人神往的胜地，宋代滕子京被贬于此地，重修岳阳楼。在古时，修造亭台楼阁，往往撰文记叙建造、修葺的过程和历史沿革，滕子京便请朋友范仲淹写记。而此时的范仲淹，也正被贬在邓州做知州，真可谓"同是天涯沦落人"。但是范仲淹与滕子京在处世观念上相差很大。滕子京始终没有走出谪官带来的阴影，情绪极为低落，对自己的无端遭遣始终耿耿于怀，常常口出怨言。范仲淹正是借作记，含蓄、委婉地规劝他要"不以物喜，不以己悲"，试图以自己"先天下之忧而忧，后天下之乐而乐"的济世情怀和乐观精神感染老友，于是创作了千古名篇《岳阳楼记》。了解了作品的写作背景，会对作品中蕴涵的思想有更深的解读，对作品基调有更准确的把握。

　　再次，要弄清文章的结构层次。全文共五部分，先是说明作记原因，然后是概括岳阳楼全貌，接下来两段分别描述了岳阳楼在阴雨天与春晴日中的不同景观，最后总结出"不以物喜、不以己悲"的主题。经过分析，作品的脉络会更加清晰，写景状物与抒情说理部分区别明显，便于朗诵者建立鲜明的形象感受与逻辑感受，并在朗诵时采用不同语气、语调和其他声音技巧去表现主题。

　　最后，还要了解本文的句式结构特点。本文长句、短句相间，陈述句、问句、感叹句交错，句式灵活多变，语势起伏跌宕。其中四言对偶句，句法匀称整齐，语言铿锵。一些长句、整句的加入，使得文章整散相错，写景、抒情、说理各得其所，音韵形式多样，情感洒脱自如，节奏抑扬顿挫。

二、激发内心反应，形成具体感受

　　朗诵的表达方法，是实现朗诵目的的重要手段。任何表达方法都是受朗诵者心理状态支配的。朗诵者应该在理解文字稿件内容的基础上，使自己主动接受刺激，积极产生内心反应，使之融化在朗诵语言中。

（一）形象思维与形象感受

朗诵者的形象感受，来源于作品中的词语概念对朗诵者内心刺激而引起的对客观事物的感知、体会、思考，是"感之于外，受之于心"而形成的。

朗诵者对作品的感受，首先取决于作品文字的形象性。它是朗诵者表达思想感情。给受众以感染的条件，因而朗诵者也必须以作品为依据，去挖掘、去接受它。朗诵者要抓住那些表达事物形象的"实词"，透过文字，"目击其物"，好像真的"看到、听到、嗅到、尝到、伸手即可得到"一样，使作品中的情、景、物、人、事、理在内心"活"起来。

1. 视觉感受

朗诵者从作品的文字语言中要能"看到"所描写、叙述的具体的人、事、物，感觉画面"历历在目、浮现眼前"。这是一种非直观的视觉形象，也叫内心视像。视觉感受的目的在于透过文字"目击其物"，用视觉来诱发内心更深层次的感受。

例如朗诵巴金的散文《鸟的天堂》中描写榕树与鸟的段落：

我们的船渐渐逼近榕树了。我有机会看清它的真面目，真是一株大树，枝干的数目不可计数，枝上又生根，有许多根直垂到地上，伸进泥土里。一部分树枝垂到水面，从远处看，就像一株大树卧在水面上。榕树正在茂盛的时期，好像把它的全部生命力展示给我们看。那么多的绿叶，一簇堆在另一簇上面，不留一点缝隙。那翠绿的颜色，明亮地照耀着我们的眼睛，似乎每一片新的生命在颤动。这美丽的南国的树！

起初四周非常静寂。后来忽然起了一声鸟叫。我们把手一拍，便看见一只大鸟飞了起来。接着又看见第二只，第三只。我们继续拍掌，很快地这个树林就变得很热闹了，到处都是鸟声，到处都是鸟影。大的，小的，花的，黑的，有的站在树枝上叫，有的飞起来，有的在扑翅膀。

　　我注意地看着，眼睛应接不暇，看清楚了这只，又错过了那只，看见了那只，另一只又飞起来了。一只画眉飞了出来，被我们的拍掌声一吓，又飞进了叶丛，站在一根小枝上兴奋地唱着。那歌声真好听。

以上是散文中的两段描述性文字，朗诵者读到描写榕树与鸟的文字，要根据自身的经历、经验和知识储备，在脑海中画出一株枝繁叶茂的榕树与众鸟飞翔的画面。即使是读到不曾见到的事物，也要善于发挥相关联想和再造想象的能力，建立生动的"内心视像"，以加强内心感受，增强有声语言表达的感染力。

2. 听觉感受

文字语言所描述的声音，刺激朗诵者的听觉器官，引起听觉想象。在分析理解和具体感受作品的过程中，要充分展开听觉想象，切实感受到具体声音的刺激。

3. 嗅觉感受

作品中关于嗅觉的描写，也对朗诵者形成间接刺激，朗诵者要主动接受这种刺激，使它形成感受。气味有多种多样，我们要在想象中辨别。在感受作品中嗅觉方面的描写时，呼吸的作用不是消极的，它会帮助我们加强感受，加强体验。

4. 味觉感受

味觉感受是指朗诵者在阅读描写酸甜苦辣等各种味道的词句时，会产生强烈的味觉刺激，感受到品尝东西时才会有的滋味，从而产生味觉感受。

例如杨朔《荔枝蜜》中的句子："……热心肠的同志送给我两瓶。一开瓶子塞儿，就是那么一股甜香；调上半杯一喝，甜香里带着股清气，很有点鲜荔枝的味儿。"

这是嗅觉想象和味觉想象给予朗诵者的感受。当朗诵者读到"一开瓶子塞儿"时，由于生活经验的作用，会情不自禁地抽一下鼻子，深吸一口气，"觉得"一股甜香味扑鼻而来。当然，实际上我们什么也没闻到，只有白纸上几个黑字给我们的刺激、感受罢了。

5. 触觉感受

接触所产生的感觉在日常生活中是经常出现的。比如冷暖、软硬、轻重、疼痛等。作品中同样也会出现这样的文字描绘，朗诵者也应透过文字表面，主动接受这种刺激，引起触觉想象，产生相应的感受。

如《卖火柴的小女孩》开头一段："天冷极了，下着雪，又快黑了。"句子中的"冷、雪、黑"这些实词，刺激着朗诵者的视觉、触觉等感官。朗诵者不应仅仅把它们看成白纸黑字，而应透过这些表达形象的字词，产生视觉想象，"看到"雪花、天黑，从而"感到"冷极了。

6. 动觉感受

动觉也就是运动觉，是客观物体在一定的空间、一定的时间进行的有机活动。朗诵者从作品描绘运动的文字中感受到同样的运动过程，产生切身的感受。

例如朗诵陈淼的散文《桂林山水》中关于"水的流动"和"游船前行"的文字：

漓江的水真绿啊，绿得仿佛那是一块无瑕的翡翠。船桨激起的微波扩散出一道道水纹，才让你感觉到船在前进，岸在后移。

这样的山围绕着这样的水，这样的水倒映着这样的山，再加上空中云雾迷蒙，山间绿树红花，江上竹筏小舟，让你感到像是走进了连绵不断的画卷，真是"舟行碧波上，人在画中游"。

这两段文字中，都有游船前行的文字描写，朗诵者读到"船在前进，岸在后移"与"舟行碧波上，人在画中游"等句时，要在内心产生坐在船上随船前进的运动感觉，才能在声音上读出游船前行的效果。

7. 时空变化感受

对于时间、空间的知觉与感受在朗诵中也是经常出现的。时间想象是一种对客观事物发展运动的延续和顺序的积累，及其在具体语言环境中的新组合。在空间想象中，朗诵者视野开阔到什么程度，就会对作品描绘的空间认识到什么程度，然后感受到什么程度。如果作品中有时间、空间变化了的场景描写，朗诵者内心还要经历这一过程，产生时空变化感受。

例如史铁生的散文《秋天的怀念》中几个描述事件变化的段落：

第一段：双腿瘫痪后，我的脾气变得暴怒无常。

第三段：那天我又独自坐在屋里，看着窗外的树叶"刷刷拉拉"地飘落。

第四段：她出去了，就再也没回来。

第五段：邻居们把她抬上车时，她还在大口大口地吐着鲜血。

第六段：邻居的小伙子背着我去看她的时候，她正艰难地呼吸着，像她那一生艰难的生活。别人告诉我，她昏迷前的最后一句话是："我那个有病的儿子和我那个还未成年的女儿……"

第七段：又是秋天，妹妹推我去北海看了菊花。黄色的花淡雅，白色的花高洁，紫红色的花热烈而深沉，泼泼洒洒，秋风中正开得烂漫。我懂得母亲没有说完的话。妹妹也懂。我俩在一块儿，要好好儿活……

这几段文字，开头都交代了时间和地点，这就需要朗诵者在内心形成鲜明的时间与空间感觉。每当段落变化时，要在心中产生同样的变化感，尤其是结尾段因为时间间隔较长，母亲已经去世，场景虽在，但物是人非，朗诵者内心要有较大的时空变幻感，才能将作者心中的悲凉感表现出来。

（二）逻辑思维与逻辑感受

1. 逻辑感受：朗诵时，作品中的概念、判断、推理、论证以及全篇的思想发展脉络、层次、语句之间的内在联系，在朗诵者头脑中形成的感受，就是逻辑感受。

2. 逻辑感受主要应体现在两个方面：

一是语言目的要明确，不能似是而非；二是语言脉络要清晰，不能模棱两可。语言目的必须抓住语句、篇章的真正含义，挖掘实质。

语言脉络指的是上下衔接，前后呼应。这里贯通文气、连接层次、起着"鹊桥"作用的"虚词"，是获得逻辑感受的重要途径。朗诵议论性文章时，抓住这些虚词，并理清它们的关系，会收到事半功倍的朗诵效果。

例如朗诵毛泽东的《论鲁迅》中的一段话：

"……我们纪念他，不仅因为他的文章写得好，是一位伟大的文学家，而且因为他是一个民族解放的急先锋，给革命以很大的助力。他并不是共产党组织中的一人，然而他的思想行动、著作，都是马克思主义的……"

"为什么要纪念鲁迅"，是这段文字的论点。而贯通全段文气、给予朗诵者强烈逻辑感受的，是"不仅""而且""然而"这几个虚词。"不仅……，而且……"组成一个递进复句，指出纪念鲁迅的原因。接着又用"（虽然）……，然而……"组成一个转折复句，把纪念鲁迅的伟大意义透彻地表达了出来。因此，朗诵议论性作品时，绝不能忽视在语言链条中起着重要作用的虚词。

三、明确朗诵目的，产生强烈的表达欲望

朗诵者应在充分了解作品内容、结构的基础上，学会确定朗诵目的及实现朗诵目的的方法。

朗诵目的是指朗诵者"为什么"要朗诵这样的内容、这样的主题思想的作品。因此，在确定朗诵目的时，不能脱离作品内容、远离作品主题思想另起炉灶，但也不能把作品的主题思想和朗诵目的完全等同起来。

（一）明确朗诵目的。朗诵目的中，既有作者的写作意图，又有朗诵者的愿望；既有对作品的评价意义，又有对现实的指导意义；既要使作者的态度、感情涌现出来，又要把朗诵者的态度、感情表露出来。朗诵时，作者和朗诵者的态度、感情有时是重合的。

（二）培养朗诵欲望。实现朗诵目的的根本在于朗诵欲望。因为朗诵者不是被动地传声复述，他的思想感情的运用、语气的转换、重音的确定、内在语的滚动，都取决于朗诵目的。而朗诵愿望，正是具体产生于对内容的理解、分析、感受，特别是对目的的正确认识和深刻体会。只有目的明确，我们的态度、感情才能在声音、语气中"自然"地而不是"自发"地流露出来。因此我们说"鲜明的态度，真实的感情，是朗诵中的灵魂"。朗诵目的就像一条红线，贯穿于朗

诵的始终。

例如史铁生的《秋天的怀念》虽然写的是日常琐事，但蕴涵的母爱之情震撼人心。生活中，每个人都从点滴小事中感受过母亲的关爱，也曾因年少无知伤害过母亲的心。作品中描绘的这些感情会深深打动朗诵者，令人怀念起曾经有过的情感体验，并产生强烈的表达欲望，希望唤起听众共鸣，让普天下所有的儿女都能理解母亲的爱心，避免产生"子欲养而亲不待"的遗憾与懊悔。明确了这种朗诵目的，增强了朗诵愿望，朗诵者的鲜明态度、真实感情才能在声音、语气中表露出来。

四、从作品思想感情出发，确定朗诵基调

基调是作品总的感情色彩与分量，是朗诵时总的态度倾向。基调体现的是朗诵者对作品认识、感受的整体结果。确定基调要从全文出发，概括要准确，态度要鲜明。

例如艾青的《雪落在中国的土地上》，通过描写大雪中农夫、少妇、母亲的形象，表现中华民族的苦痛与灾难。全诗笼罩在"雪/落在中国的土地上，/寒冷在封锁着中国呀……"的哀叹、呼号中，如果只从字面上理解，很容易定下低沉、悲观的基调，那就背离了作品的实际内容，从而贬低和否定了它的思想艺术价值。"七七事变"以后，全国人民的抗日斗志空前高涨，而国民党军队节节败退，国土大片丢失。在这民族存亡的紧要关头，人们一方面在寻求战胜日本军国主义的正确道路，另一方面则因面对严峻的现实而陷入深沉的思考。1937 年 12 月 28 日，诗人艾青来到武汉。作为一个深切关怀祖国前途和人民命运的诗人，艾青在感情上有他独特的表达方式。《雪落在中国的土地上》正是在民族危机空前严重的时刻，一个满怀正义和激愤之情的诗人所唱出的一支深沉而激越的歌。他的那种赤诚炽烈、深沉执着的对祖国人民命运的关怀，使他不能不以一种急切、忧虑的心绪，用冷峻而真实的笔触，把当时的社会气氛传达出来。这就是我们所看到在全诗中反复咏叹的两句诗。这两句诗，绝不是一种简单的"起承转

合"中的插曲，它是发自诗人内心深处的一种真诚的感受和强烈的呐喊。

另外，艾青在创作伊始，便把自己的满腔热情寄托在对中国农村和农民命运的关怀上；现在，当民族危机的阴影笼罩在祖国大地上空时，他又一次以自己的笔触抒发了这种情真意挚的忧虑和愤懑。我们从这种依恋和关切中，看到了这个虽属知识分子却与农民的命运密切联系的人，他总是怀着十分忧郁的眼光来注视着广大农村和农民的命运。20 世纪 30 年代相当一部分革命知识分子，他们不仅看到了农村的破产和农民命运的悲惨，而且也总是把自己的命运同这一切联系在一起。因此，艾青在关注农民的同时，也不禁为自己的命运而歌吟。这种感情和气质，是艾青早期典型的感情和气质。只有深刻了解艾青早期的艺术风格，才能准确把握诗人的情感脉搏，正确确定这首诗歌的朗诵基调：文字虽冷峻但感情浓烈，语调虽深沉但感情炽热。

第二节　朗诵内部心理状态

朗诵是把书面语言变成有声语言，但是这一过程不是简单的"见字出声"，而是要经历准备、感受和酝酿等一系列"发酵"过程，让自己的思想感情处于积极的活动状态，再利用声音的多种表达方法，形成色彩丰富、变化自如的表达效果。

一、情景再现

朗诵者以语言内容为依据展开再造想象，使作品中的人物、事件、情节、场面、景物、情绪……在自己的脑海里不断浮现，形成连续的、活动的画面，并不断引发相应的态度、感情，这个过程就是情景再现。

这种方法是要让朗诵者的思想感情运动起来，像是在脑子里"过电影"一样，让平面的文字变成立体的、活动的、有声有色的具体画面，将作者描绘的人物、事件、场景、情感等内容在朗诵者眼前生动、形象地再现出来。情景再现的方法有以下几步：

首先是理清脉络，脑海里逐步展开连续活动的画面：开头是什么？出场的人物是谁？有什么特点？接下来有何变化？如何发展？结果怎么样？要把握结构，明确先后顺序，把握画面的主次、详略及特点。

其次通过想象，将自己置身于作品所描述的情景中，缩短自己与事件所述情景的时空距离和人物的心理距离等，迅速地投入到作品所规定的情景中，获得现场感，感觉"我就在其中"。

再次是触景生情。这是情景再现的核心，朗诵者要反应积极，并且以情为主，情景交融。触发具体的"情"，要完全符合作品的要求。

最后是现身说法。当内心情感积累到一定程度时，朗诵者就想把"亲眼所见，亲耳所闻，亲身经历，亲身所感"的情景再现给受众，经过朗诵者的消化、吸收、加工，使听者内心再现某种情景，从中受到强烈的感染。

例如陈淼的《桂林山水》：

我看见过波澜壮阔的大海，欣赏过水平如镜的西湖，却从没看见过漓江这样的水。漓江的水真静啊，静得让你感觉不到它在流动；漓江的水真清啊，清得可以看见江底的沙石；漓江的水真绿啊，绿得仿佛那是一块无瑕的翡翠。船桨激起的微波扩散出一道道水纹，才让你感觉到船在前进，岸在后移。

我攀登过峰峦雄伟的泰山，游览过红叶似火的香山，却从没看见过桂林这一带的山。桂林的山真奇啊，一座座拔地而起，各不相连，像老人，像巨象，像骆驼，奇峰罗列，形态万千；桂林的山真秀啊，像翠绿的屏障，像新生的竹笋，色彩明丽，倒映水中；桂林的山真险啊，危峰兀立，怪石嶙峋，好像一不小心就会栽倒下来。

桂林位于广西壮族自治区东北部，是个具有两千年历史的文化名城，也是著名的旅游胜地。由于桂林地区的岩溶地形（即石灰岩地形），地面形态在长期的风化侵蚀和雨水溶蚀作用下发生奇妙变化，慢慢形成了奇山、秀水、美石、异洞等形态，构成了桂林山水的独特风貌。《桂林山水》这篇散文抓住桂林山水的特点，以优美、简练的语言和丰富多变的表现手法，生动、形象地描绘了一幅景色奇异、色彩绚丽的山水画，抒发了对祖国壮丽河山的热爱与赞美之情。在朗诵时要想象词句所描述的画面，形成丰富的内部心理感受。文章中所描绘的如"波澜壮阔的大海、水平如镜的西湖、峰峦雄伟的泰山、红叶似火的香山、无瑕的翡翠、拔地而起、奇峰罗列、翠绿的屏障、新生的竹笋、兀立的危峰、嶙峋的怪石"等词句，朗诵者要展开想象的翅膀，充分调动生活体验，在心中形成一幅幅画面，仿佛真切地"看到""摸到""感受到"一样，这样才能用声音将其生动地描摹给听众。

二、对象感的把握

所谓对象感，就是指朗诵者必须设想和感觉到对象的存在和对象的反应，必须从感觉上意识到受众的心理、要求、愿望、情绪等，并由此而调动自己的思想感情，使之处于运动状态，从而更好地表情达意，传达作品的精神实质。

朗诵者与听者是朗诵过程中相互感应的双方，有对象感可以使朗诵者体现人文关怀，表达亲切自然；朗诵者必须同受众进行交流，才能获得共鸣，达到听读双方感情交融。

（一）首先要做到"心中有人"。即使是朗诵给自己听，也应该有对象感。切不可孤芳自赏，自我炫耀。没有对象感，就不可能实现朗诵目的。

（二）了解对象，区别对待。朗诵者要根据听者的年龄、文化水平和欣赏层次采用不同的表现手法。如果听者是低年级小学生，朗诵时做到字词准确、内容清楚、亲切有趣就可以了。如果听者是大学生，朗诵者还要在表达更深刻的题旨和表达更丰富的感情等方面下工夫。

（三）对象交流方法。在朗诵过程中，听者的眼睛犹如一块寒暑表，随时测量着朗诵的效果：他们是听得入了神，受到了感染，还是很不耐烦，不愿再听下去？朗诵者要根据听者反馈的信息，随时调整。朗诵者还要掌握唤起听者共鸣的技巧，使听者随着自己的感情起伏跌宕。

仍以《桂林山水》为例，假如朗诵对象是小学生，朗诵时则要做到字字清楚，语流缓慢，给学生留下思考、理解词语意思的时间。对一些生疏难懂的词语，要表达确切，并加以强调。要充分利用作品中那些学生们比较熟悉的贴切而形象的比喻，把桂林的山水之美表达出来。假如朗诵对象是大学生，朗诵者仅仅表达出桂林山水之美是远远不够的。应给学生以更多的启迪和强烈的感染以及丰富的遐想，来激发他们对美丽如画的祖国河山的热爱、眷恋之情。

朗诵时，眼睛要始终注视听者，以捕捉种种信息，同朗诵对象进行感情交流。朗诵者要时时想着听者，千方百计地把自己的有声语言送进听者的心里。

三、内在语的运用

（一）内在语是指那些在文字语言中不便表露、不能表露或没有完全显露出的语句关系和语句本质

语句关系是语句之间的逻辑关系。通过内在语看它们是怎样衔接成一个整体的，搞清楚全篇语句之间、小层次之间、段落层次之间的内在联系，使我们获得或并列，或递进，或因果，或转折，或分合等情况的逻辑感受，从而明了文章上下衔接、前后照应的逻辑关系，接着以内在语的形式，把我们理解、感受到的逻辑关系显示和引发出来。这样运用内在语的衔接转化作用，可以帮助我们找到自然、贴切的语气，形成一气呵成、浑然一体的效果，增强有声语言的活力。

语句本质就是语句的内在含义、感情态度。揭示了语句的本质，可以引发出贴切的语气，使得有声语言更加深刻丰富，耐人寻味，对文字表达起升华的作用。内在语的把握表现在两方面，一个是语句本质的差

异，一个是语言链条的承接。本节重点分析的是语句本质的差异。

（二）内在语的作用

在一般情况下，语言和内在的含义是一致的。但有时语言和内在的含义是不一致的，语言表面上是这个意思，但思考一下，发现实际上是那个意思，甚至是相反的。如用"恳求"的语气来命令，用"命令"的语气来劝告。"你真坏"一句，也可以是"你真好"的意思。在朗诵中，如果把内在的意思给弄反了，立场、态度和观点就都变了。

内在语是为朗诵目的服务的。没有内在语，有声语言就会失去光彩和生命。要学会在朗诵中运用"内在语"的力量，赋予语言一定的思想、态度和感情色彩。

朗诵时，内在语要像一股巨大的潜流，在朗诵者的语言底下不断滚动着，赋予有声语言以根据和生命。内在语的潜流越厚，朗诵也就越有深度，越有"味儿"。

（三）内在语的挖掘和朗诵方法

内在语没有在文字中明确地显示出来，它是朗诵者的内心意念，使思维与感情处于运动状态，对有声语言的表达起着引发、深化的作用。朗诵时需要我们努力挖掘文字背后更深刻的含义，把握鲜明的语句关系。

挖掘内在语的方法是仔细通读作品，在语句的衔接处发现起承转合的特点和作者写作意图，找到作者在文字的后面藏着的意思。明晰、准确的含义会激活我们的有声语言，使朗诵者自然、真实地把作品的话变为自己心里要说的话，然后在朗诵中把握好态度与感情的分寸，用精准的语气、语调和其他声音方法将作者的真实意图恰如其分地表达出来。如在臧克家为纪念鲁迅先生而写的哲理诗《有的人》中，内在语言就非常丰富。1949 年 10 月 19 日，是鲁迅先生逝世 13 周年纪念日，全国各地第一次公开地隆重纪念这位伟大的文学家、思想家和革命家。臧克家目睹了人民群众纪念鲁迅的盛况，深切追忆鲁迅先生为人民鞠躬尽瘁的一生，百感交集，于 1949 年 11 月 1 日写下《有的人》这首短诗，抒发了自己由纪念鲁迅先生所引起的无限感慨以及对人生意义的深刻思考。这首诗热情地歌颂了鲁迅先生甘愿"俯下身子给人民当牛马"甘愿作野草，等着地下的火烧"的伟大精神，有力地鞭挞了"骑在人民头上""他活着别人就不能活"的人，深刻地揭示了为人民服务的人在人民中永存、与人民为敌的人必然灭亡的道理。但是这首诗不只是单纯写对鲁迅先生的怀念，而是通过将鲁迅先生与"有的人"进行对比，批判了那些骑在人民头上的统治者和压迫者，热情歌颂了鲁迅先生为人民无私奉献的可贵精神，号召人们做真正有价值的人。在朗诵之前，要深刻理解其中的内在语含义，将爱憎感情酝酿充沛，让感情引导声音，让声音去体现爱憎，将"呵，我多伟大！""把名字刻入石头，想'不朽'"等句中的讽刺意味读出来。

再如陈运松的《妈妈喜欢吃鱼头》一文：

在我依稀记事的时候，家里很穷，一个月难得吃上一次鱼肉。每次吃鱼，妈妈先把鱼头夹在自己碗里，把鱼肚子上的肉夹下，极仔细地拣去很少的几根大刺，放在我碗里，其余的便是父亲的了。当我也吵着要吃鱼头时，她总是说："妈妈喜欢吃鱼头。"我想，鱼头一定很好吃的。有一次父亲不在家，我趁妈妈盛饭，夹了一个，吃来吃去，觉得没鱼肚子上的肉好吃。

那年外婆从江北到我家，妈妈买了家乡很贵的鲑鱼。吃饭时，妈妈把本属于我的那块鱼肚子上的肉，夹进了外婆的碗里。外婆说："你忘啦？妈妈最喜欢吃鱼头。"外婆眯缝着眼，慢慢地拣去那几根大刺，放进我的碗里，并说："伢啦，你吃。"接着，外婆就夹起鱼头，用没牙的嘴，津津有味地嗍着，不时吐出一根根小刺。我一边吃着没刺的鱼肉，一边想："怎么？妈妈的妈妈也喜欢吃鱼头？"

29 岁时，我成了家，另立门户。生活好了，我俩经常买些鱼、肉之类的好菜。每次吃鱼，最后剩下的，总是几个无人问津的鱼头。

而立之年，喜得千金。转眼女儿也能自己吃饭了。有一次午餐，妻子夹了一块鱼肚子上的肉，极麻利地拣去大刺，放在女儿的碗里，自己却夹起了鱼头。女儿见状也吵着要吃鱼头。妻说："乖孩子，妈妈喜欢吃鱼头。"谁知女儿说什么也不答应，非要吃不可。妻无奈，好不容易从鱼鳃边挑出点没刺的肉来，可女儿吃了马上吐出，连说不好吃，从此再不要吃鱼头了。打那以后，每逢吃鱼，妻便将鱼肚子上的肉夹给女儿，女儿总是很艰难地用汤匙切下鱼头，放进妈妈的碗里，很孝顺地说："妈妈，您吃鱼头。"

打那以后，我悟出了一个道理：女人做了母亲，便喜欢吃鱼头了。

"女人做了母亲，便喜欢吃鱼头了。"这是全文的结束语，也是耐人寻味的主题句。作者儿时"吵着要吃鱼头"，到自己的女儿"也吵着要吃鱼头"，两个并列的故事推动主题的深入。从孩子们吃了鱼头的反应得出相同的结论：鱼头并不好吃！为什么女人做了母亲后爱吃鱼头呢？作者从三个"妈妈"在吃鱼时都挑鱼头吃，悟出了其中的原因：母亲是为了把营养丰富的鱼肉留给自己的儿女吃！这是一种多么伟大的、含蓄的舐犊之情！朗诵者找到作者藏在文字背后的真意：是母亲对儿女的疼爱才使得"女人做了母亲，便喜欢吃鱼头了"。作者的态度是赞美母爱的伟大，因此在朗诵时要用真挚的感情、歌颂的态度、赞美的语气将这句话读出深远的意味来。

四、语气

"语气"一词，从字面上理解，"语"是通过声音表现出来的"话语"，"气"是支撑声音表现出来的话语的"气息状态"。运用于朗诵，语气则包含两个方面的内容：既有内在的思想感情的色彩和分量（也称"神"），又有外在的快慢、高低、强弱、虚实的声音形式（又称"形"）。所以说，语气就是朗诵中"话语"的"神"与"形"的结合体。

声音受气息支配，气息则由感情决定，而感情的引发又受朗诵目的和语境的制约。朗诵者要学会将情、气、声三者融为一体，并能运用自如，以增强有声语言的表现力。

朗诵时，朗诵者的感情、气息、声音状态，同表达有着极为密切的关系。有什么样的感情，就产生什么样的气息；有什么样的气息，就有什么样的声音状态。语气运用的一般规律是：喜则气满声高，悲则气沉声缓，爱则气缓声柔，憎则气足声硬，急则气短声促，冷则气少声淡，惧则气提声抖，怒则气粗声重，疑则气细声黏，静则气舒声平。朗诵实践告诉我们：只有感情上的千变万化，才有气息上的千姿百态，也才有声音上的姹紫嫣红。当然，感情的引发不是随心所欲的，而是受朗诵目的和语言环境的制约。

例如鲁彦的《听潮》一文，在表述大海宁静与咆哮的不同状态时，在感情、气息、声音上有着非常明显而且丰富多样的变化。

一年夏天，我和妻坐着海轮，到了一个有名的岛上。

这里是佛国，全岛周围三十里内，除了七八家店铺以外，全是寺院。岛上没有旅店，每一个寺院都特设了许多房间给香客住宿。而到这里来的所谓香客，有很多是游览观光的，不全是真正烧香拜佛的香客。

我们就在一个比较幽静的寺院里选了一间房住下，——这是一间靠海湾的楼房，位置已经相当的好，还有一个露台突出在海上，早晚可以领略海景，尽够欣幸了。

每天潮来的时候，听见海浪冲击岩石的音响，看见空际细雨似的，朝雾似的，暮烟似的飞沫升落；有时它带着腥气，带着咸味，一直冲进我们的窗棂，黏在我们的身上，润湿着房中的一切。

"现在这海就完全属于我们的了！"当天晚上，我们靠着露台的栏杆，赏鉴海景的时候，妻欢心地呼喊着说。

大海上一片静寂。在我们的脚下，波浪轻轻吻着岩石，像朦胧欲睡似的。在平静的深黯的海面上，月光辟开了一款狭长的明亮的云汀，闪闪地颤动着，银鳞一般。远处灯塔上的红光镶在黑暗的空间，像是一颗红玉。它和那海面的银光在我们面前揭开了海的神秘，——那不是狂暴的不测的可怕的神秘，而是幽静的和平的愉悦的神秘。我们的脚下仿佛轻松起来，平静地，宽廓地，带着欣幸与希望，踏上了那银光的路朝向红玉的琼台走了去。

这时候，妻心中的喜悦正和我一样，我俩一句话都没有说。

海在我们脚下沉吟着，诗人一般。那声音仿佛是朦胧的月光和玫瑰的晨雾那样温柔；又像是情人的蜜语那样芳醇；低低地，轻轻地，像微风抚过琴弦；像落花飘零在水上。

海睡熟了。

大小的岛拥抱着，偎依着，也静静地恍惚入了梦乡。

许久许久，我俩也像入睡了似的，停止了一切的思念和情绪。

不晓得过了多少时候，远寺的钟声突然惊醒了海的酣梦，它恼怒似的激起波浪的兴奋，渐渐向我们脚下的岩石掀过来，发出汩汩的声音，像是谁在海底吐着气，海面的银光跟着晃动起来，银龙样的。接着我们脚下的岩石上就像铃子、铙钹、钟鼓在奏鸣着，而且声音愈响愈大起来。

没有风。海自己醒了，喘着气，转侧着，打着呵欠，伸着懒腰，抹着眼睛。因为岛屿挡住了它的转动，它狠狠地用脚踢着，用手推着，用牙咬着。它一刻比一刻兴奋，一刻比一刻用劲。岩石也仿佛渐渐战栗，发出抵抗的嗥叫，击碎了海的鳞甲，片片飞散。

海终于愤怒了。它咆哮着，猛烈地冲向岸边袭击过来，冲进了岩石的罅隙里，又拨刺着岩石的壁垒。

音响就越大了。战鼓声，金锣声，呐喊声，叫号声，啼哭声，马蹄声，车轮声，机翼声，掺杂在一起，像千军万马混战了起来。

银光消失了。海水疯狂地汹涌着，吞没了远近大小的岛屿。它从我们的脚下扑了过来，响雷般地怒吼着，一阵阵地将满含着血腥的浪花泼溅在我们的身上。

"彦，这里会塌了！"妻战栗起来叫着说，"我怕！"

"怕什么。这是伟大的乐章！海的美就在这里。"我说。

退潮的时候，我扶着她走近窗边，指着海说："一来一去，来的时候凶猛；去的时候又多么平静呵！一样的美。"

然而她怀疑我的话，她总觉得那是使她恐惧的。但为了我，她仍愿意陪着我住在这个危楼。

我喜欢海，溺爱着海，尤其是潮来的时候。因此即使是伴妻一道默坐在房里，从闭着的窗户内听着外面隐约的海潮音，也觉得满意，算是尽够欣幸了。

下列句子中感情、语气与声音的变化形式丰富多样。

1. "现在这海就完全属于我们的了！"

这句话是在夜晚观赏海景时说的。心情是喜悦的，气息是饱满的，声音是高扬的，内心应充满惊喜、愉悦感。

2. "这时候，妻心中的喜悦正和我一样，我俩一句话都没有说。"

这句话是在大海一片静寂、朦胧欲睡的夜晚说的。感情上是温柔、甜蜜的，气息上是舒展自如的，声音上是柔和、平静的，充满着心有灵犀的甜蜜感。

3. "海睡熟了。大小的岛拥抱着，偎依着，也静静地恍惚入了梦乡。"

这是在万籁俱寂的语境中说的。感情是宁静、平和的，气息是舒展、缓慢的，声音是低柔、虚幻的，充满着祥和、静谧感。

4. "因为岛屿挡住了它的转动，它狠狠地用脚踢着，用手推着，用牙咬着。"

这是在大海发怒的语境中说的。感情是急躁、火辣的，气息是粗重的，声音是坚实有力的。

5. "音响就越大了。战鼓声，金锣声，呐喊声，叫号声，啼哭声，马蹄声，车轮声，机翼声，掺杂在一起，像千军万马混战了起来。"

这是在大海愤怒、咆哮的语境中说的。感情是紧张、炽热的，气息是粗犷、奔放的，声音的高低、粗重、快慢、虚实变化多样。

第三节　朗诵外部表达技巧

一、重音

朗诵时，为了实现朗诵目的，特别强调或突出的词、短语甚至某个音节，称为重音。

重音经常在独立、完整的语句中出现，因此，也称语句重音。语句重音不同于词或短语的轻重格式。

（一）重音的位置

重音是体现语句目的的重要手段。朗诵时，必须区分句子中哪些词是主要的，哪些词是次要的，并使次要的词从属于主要的词。一个独立、完整的句子，只能有一个主要重音。重音在语句中的位置，没有固定格式。只有从朗诵目的、愿望出发，在深刻理解和感受作品内容的基础上，才能准确地确定重音的位置。正常情况下，以下几种词往往都是重音：

1. 突出语句目的的中心词

现在分析"我不能去"这一单句中的重音。由于语句目的不同，重音的位置也随之改变。

（1）目的是"你去"，重音放在主语"我"上；

（2）目的是"谁说我能去"，重音放在否定副词"不"上；

（3）目的是"我不是不肯去"，重音放在能愿动词"能"上；

（4）目的是"让他来吧"，重音放在动词"去"上。

2. 体现逻辑关系的对应词

这类词是指那些具有转折、呼应、并列、对比、递进等作用的词语。

例如寓言故事《狼和小羊》中小羊辩解的句子："你在上游，我在下游，我怎么会把你的水弄脏？"

这里的"上"与"下"、"我"与"你"分别有对应和对比关系，如果加以强调，就把狼的无赖与小羊的无辜读出来了。

再如史铁生的《秋天的怀念》（片段）：

母亲扑过来抓住我的手，忍住哭声说："咱娘儿俩在一起，好好儿活，好好儿活……"

可我一直都不知道，她的病已经到了那步田地。后来妹妹告诉我，她常常肝痛得整宿整宿翻来覆去地睡不着。

…………

又是秋天，妹妹推我去北海看菊花。黄色的花淡雅，白色的花高洁，紫红色的花热烈而深沉，泼泼洒洒，秋风中正开得烂漫。我懂得母亲没有说完的话。妹妹也懂。我们在一块儿，要好好儿活……

文中先后两次出现"好好儿活"，起到了前后呼应作用，又引出了作者内心的感悟，对母亲和自己的生命有了更深的认识，使得全篇的逻辑关系自然而严密。

3. 突出感情色彩的关键词

这类词是指那些对描绘感情色彩、情景神态和烘托气氛起重要作用的比喻、夸张、象声词以及其他类型的形容词或副词。它们可以使特定环境中语句所要达到的目的生动、形象地突出出来。

漓江的水真静啊，静得让你感觉不到它在流动；漓江的水真清啊，清得可以看见江底的沙石；漓江的水真绿啊，绿得仿佛那是一块无瑕的翡翠。船桨激起的微波扩散出一道道水纹，才让你感觉到船在前进，岸在后移。

……桂林的山真奇啊，一座座拔地而起，各不相连，像老人，像巨象，像骆驼，奇峰罗列，形态万千；桂林的山真秀啊，像翠绿的屏障，像新生的竹笋，色彩明丽，倒映水中；桂林的山真险啊，危峰兀立，怪石嶙峋，好像一不小心就会栽倒下来。

《桂林山水》一文中，用"静、清、绿"三个形容词描写漓江水的特点，又用"奇、秀、险"三个形容词来描写桂林的山奇特之处，抓住这些词加以特别强调，就将桂林山水与其他山水的不同之处区别开来，因此这些词要作为重音来处理。

（二）重音的朗诵方法

重音不是"加重声音"的简称，而是文章中特别需要强调、突出的音。突出重音的方法多种多样。重捶、重读是突出，轻读、拖长也是突出。可以快中显慢，也可以慢中显快。既可以轻中见重，也可重中见轻，还可高低相间、虚实互转、前后顿歇……

上文《桂林山水》片段中的六个句子，可以采用多种方法突出重音。建议采用以下方法：把"静"由高变低、把"清"由实变虚、把"绿"由轻变重、把"奇"由低变高、把"秀"由轻变重、把"险"由实变虚。当然，根据朗诵者的声音特点，也可以几种方式综合使用。例如"静"字还可以在变低的同时由快变慢、由实变虚；"奇"字变得既高又快。只有多种方式交替变化使用，才能使声音丰富多彩。

（三）要处理好重音与非重音、主要重音与次要重音的关系

学会在朗诵时把非重音、次要重音"带过去"。请看下面一段话："许多人由于文化水平不高，理论修养不够，生活知识不足，很难成为一个合格的朗诵者。"

所谓"带过去"，并不是把次要重音或非重音都压到一个水平线上，成为没有主次、缺乏层次的"一抹平"的声音形式。

上述一段话在未赋予一定内在语的条件下，应该这样处理：主要重音是"合格"；次要重音是"很难""朗诵者"；非重音是"文化水平""理论修养""生活知识"。

二、停连

（一）停连指的是朗诵语流中声音的顿歇和连接。朗诵者要学会停连技巧，做到"顿到好处，连到妙处"，以增强有声语言的表达魅力。

（二）停连要求：停连是朗诵者思想感情的继续和延伸，绝不是思想感情的中断和空白。

（三）停连方法：必须以思想感情的运动状态为前提，根据作品内容和语句目的安排顿、连。生理上需要的顿歇（如换气），必须服从于心理状态的需要，不能破坏语意的完整。

1. 准确理解语句内涵

中国古代有个笑话。主人请客，客人给他一封信：无鸡鸭也可无鱼肉也可一盘青菜不可。于是主人就只做了几盘青菜，令客人很不满。客人本意是没有鸡，鸭也可，没有鱼，肉也可，但是只上青菜不可。但是主人理解为没有鸡鸭也可，没有鱼肉也可，一盘青菜不可。二者因停顿位置不同，意思完全相反。

这是一种区分语意的停连，由于停连的位置不同，语意便产生了

歧义。朗诵时，不能忽视作品内容和语句目的，要善于识别运用停连之后，语意是更为明确、正确，还是变得模糊、错误。这是运用停连的关键所在。

2. 打破标点符号限制

作品中的标点符号是朗诵者安排顿与连的重要参考。但朗诵实践表明，有时不能完全受标点符号制约。没有标点符号的地方，有的也需要顿歇；有标点符号的地方，有的则需连接。因此，在一定的语境中，应大胆突破文字标点符号的束缚，让有声语言的"标点符号"——停连——取而代之。这也是克服朗诵中呆板念字这一弊病的有效方法。例如：

　　井冈山五百里林海里，最使人难忘的是毛竹。

　　一到春天，漫山遍野，向大地显露着无限生机的，依然是那一望无际的青青翠竹！

第一句，在"井冈山"后略微一顿，目的是把人们带进作者所描绘的五百里林海之中。"最使人难忘的"后面作一较长时间的顿歇，"毛竹"两字用深沉、回味、抒情的语气送出，表达出对井冈山翠竹的深厚眷恋之情，用回味性停顿的方法，把听者带进去，使其在停顿中受到感染。

第二句，在"无限生机""一望无际""青青翠竹"等词组之前停顿，主要显露对春天的赞颂之情，突出"翠竹"的美好。

再如吴伯箫的散文《歌声》片段：

　　……人群里，年长的是大娘，大爷，同年的是大哥，大嫂，兄弟，姐妹，都是亲人。又仿佛队伍同时是群众，群众又同时是队伍，根本分不清……

这一段文字的字里行间，闪现着作者和乡亲们兴奋、激动之情，洋溢着亲切、感人的气氛。朗诵时，语速较快，衔接较紧，须做连接处理。

3. 正确分析语句结构

"出门走好路，出口说好话，出手做好事。"这是一个排比句式结构，在每句主语后面稍作停顿，读成"出门/走好路，出口/说好话，出手/做好事"。这样能够突出语意，加强气势。

4. 增添语言特色与感情韵味

例如陶铸的散文《松树的风格》片段：

> ……但他们那种不畏风霜的姿态却使人油然而生敬意，久久不忘。当时很想把这种感觉写下来，但又不能写成。

朗诵时，为了给听者以"想象"和"回味"的时间，在"久久"后应顿一下，在"不忘"后再作一较长时间的顿歇，然后一转语气，"当时"两字提升，紧接下文快读，"但又"后稍缓，"不能写成"自然平缓结束。

第一个顿歇，是为了把听者带进去；第二个顿歇，使听者进入遐想；而提升"当时"两字，是把听者从遐想中领回到现实。最后一句，一气呵成。这种回味性的顿连，是朗诵中使用的一种高超技巧。

再如《祝福》中卫婆子的一段话：

> "阿呀，我的太太！您真是大户人家的太太的话。我们山里人，小户人家，这算得什么？她有小叔子，也得娶老婆，不嫁了她，那有这一注钱来做聘礼？她的婆婆倒是精明强干的女人呵，很有打算，所以就将她嫁到山里去。"

卫婆子这种走家串巷的村镇女人，一向爱打探别人家底细，喜欢搬弄是非，加上又喝了酒，说起话来应该是思维混乱，前言不搭后语。朗诵时应用多连少停、语气粘连的方式，才能把卫婆子酒后多嘴饶舌、眉飞色舞、说话滔滔不绝的形象真切地表现出来。

又如歌吟有梦的散文诗《我的南方和北方》片段：

> 大雁南飞，用翅膀缩短着我的南方与北方之间的距离。燕子归来，衔着春泥表达着我的南方与北方温暖的情意。在我的南方，越剧、黄梅戏好像水稻和甘蔗一样生长。在我的北方，京剧、秦腔好像大豆和高粱一样茁壮。太湖、西湖、鄱阳湖、洞庭湖倒映着我的南方的妩媚和秀丽。黄河、渭河、漠河、塔里木河展现着我的北方的粗犷与壮美。

在这段散文诗中，朗诵到"太湖、西湖、鄱阳湖、洞庭湖"和

"黄河、渭河、漠河、塔里木河"等连续用顿号隔开的湖泊河流名称时，不能一词一顿，那样"点读"会将文意与语气全部断裂。如果能够一口气将四个名词串联起来，将形成如数家珍、不胜枚举的效果，在声音上形成连续推进、排山倒海的气势。还可以有所变化，在朗诵南方的湖泊时，两词一连，而在朗诵北方河流时连续推进，这样就形成一柔一刚、刚柔相济的效果。

三、语调

语调是语气外在的快慢、高低、长短、强弱、虚实等各种声音形式的总和。朗诵时，只有语气的千变万化，才有语调的丰富多彩。

语调不是字调，也不是声调，更不能把它固定在平直或上扬、下抑的框框里。比如语气词"啊"，从声调来看，属阴平调，调值是55度，调型是"高平"型。从字义上讲，只表示惊疑或赞叹。但从思想感情的变化状态来看，"啊"表示的意义是多种多样的。它可以表示犹疑、坚定、悲哀、兴奋、轻松、沉重、淡漠、热情、向往、失望、愤恨等。因此，如果硬要规定作品中的某种语句必须用某类语调朗诵，势必造成千人一腔的局面。"语无定势"说明了语势运用没有什么定律，语流的变化是丰富的。

朗诵实践证明，语势变化虽无定律，语调的根本特征却有规律可循，那就是"曲折性"。"曲折性"表现在有声语言中，就是语句的行进趋向和态势，也叫"语势"。有声语言的语势大约有五种基本形态，为使朗诵者对语势的曲折性能有直观的了解，能够在表达中自觉地运用，这里将语势的基本形态用图形来作一简单描绘。

如果将一个字的读音的音量、强弱、音色和速度等综合表现效果用数值来表示，3度代表各项指标居中，5度表示音量、音强或其他综合因素达到最高点，而1度为最低点。

1. 波峰类。声音的发展态势是由低向高再向低行进，状如波峰。

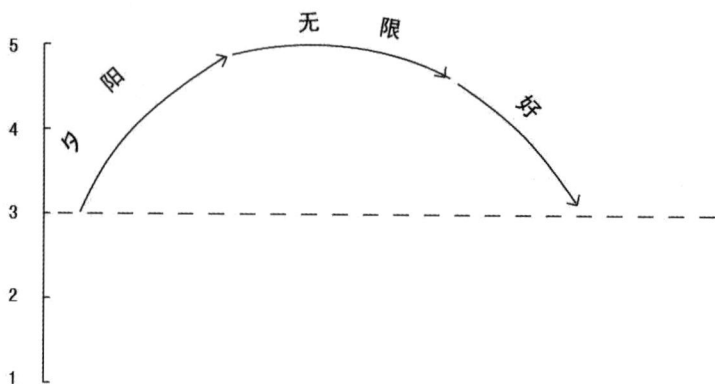

图一

图一中，诗句"夕阳无限好"，"夕阳"从中间 3 度起，"无"字
到达 5 度，处于波峰的位置，"好"字再降下来，整个句子的语势呈中
间高，句头、句尾略低的波峰形态。

2. 波谷类。声音由高向低再向高发展。即句头、句尾比较高，句
腰较低，状如波谷。

图二中，诗句"只是近黄昏"，"只是"从中间 3 度起，"近"处
于波谷位置，"黄昏"一词再逐渐升至 3 度位置。整个句子的语势呈中

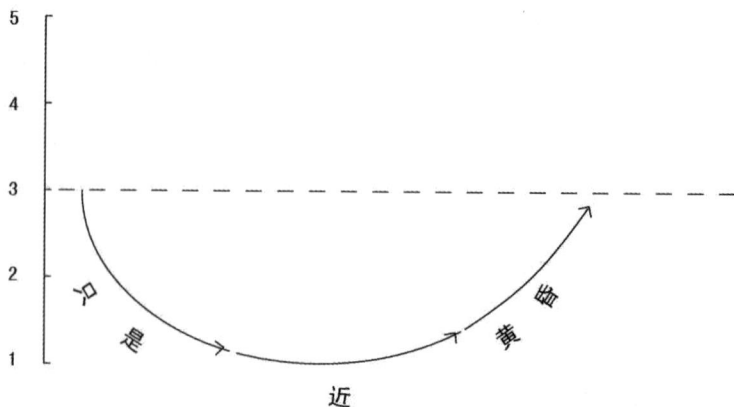

图二

间低、两头高的波谷形态。

3. 上山类。声音由低向高发展。即句头最低，句尾最高，状如登山。有时是步步高，有时是盘旋而上。

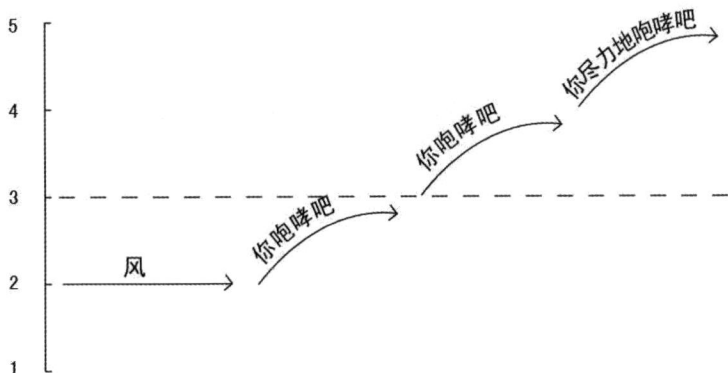

图三

图三中"风"可以从 2 度低起，然后两个"咆哮"逐渐升到至 3 度，达 4 度，最后在第三个"咆哮"上达到最高值 5 度。语势呈不断升高的上山类形态。

4. 下山类。特点是句头最高，而后顺势而下，状如下山。应注意的是它有时是直线而下，有时则是蜿蜒向下。

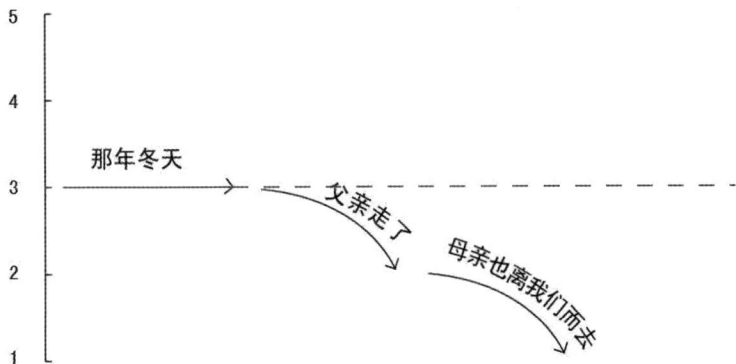

图四

图四的句子中，"那年"可从 3 度起，然后"走了"一词降到 2 度，最后"去"字降到最低点 1 度。整个句子语势呈下山类形态。

5. 半起类。特点是句头较低，而后呈上行趋势，行至中途，气提声止。由于没有行至最高点，所以称为半起。

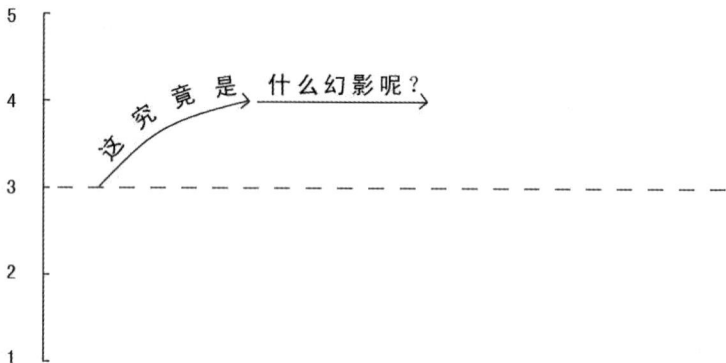

图五

图五中句首"这"可从 3 度起，"究竟是"带着强烈的疑问，逐渐升至 4 度，然后止住，不再上升，"什么幻影"继续停留在原来的高度或强度上。

总之，语势、语调只不过是声音的外在表现形态。朗诵时，必须全面、正确地理解文中思想情感，把握住语势变化趋向，才能将语句读得起伏多变，摇曳生姿。

例如《卖火柴的小女孩》一文的开头一句："天冷极了，下着雪，又快黑了。"语调变化见图六。

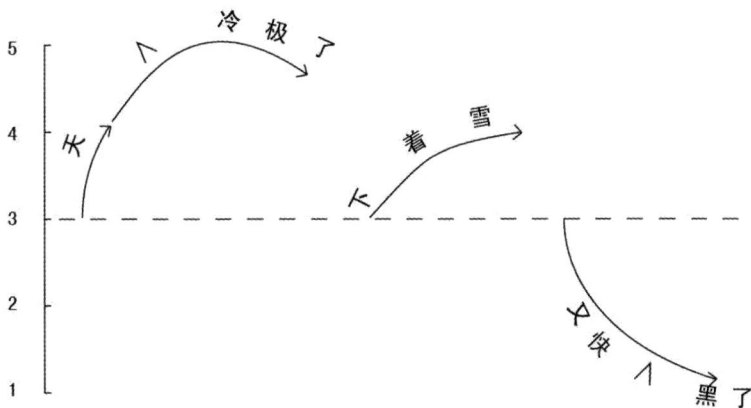

图六

　　朗诵时，起始"天"字为中 3 度，"天"后一挫，给全句主要重音"冷"带来一股寒气，同时达到全句最高点。稍停后下滑。"雪"字稍高于"天"字半度，"黑"又下降，落为全句最低点收尾。这样处理，就会使全句错落有致，参差有别，使语境"冷"的气氛，自然地表露出来。如果按陈述句"平直调"或其他不恰当方式处理，会显得呆板失色。

　　只有正确运用语调的多种表现形式，才能增强有声语言的感染力和说服力。

　　例如郭沫若的话剧《屈原》中的《雷电颂》片段：

　　　　啊，我思念那洞庭湖，我思念那长江，我思念那东海，那浩浩荡荡的无边无际的波澜啊！那浩浩荡荡的无边无际的伟大的力呀！那是自由，是跳舞，是音乐，是诗！

　　这一段中前三个排比表达"思念、敬仰"之意，不能用慷慨、激昂的语气，要沉下声音，用弱控制法处理，表现屈原内心深处细腻的那一面，但在语调上可以起伏变化，既可逐渐降低也可逐渐提升，还可以用"平、升、降"变化方式，来表现"思念"内容的丰富。但是后面四个"是"字排比句，可以采用上升语调，由低到高，逐渐提升，将屈原激动难耐的内心情绪推向高潮。

　　再如歌吟有梦《我的南方和北方》中的片段：

我曾经走过黄山、庐山、衡山、峨眉山、雁荡山，寻找着我的南方。我的南方却在乌篷船、青石桥、油纸伞、鱼鳞瓦的深处隐藏。在秦淮河的灯影里，我凝视着我的南方。在寒山寺的钟声里，我倾听着我的南方。在富春江的柔波里，我拥抱着我的南方。我的南方啊！草长莺飞，小桥流水，杏花春雨。

在这段文字中，有写"庐山、衡山、峨眉山、雁荡山"雄伟、壮美的句子，也有写"乌篷船、青石桥、油纸伞、鱼鳞瓦"温和、柔美的句子。在朗诵时，为了体现作者最初寻找与最后发现的"不同"，可以在朗诵"山"时用不断上升的语调将句子"提"起来，然后在"却"字后，突然转为下降语调，将意境带进南方的温柔、妩媚、秀丽、平和中，就把南方真正的"神韵"体现出来了。接下来，在三个排比句式中，先用降调顺应前面铺成的"总调"，然后随着"凝视、倾听、拥抱"感情不断加热，语调继续攀升，到一句感叹"我的南方啊"达到高潮，然后在"草长莺飞，小桥流水，杏花春雨"三个排比词上，微微调整一下语调，最好采用"高、平、降"方式，将语调拉下来，回到全段温和、柔美的意境中来，也使声音形成一唱三叹、回环往复的旋律感。

四、节奏

在朗诵中，由作品内容蕴涵着的朗诵者内心情感的波澜起伏所形成的抑扬顿挫，轻重缓急的声音形式的回环往复，在有声语言的表达上所显示的快与慢、抑与扬、轻与重、虚与实等种种回环交替的声音形式，就是节奏。

朗诵的主要节奏类型有以下几种：

（一）轻快型：语调多扬少抑，力度多轻少重，顿挫较少且时间短暂，语速较快，语言流畅，轻巧明丽，有欢快跳跃感。

如林徽因的诗《你是人间的四月天》，这首诗给我们描绘了一个草长莺飞、生机勃勃的春的图景。世界带着点点的笑意，那轻柔的风声是它的倾诉、它的神韵。它是轻灵的，舞动着光艳的春天，千姿百态。在万物复苏的天地间，一切都在跃跃欲试地生长，浮动着氤氲的气息。在迷茫的天地间，云烟是复苏的景象。黄昏来临后，温凉的夜趁着这样的时机展示自己的妩媚。三两点星光有意无意地闪着，和花园里微微舞动的花朵对语，一如微风细雨中的景象：轻盈而柔美，多姿而鲜艳。圆月升起，天真而庄重地说着"你"的郑重和纯净。那鹅黄，是初放的生命；那绿色，蕴涵着无限的生机。那柔嫩的生命，新鲜的景色，在这样的季节里泛着神圣的光。这神圣和佛前的圣水一样，明净、澄澈；和佛心中的白莲花一样，美丽、带着爱的光辉。这样的季节里，"你"已经超越了这样的季节。"你"是一树一树的花开，是伴春飞翔的燕子——美丽而轻灵，带着爱、温暖和希望。全诗洋溢着喜悦之情，充满希望和活力。用轻快型节奏来读，才能有微风拂面的效果，让听者从身体到心灵感到一种愉悦的享受。

（二）紧张型：多扬少抑、多重少轻，气促音短，语速较快。基本语气及其转换较为急促、紧张，重点句、段更为突出。

如高尔基的《海燕》就是典型的紧张型节奏。《海燕》是一篇散文诗，以暴风雨来临前夕大海的海面变化作为烘托，详细描绘了暴风雨来临之前、暴风雨逼近之时、暴风雨即将来临之时等三个海面景象，写出了当时斗争环境的恶劣，反衬出海燕的英勇形象。

《海燕》既是一首色彩鲜明的抒情诗，也是一幅富有音乐节律和流动感的油画，更是一首情感激越、韵律铿锵、节奏鲜明、气势磅礴的交响乐！因此在朗诵时要把握好作品的节奏：紧张、激越。可以通过音量的变化、语速的加快、语气的调整使气势达到高潮。从文章开始"在苍茫的大海上，狂风卷集着乌云"到"乌云越来越暗，越来越低"逐渐推进，到结尾"让暴风雨来得更猛烈些吧！"达到最高潮，形成震撼人心的艺术效果！

（三）低沉型：语势多为落潮类，句尾落点多显沉重，音节较长，语速较缓，声音偏暗偏沉。基本语气及其转换，都带有沉缓的感觉，重点句、段为明显。

如李瑛《一月的哀思》，诗歌再现了首都百万人民在十里长街迎候和哭送周总理灵车的悲壮动人的场景。诗作中反复出现"车队像一条河，缓缓地流在深冬的风里……"，饱含着人民对周恩来总理去世的伤痛和深深怀念之情。只有用哀婉低回、回环往复的节奏，才可有力地渲染特定的情绪氛围，读出震撼人心的效果来。

（四）凝重型：语势较平稳，语调多抑少扬，顿挫较多，音强而有力。基本语气及其转换都显得凝重，重点句、段更为明显。

例如艾青的《我爱这土地》：

　　　　假如我是一只鸟，
　　　　我也应该用嘶哑的喉咙歌唱：
　　　　这被暴风雨所打击着的土地，
　　　　这永远汹涌着我们的悲愤的河流，
　　　　这无止息地吹刮着的激怒的风，
　　　　和那来自林间的无比温柔的黎明……
　　　　——然后我死了，
　　　　连羽毛也腐烂在土地里面。

　　　　为什么我的眼里常含泪水？
　　　　因为我对这土地爱得深沉……

这首诗内容厚重朴实，情感浓烈真挚，语言凝练有力，用凝重型节奏才能读出其中蕴涵的深沉浓重的况味。

（五）高亢型：语气高昂，音色明亮，语势多为起潮类，峰峰相连，不断上扬，语速偏快，势不可当。重点处的语气、语调都带有高亢昂扬、爽朗向上的特点。如光未然的《黄河颂》片段：

　　　　啊，朋友！
　　　　黄河以它英雄的气魄，
　　　　出现在亚洲的原野；
　　　　它表现出我们民族的精神：
　　　　伟大而又坚强！
　　　　这里，
　　　　我们向着黄河，
　　　　唱出我们的赞歌。

在这段朗诵词中，诗人作为时代的歌手出现。他站在高山之巅，代表祖国英勇的儿女，向着黄河唱出了颂歌，歌颂黄河气势宏伟，源远流长，歌颂我们伟大、坚强的民族，激发广大中华儿女的自豪感与自信心，以英勇的气概和坚强的决心保卫黄河、保卫中国！朗诵时必须用高亢型节奏才能读出歌词激昂、豪迈、一泻千里的恢弘气势，激发听者壮怀激烈、热血沸腾的情感。

（六）舒缓型：语势多扬少抑，声音清朗而柔和，气息长缓、语音连贯，基本语气及其转换较为舒展，重点句、段更为明显。如戴望舒的《雨巷》。这首诗写于 1927 年夏天。当时全国处于白色恐怖之中，戴望舒因曾参加进步活动而不得不避居于松江的友人家中，在孤寂中咀嚼着大革命失败后的幻灭与痛苦，心中充满了迷惘的情绪和朦胧的希望。《雨巷》一诗就是他的这种心情的表现，其中交织着失望和希望、幻灭和追求的双重情怀，这种情怀在当时是有一定的普遍性的。《雨巷》运用了象征性的抒情手法，诗中那狭窄阴沉的雨巷，在雨巷中徘徊的独行者，以及那个像丁香一样结着愁怨的姑娘，都是象征性的意象。分别比喻了当时黑暗的社会，在革命中失败的人，和朦胧的、时有时无的希望。这些意象又共同构成了一种象征性的意境，含蓄地暗示出作者既迷惘、感伤又充满期待的情怀，给人一种朦胧而又幽深的美感。诗中运用了复沓、叠句、重唱等手法，形成了回环往复的舒缓型节奏与旋律。

需要注意的是，每一种节奏类型都是对作品的全局性概括，并不是每一句话都符合这一类型。朗诵实践证明，善于从具体作品、具体层次、具体思想感情中确定节奏类型，但又不拘泥于某种类型之中，根据需要合理转换，才是真正把握了节奏。如《卖火柴的小女孩》全文充满了对穷苦小女孩的深切同情，并鲜明地揭示出贫富悬殊的阶级社会的一角。"冷"与"饿"是作品的一条明线，也是小女孩不可解脱的痛苦，就像一根火柴不可能驱走那黑夜、寒冷一样。所以她只能在幻想中进入天堂——大年夜冻饿而死。作者用幻境中的"大火炉""烤鹅""圣诞树"与现实中的寒冷、饥饿、痛苦形成对比。这些幻境，似乎真的存在，伸手即可得到。但是幻境破灭后，倍感现实生活的冷酷无情。在节奏运用上要造成"幻境破灭"后的反差，即由扬转抑，也可以说是"欲抑先扬"，由扬渐扬，更扬，突然最抑，一个回环交替，又一个回环交替，最后落入"低沉型"节奏之中。因此，《卖火柴的小女孩》应为以抑为主，抑扬交替，属于低沉型节奏。

第四节　朗诵特殊表达技巧

在朗诵中，还有一些特殊表达技巧，是一种使有声语言更富有色彩的表现方法，对丰富朗诵效果、增强艺术感染力有巨大作用。

一、模拟

模拟，即仿效、模仿。就是以情带声地模仿各种音响和腔调，以增强语言的生动性，启发听者的联想，给听者以逼真的感觉。

例如张家声先生朗诵的《人民万岁》，诗中共出现五次"人民万岁"，前两次朗诵者采用普通读法，在后面三次朗诵中，朗诵者模拟毛泽东在天安门城楼上的讲话，采用带有湖南方言特色的语气、语调，加上朗诵者声音上的加工与美化、背景音乐的烘托与渲染，把主席高亢嘹亮的声音、悠远恢弘的气势艺术地再现出来，达到引人入境、震撼人心的朗诵效果。

模拟声音也要把握合适的"度"，在朗诵中要注意保持自己的音色，即声音的个性。如要转述高声呼喊的话或一种动物可怕的叫喊声时，可用略带夸张的声音，传达出那种情境就可以了。

二、空白

朗诵时为了表达特殊的情绪，在连续的朗诵过程中，突然出现大段的间歇与停顿，这种特殊的朗诵方法就是空白。空白的时间比朗诵中普通的停顿要长。例如张家声先生朗诵的《人民万岁》最后一节：

你走上天安门城楼是为了高呼人民万岁

把握历史的人民才会让你在史册上永放光辉

你走上天安门城楼是为了高呼人民万岁

主宰世界的人民才会让你在世界上万古永垂

这就是你教给我们的哲学

呼人民万岁的人

呼人民万岁的人，他死了

他的思想却可以万岁万万岁

——人民万岁

前面四句说明主席与人民的情感呼应，两两相对，情绪递进，在"这就是你教给我们的哲学"做了一个总结概括，朗诵时采用高亢、激昂的语调，连贯推进的语势，唤起听者心中强烈的共鸣，将朗诵气氛推向高潮。然而，在接下来听者以为继续高亢推进的时候，朗诵者在"呼人民万岁的人"之后，突然出现大段空白，朗诵停止，音乐停止，全场鸦雀无声。这就好像一个优秀的琵琶艺人，演奏到"大弦嘈嘈如急雨"的激烈旋律，达到高潮情绪难以自控时，突然断弦。朗诵者也是在朗诵到情感的高潮境地，联想到朗诵内容中的主人公已经离世，难以控制自己悲伤、怀念的情绪，因此出现声音上的大段空白。但是，朗诵者的情感在静止的气氛中汹涌澎湃地流动着，激起听者更强烈的共鸣，达到"此时无声胜有声"的艺术境界。在大段的空白之后，作者才用低沉的语调、颤抖的声音缓缓地说出"他死了"，把听者带进无尽的痛苦与哀伤之中。就在听者还沉浸在悲伤、沉闷的情绪中时，朗诵者声音一抖，立刻以高声快速推出结尾句"他的思想却可以万岁万万岁"，又把听者情绪拉回到高亢、激昂的主旋律上来。最后再次高呼"人民万岁"，既把"人民万岁"的主题思想升华到一个新的高度，也把人民怀念主席的情感推向最高点，激起全场听者强烈的共鸣，获得了经久不息的热烈掌声。

三、重复

朗诵时为了情感表达的需要，特别突出某些重点词或重点句子，采用重复朗诵的方式以加强效果。例如《岳阳楼记》的结尾句"吾谁与归"。其中经典名句"先天下之忧而忧，后天下之乐而乐"是全文的主题，是语言的精华，也是朗诵的高潮。两句可采用语调高低、语音轻重、语气虚实对比的方法来加强声音上的差别和情感上的递进，读出范仲淹的喜忧价值取向。但是到结尾只有一个"吾谁与归"，与主题句相比，字数较少，句式单薄，声音分量较轻，可以采用"重复"读法。一次语气很轻但语气沉重，是沉思的范仲淹在寻寻觅觅、喃喃自语、叩问心灵；另一次是激愤的范仲淹在问天问地，在茫茫宇宙之中寻找自己的志同道合者，可放开音量呐喊叩问，读得高亢、悲壮，撼人心魄。

再如艾青的《我爱这土地》中的结尾句：

为什么我的眼里常含泪水？

因为我对这土地爱得深沉……

因为本诗的中心句是"为什么我的眼里常含泪水？因为我对这土地爱得深沉"，为突出主题，可将这句结尾点题句重复一遍，既能强化主旨，又能使声音产生变化，加深听者的感情。

四、气音

用气技巧主要包括气音、抽气、喷口、托气等方法。用气技巧的高低，直接影响到思想情感准确生动的表达。气息用得好，对增加语言色彩的浓度、情感表达的深度都能起到很好的作用。

（一）气音

这是指渲染言语中感叹、赞叹、悲叹、惊叹、咏叹等有关"叹"的色彩的一种修饰语。它可以增强紧张等特殊情境中的气氛。运用气音的方法是：吸气时放慢速度，加深强度，吐字时除实音外可伴随一定的气音、虚音，将气很舒展地呼出。如光未然的《黄河颂》中反复出现的叹词"啊"，在朗诵时要注意采用不同的方法来处理。《黄河颂》在体裁上是一首颂诗，着眼于"歌颂"，但具体到每一节的每次感叹，也有内容与情感的细微差别。第一节的"啊"是呼告、提示，引起人们的注意；第二个"啊"是深沉地叹息、述说，引起人们的回忆；第三个"啊"是高声的概叹，充满自信与骄傲，引发人们的自豪感；最后一个"啊"是坚定的决心，是愤怒的呐喊，以激发人们保卫家乡的斗志。

（二）抽气

这是指渲染语言骤然紧张的气氛，表现人物异常激动的心情的一种修饰用气。运用抽气的方法是：吸气时有意识地吸出声来，要使听者有一种气息很重、很强的感觉。如鲁迅小说《孔乙己》中的一段：

　　　孔乙己便涨红了脸，额上的青筋条条绽出，争辩道，（抽气）"窃书不能算偷……（抽气）窃书！……（抽气）读书人的事，（抽气）能算偷么？"

这里几次使用抽气方法，是为了将孔乙己的精神状态体现出来；另外也可表现孔乙己由于深受封建科举制度毒害，以致被摧残、糟蹋成了一个弱不禁风、气息虚浅的病鬼模样。

再如莫泊桑小说《项链》中结尾重逢的一段对话：

　　　她走上前去，

　　　"你好，珍妮。"

　　　那一个竟一点也不认识她了，一个平民妇人这样亲昵地叫她，她非常惊讶，她磕磕巴巴地说：

　　　"可是……太太……我不知道……你……一定是认错了。"

　　　"没有错，我是玛蒂尔德·路瓦栽。"

　　　她的朋友叫了一声：

　　　（大抽气）"啊！……我可怜的玛蒂尔德，你怎么变成这样了？"

这里的"啊"，改为大抽气发声，能鲜明地体现珍妮认出路瓦栽的意外感觉，突出路瓦栽容貌惊人的变化。

（三）托气

这是指在语言表达过程中，极力控制某种情感的一种修饰用气。运用托气的方法是：在吸气时，有意识将气息控制住，然后慢慢用气息将言语托出。如《平分生命》一文：

男孩与他的妹妹相依为命。父母早逝，她是他唯一的亲人。所以男孩爱妹妹胜过爱自己。

然而灾难再一次降临在这两个不幸的孩子身上。妹妹染上重病，需要输血。但医院的血液太昂贵，男孩没有钱支付任何费用，尽管医院已免去了手术费，但不输血妹妹仍会死去。

作为妹妹唯一的亲人，男孩的血型和妹妹相符。医生问男孩是否勇敢，是否有勇气承受抽血时的疼痛。男孩开始犹豫，10 岁的大脑经过一番思考，终于点了点头。

抽血时，男孩安静地不发出一丝声响，只是向着邻床上的妹妹微笑。抽血完毕后，男孩声音颤抖地问："医生，我还能活多长时间？"

医生正想笑男孩的无知，但转念间又被男孩的勇敢震撼了：在男孩 10 岁的大脑中，他认为输血会失去生命，但他仍然肯输血给妹妹。在那一瞬间，男孩所做出的决定是付出一生，并下定了死亡的决心。

医生的手心渗出汗，他紧握着男孩的手说："放心吧，你不会死的。输血不会丢掉生命。"

男孩眼中放出了光彩："真的？那我还能活多少年？"

医生微笑着，充满爱心地说："你能活到 100 岁，小伙子，你很健康！"男孩高兴得又蹦又跳。他确认自己真的没事时，就又挽起胳膊——刚才被抽血的胳膊，昂起头，郑重其事地对医生说："那就把我的血抽一半给妹妹吧，我们两个每人活 50 年！"

所有的人都震惊了，这不是孩子无心的承诺，这是人类最无私、最纯真的诺言。

朗诵到男孩的问话时需用托气技巧，为了渲染气氛，将气息控制住，以较均匀的不多的气息慢慢将后面的言语托出。音量不要大，略感有些憋气。这样利用托气的方法，就能将小男孩对死亡的恐惧，以及极力掩盖、控制自己的心理状态传神地表现出来。

（四）喷口

喷口是指言语者无法控制自己激动的心情，而需突然爆发的一种装饰用气。运用喷口的方法是：先将口腔里的气息蓄足，而后忽然很有力量地喷射而出。运用喷口技巧可大大加强语言的力度，强化感情色彩。如陆游的《示儿》：

> 死去元知万事空，
> 但悲不见九州同。
> 王师北定中原日，
> 家祭无忘告乃翁。

诗中写出陆游收复中原的壮志未酬。在"但悲"之后应略作停顿，再吸足气，然后有力喷出"不见"二字，喷泻出悲愤的感情。

再如《雷雨》中鲁侍萍的台词："我伺候你，我的孩子再伺候你生的少爷们。这是我的报应，我的报应。"这句中鲁侍萍的愤怒达到最高点。这位饱经风霜的女人悲愤地哭喊，发出"这是我的报应，我的报应"，其中的"报"字可以用"喷口"读出，将鲁侍萍难以克制的悲愤、痛苦与无奈淋漓尽致地表现出来。

再如《雷电颂》中"风！你咆哮吧！咆哮吧！尽力地咆哮吧！"这几句对风的呼喊，流露了屈原对风的急切的渴盼。风即改变黑暗的变革力量，对风以及后面的雷、电的呼唤实际也就是对变革现实的伟大力量的呼唤。朗诵时要把握急切、渴望之情，但是不能奔突而上，要低声缓起，慢慢提高音量。三个"咆哮"逐渐提升语调，到"尽力"时达到最高点，在读第三个"咆"字可以采用"喷口"，将屈原心中难以克制的激情如岩浆一样喷涌出来。

五、笑语

这是指带有弹动的一种特殊用气方法。运用笑语的方法是：口腔、喉、胸要放松，小腹膈肌弹动，气息直接击打软腭，随之发出"哈"

"哼""嘿"等笑语，以示快乐或讥讽、嘲笑、鄙视、蔑视等。如闻一多先生的《最后一次的讲演》：

> 今天，这里有没有特务？你站出来！是好汉的站出来！你出来讲！凭什么要杀死李先生？（厉声，热烈的鼓掌）杀死了人，又不敢承认，还要诬蔑人，说什么"桃色事件"，说什么共产党杀共产党，无耻啊！无耻啊！这是某集团的无耻！恰是李先生的光荣！李先生在昆明被暗杀，是李先生留给昆明的光荣！也是昆明人的光荣！

在"桃色事件"后，可以加些冷笑，来讽刺反动派手段的卑鄙、龌龊与低劣，表达蔑视的感情。

再如高尔基《海燕》中的一段：

> 海燕叫喊着，飞翔着，像黑色的闪电，箭一般地穿过乌云，翅膀掠起波浪的飞沫。看吧，它飞舞着，像个精灵，——高傲的、黑色的暴风雨的精灵——它在大笑，它又在号叫——它笑那些乌云，它因为欢乐而号叫！

朗诵时应一鼓作气，将断裂的句子连贯起来，形成势不可当的气势。在朗诵情绪高潮——"高傲的，黑色的暴风雨精灵"处，如果加几句高声大笑，然后解释"它在大笑，它又在号叫"，就能使朗诵获得震撼人心的效果。

六、颤音

这是指带有颤音的一种特殊用声方法。运用颤音的方法是：吸气有如在抖气，呼气同样要战栗，小腹软腭部位痉挛。这种用气的方法可表现异常激动、十分悲痛、委屈、难过等心情。这种哭泣声是在有真挚感受的基础上内在感情的真实流露。

如《雷雨》中鲁侍萍的台词：

> 那是你们老太太看着孩子快死了，才叫我抱走的。（自语）哦，天哪，我觉得我像在做梦。

中间的感叹词"哦"前可稍微停顿一下，给听者以时空转换感；

在读"天哪"时可以在"天"字上采用颤音，以表现人物内心经历的巨大震撼。

再如话剧《恋爱中的犀牛》中马路的台词：

> 我上大学，我读博士，当一个作家？我为你自暴自弃，从此被人怜悯？我走入精神病院，我爱你爱崩溃了？爱疯了？还是我在你窗下自杀？明明，告诉我该怎么办？你是聪明的，灵巧的，伶牙俐齿的，愚不可及的，我心爱的，我的明明……人们说，忘掉她吧。忘掉是一般人能做的惟一的事，但我决定不忘掉她。

这一连串的问话是马路狂妄、偏执情绪的大爆发，语调要高低起伏，打破正常思维规律；语速要快慢不均，表现人物情绪的失控；音量高低变化无常，表现人物的歇斯底里。问句结束后根据内容又需要转换为爱怜和祈求的语气："你是聪明的，灵巧的，伶牙俐齿的，愚不可及的，我心爱的，我的明明……"在读到结尾时，可以加上些颤音，以表现马路内心痛苦到无法自拔时情绪与声音的失控。

再比如李瑛的诗歌《一月的哀思》中"江水沉凝，青山肃立，万木俯首，星月不移……"，这里用自然景观表现周总理逝世给人民带来的巨大痛楚。第一句一字一顿，拉开间歇，语调缓慢、沉稳；第二句继续慢速，语调拉平；第三句猛然拉高，语速加快；第四句再恢复低沉，语速放慢。如果在"不移"两字加上颤音，表现出因悲伤过度而哽咽不能语的情绪，会有更打动人心的效果。

第三章　不同文体朗诵方法

第一节　诗词朗诵

诗词朗诵，也称为诗朗诵，就是朗诵者用清晰的语言、响亮的声音、优美的体态、得体的动作把原诗词作品有感情地向听者表达出来，以传达原作的思想内容，引起听者的共鸣。

一、古典诗词朗诵

古典诗词从语言上看内容凝练，语义丰富；从形式上看分行排列、富有韵律；从写作手法上看思维跳跃，意境深远。朗诵时要根据古典诗词特点，重点强调韵味和节奏。

（一）运用吐字归音方法，读出诗词韵味

古典诗词，特别是唐代及以后的诗词讲究韵律感和音乐感，尤其是韵脚，体现出古诗的对仗与工整。在朗诵过程中必须将吐字归音方法运用到每个字词中，才能将诗词中的深意与韵味表达出来。例如朗诵张若虚的《春江花月夜》。全诗随着韵脚的转换变化，平仄的交错运用，一唱三叹，前呼后应，既回环反复，又层出不穷，节奏平和而优美。朗诵时要注意每个音节归音到位，使语音与韵味的变化切合诗情的起伏，才能使声情与文情丝丝入扣，婉转谐美。

（二）按诗词格律要求，正确读准词句字音

古典诗词朗诵，不仅要求普通话语音规范，朗诵者还必须懂得诗词格律特点，熟悉四声平仄规律，才能正确吐字发音，处理好诗句的抑扬顿挫。

诗词的平仄安排主要是以两个字为一个音组，或称音步，交互轮换组联而成。例如："白日依山尽，黄河入海流。欲穷千里目，更上一层楼。"这首五言绝句，就是由"仄仄平平仄，平平仄仄平。平平平仄仄，仄仄仄平平"交互组联而成。每一句都有两个双音步和一个单音步。每一个双音步的第二个音，其平仄声都交错使用，俗称"二、四、六分明"。这样，就构成了诗句的高下疾徐，抑扬顿挫。至于词，句子中的平仄安排，更加严格，所谓"句有定字，字有定声"。但是，句中的平仄安排，基本上也是按照两个字为一个音步交互组联而成的。例如韦庄《菩萨蛮》：

> 人人尽说江南好，游人只合江南老。春水碧于天，画船听雨眠。垆边人似月，皓腕凝霜雪。未老莫还乡，还乡须断肠。

这首词就是由"平平仄仄平平仄，平平仄仄平平仄。平仄仄平平，仄平平仄平。平平平仄仄，仄仄平平仄。仄仄仄平平，平平平仄平"相互组联而成。这种平仄声在句子中的巧妙安排，构成了我国古典诗词特有的音乐美。

在古典诗词朗诵中，还必须按照古典诗词的格律要求来吐字发音，处理句子的声调，才能悦耳动听，增加作品的感染力。否则，便会损害作品原有的音乐美。例如"看"，普通话读去声，但在古典诗词中多作平声用。如李商隐七律《无题》中"蓬山此去无多路，青鸟殷勤为探看"，毛泽东《清平乐·会昌》中"战士指看南粤，更加郁郁葱葱"，这里的"看"字，都要念平声 kān，可以适当延长，体现出诗句的高下疾徐，抑扬顿挫。如果念成去声，必须"指看南粤"四个字连在一起，就损害了诗句的音乐美。但是，在刘禹锡七绝《元和十一年自朗州承召至京，戏赠看花诸君子》"紫陌红尘拂面来，无人不道看花回"一句中，"看"字就应念去声，才符合平仄的要求。又如"胜"，普通话多念去声，但在古典诗词中多作平声：shēng。如苏轼《水调歌头》中"我欲乘风归去，又恐琼楼玉宇，高处不胜寒"，上面两句"仄仄平平仄仄，仄仄平平仄仄"，几度低回婉转；后面一句"仄仄仄平平"，一气呵成，似尘埃落定。这里的"胜"字，作承受解，应念为平声，即 shēng。但是在白居易《忆江南》中有"日出江花红胜火，春来江水绿如蓝"，这里的"胜"字，按照"仄仄平平平仄仄"的要求，必须念去声。

（三）根据诗词的结构模式，运用恰当的声音技巧

诗词都有一定的结构模式，朗诵时要了解该诗的结构，形成严密的逻辑感受，运用合适的语气，把整诗的内涵体现出来。如毛泽东七律《人民解放军占领南京》：

> 钟山风雨起苍黄，百万雄师过大江。
> 虎踞龙盘今胜昔，天翻地覆慨而慷。
> 宜将剩勇追穷寇，不可沽名学霸王。
> 天若有情天亦老，人间正道是沧桑。

全诗前四句着重于叙事，后四句主要是议论，而议论又分两个层次。首联描绘了解放军解放南京的宏伟场面，总结全诗。颔联进一步赞颂了南京解放取得的历史性胜利，抒发了南京解放的革命豪情。这四句的情感表达方法基本是一致的，对比历史情境的变迁，既自豪，又激动，因此在首句稍微铺垫之后，立刻将第二句高调推出，以表现诗人压抑不住的喜悦之情。在对比"虎踞龙盘今胜昔"之后，可将"天翻地覆慨而慷"的雄伟、阔达、豪迈之情用加重语气的方法来表现。颈联是全诗的主旨和灵魂，诗人以昔日西楚霸王项羽失败的典故为教训，告诫人们不能像项羽那样放松警惕，要善始善终。因此朗诵时要由前四句的欢呼慨叹转变成冷静的说理，语势降低、语速转缓，语气变为语重心长的"谆谆告诫"。尾联运用辩证唯物主义和历史唯物主义的观点，对全诗的思想作了哲理性的总结，因此在朗诵完以上两部分后，可以稍作停顿，留出沉思、总

结的时间，然后再用概括的语气将哲理性的词句朗诵出来，给听者留出长长回味的境地。

（四）感受作品风格，读出诗词意境

古典诗词篇幅虽短，字数不多，但大多含蕴丰富、意境深远。如张若虚《春江花月夜》，整首诗雍容典雅、音韵舒展，用含蓄多姿的现实与浪漫相结合的手法，表现了深远、恢弘的意境。在一轮明月照耀下，江水、沙滩、天空、原野、枫树、花林、飞霜、白云、扁舟、高楼、镜台、砧石、鸿雁、鱼龙、思妇以及漂泊的游子，组成完整的诗歌形象。朗诵时要在朗诵者心中形成一幅幅淡雅的中国水墨画，才能把全诗含蕴的风格、深远的意境表现出来。

（五）划分语言节拍，读出诗词节奏

朗诵时要根据诗歌内容划分节拍。古诗词最基本的节奏单位一般是由两个字构成的。五言诗，可分为两顿，三个节拍；七言诗，可分为两顿，也可分为三顿。这些规矩非常灵活，只有按照具体内容确定节拍，使得韵律回环往复，才能形成鲜明的朗诵节奏。例如孟浩然《春晓》：

　　春眠＼不觉＼晓，处处＼闻＼啼鸟。夜来＼风雨＼声，花落＼知＼多少。

这是一首惜春诗，诗人抓住春晨生活的一刹那，写出了自然的神髓、生活的真趣，抒发了对醉人春光的喜爱，言浅意浓，景真情真。朗诵时只有深入分析，画出节拍，并根据节拍安排停顿与连接，才能读出轻快的节奏与悠扬的韵味。

二、现代诗歌朗诵

现代诗在字音与韵律要求上，比古体诗词要宽泛很多，但在内容范围和表现的情感上要丰富许多。朗诵时如果掉以轻心，就会将诗读成结构分散、语言平淡的"白话"，从而丧失诗歌的韵味。

（一）首先要把握思想内容，确定情感基调

朗诵现代诗，必须深入分析作品，把握其思想内容，根据作品主题，确定情感基调。如徐志摩的《再别康桥》，写的是离愁别绪，其情感基调定在一个"愁"字上，而且，这愁不是哀愁，不是浓愁，而是轻淡的柔愁。愁中又带有一丝对康桥美景的沉醉，带有一丝对母校深深的眷恋。再如北岛的《回答》，一些人用忧郁、压抑的语调把此诗朗诵得非常低沉。其实诗题取名《回答》，回答对象很明显，就是那沉闷的社会现实，那充满荒诞的十年浩劫。那个十年，给了诗人北岛太多的感触，而他的朦胧诗就是在这样一个时代中，试图给自己的灵魂一个负责的交代。他用象征性的诗歌形象、真实地传达出了一个充满压抑感的生活氛围，也表现了重压之下，保有生存意愿和发展要求的人对苦难现实的心理反叛。《回答》真实展现了北岛那一代知识青年对残酷现实的强烈不满。他们发出的"告诉你吧，世界，我——不——相——信！"是振聋发聩的呐喊，也是向世界发出的宣言。因此朗诵时的主基调应该是深思、振奋与希望，才能将一代青年人的觉醒和对未来的憧憬全面表现出来。

（二）根据情感的需要，确立朗诵节奏

现代诗歌诵读的节奏，也有一定的规律可循。如果表现的内容是欢快的、激动的或紧张的，语调以上扬成分多，速度要快一些；表现的内容是悲痛的、低沉的或抒情的，语调以下降为主，速度要慢一些；表现的内容是平铺直叙的，语调要平稳，速度适中为宜。比如，《再别康桥》与《我爱这土地》的语速要慢一些。在同一首诗歌当中，语速并非一成不变。诗歌情感有发展，语速随之有变化。如闻一多《发现》一诗：

> 我来了，我喊一声，迸着血泪，
> "这不是我的中华，不对，不对！"
> 我来了，因为我听见你叫我；
> 鞭着时间的罡风，擎一把火，
> 我来了，不知道是一场空喜。

我会见的是噩梦，哪里是你？

那是恐怖，是噩梦挂着悬崖，

那不是你，那不是我的心爱！

我追问青天，逼迫八面的风，

我问，拳头擂着大地的赤胸，

总问不出消息，我哭着叫你！

呕出一颗心来，你在我心里！

　　作者一步步发现，一步步追问，节奏愈来愈紧，痛苦愈来愈深。最后，在呕心沥血之中终于发现，祖国原来珍藏在自己心底。因此，这首诗的语速应是：慢→快→慢。

　　（三）根据诗歌特点，读出诗歌的音乐美

　　现代诗歌朗诵，一定要打破诗行与标点符号的限制，正确处理好停顿。节奏自然、鲜明，诗歌才富有韵律美。例如徐志摩《再别康桥》，这首诗充分体现了新月诗派的"三美"理论，即追求绘画美、建筑美、音乐美。全诗每节四句，单行和双行错开一格排列，错落有致，在整齐中又有变化；其中一、三句诗排在前面，二、四句诗空一格排列，错落有致；再者一、三句短一点，二、四句长一点，显示出独特的"建筑美"。而音乐美是徐志摩最强调的，全诗共七节，每节四行，每行两顿或三顿，不拘一格而又法度严谨，韵式上严守二、四押韵，整诗韵脚分别为"来，彩；娘，漾；摇，草；虹，梦；溯，歌；箫，桥；来，彩"，读起来抑扬顿挫、朗朗上口。首节和末节，语意相似，节奏相同，构成回环呼应的结构形式。在每个单句中用字格式规整，长短富于变化。以"轻轻的我走了"为例，其中"轻轻的"为三字格，"我"是一字格，"走了"是二字格，错落变化，婉转生动。七节诗错落有致地排列，韵律在其中徐行缓步地铺展，朗诵时要让整首诗歌优美的节奏像涟漪般荡漾开来，契合着内容与情感的潮起潮落，形成一种独特的音韵美感。

　　（四）根据诗歌意境，确定重音和音长

　　诗歌诵读，语音有轻有重，有音长、音短，不仅能将诗歌情感强调出来，而且能将诗歌的韵味体现出来。字、词、句的轻重及音长、音短，要根据诗歌内容、意境来判断。如《再别康桥》：

> 轻轻的我走了，
>
> 正如我轻轻的来；
>
> 我轻轻的招手，
>
> 作别西天的云彩。

整节诗比较轻柔，但轻柔之中依然有要强调的部分。其中，第一个"轻轻"可稍读重一些；而后面两个"轻轻"虽然属于这节诗中重点强调的部分，但根据诗歌意境来看，不能重读。可以这样处理：语速放缓，声音稍微拉长。两种强调处理，各有不同，一种重读，一种轻读拉长，"吟诵"的韵味便出来了。

第二节　散文朗诵

散文是指篇幅短小、题材多样、形式自由、情文并茂且富有意境的文章体裁。其特点是通过叙述、描写、抒情、议论等各种表现手法，创造出一种自由灵活、形散神凝、生动感人的艺术境界。

散文多从作者主观视点来观察世界万物，从中有所感悟，抒发自己的感想，而有声语言是朗诵者的"二度创作"。散文有声语言的表达介于诗歌和小说、寓言、童话之间，既不大起大落，也不夸张渲染，主要是用朴实、真切的声音表达真情实感。

一、根据散文特点，确定整体风格

散文总是从作者主观视点来观察世界万物，从中有所感悟，于是有感而发，抒发自己的感想。读散文，听散文，似乎是跟着作者去看、去想，最终和作者想到一块儿去。朗诵散文应力求展示作者倾注在作品中的"情感"，充分表现作品中的人格意象。散文是心灵的体现，是真情流露。因为朗诵过程是一个看、想、感悟的过程，所以散文朗诵的基调基本上是平缓的，没有太大的起伏。即使是在作品的高潮，也不会像诗歌、演讲和台词朗诵那样异峰突起，慷慨激昂。在朗诵散文时要用中等的速度、柔和的音色，一般用拉长而不用加重的方法来强调重音。

二、根据语体风格，表达灵活多变

确定整体风格，并不是说通篇都用一种表达方式。一篇散文中又有多样的表达方法。散文语言自由、舒展，表达细腻、生动。抒情、叙述、描写、议论相辅相成，显得生动、明快。因而对不同语体风格还要区别处理。叙述性语言的朗诵要语气舒展，声音明朗轻柔，娓娓动听；描写性语言要形象、自然、贴切；抒情性语言要生动、自然、由衷而发；议论性语言要深沉含蓄、力透纸背。朗诵者应把握文章的语言特点，恰如其分地处理好语气的高低、强弱，节奏的快慢、急缓，力求真切地把作者的"情"抒发出来。

三、根据散文类型，确定朗诵基调

散文通常可以分为古代散文和现代散文。古代散文，有特殊的文体、句式和音韵要求，朗诵时要了解其语言结构特点，以免读破"辞章"、切断文意。例如朗诵苏轼的《前赤壁赋》，就需要了解辞赋特点。赋是中国古代的一种文体，兼有诗歌和散文的特点。在汉代是讲究辞采和铺陈的大赋，到了宋代，经过欧阳修、苏轼等人的创造，便产生了更便于抒写情怀、描写物象的散文赋。它既保留了传统赋体诗的特质与情韵，在形式上也保留了用韵、句式整齐或主客问答等特点，同时又打破赋在句式、声律、对偶等方面的严格限制，更多地吸收了散文的笔调和手法，克服了板滞僵化的弊病，显得自由灵活，生动清新。苏轼的《前赤壁赋》在句式和用韵方面是很典型的。朗诵时要将其中的"韵"强化、突出出来，声调才会显得和谐、优美。

散文按文体性质又可以分为抒情、叙事和议论几类。

抒情散文通常语言优美、比较口语化，虽不讲究韵律和音律，却常常给人以诗的意境和感觉。朗诵时既要通过轻重、高低、快慢来展现散文作品的美，又要区别于诗歌的朗诵，要用心去体会，尽量做到口语化、生活化。例如朱自清先生著名的散文《荷塘月色》《匆匆》，都是在抒发作者的感受。散文《春》描写春天，赞美春天，发出"一年之计在于春"的感想，从而激发人们对生活的热爱。其基调是热情、愉快的。我们应该用明朗、甜美的声音去读。再如茅盾的《白杨礼赞》热情地赞美了白杨树，进而赞美了北方的农民，赞美我们民族在解放斗争中所不可缺的质朴、坚强以及力求上进的精神。朗诵时要充分把握这种热情讴歌、极力赞美的感情基调。

叙事散文虽写了人物和事件，但不像小说那样追求故事情节完整和刻画人物性格，而是遵从写意的风格，对人和事点到为止。即使是人物的对话，也要在把握全篇的基础上追求"神似"，而不要过分追求"声似"。有些散文中穿插着一些人和事，正是这些人和事给了作者启示，由此产生了感慨。朗诵时应当把其人其事作为散文的一个组成部分而不是把他们作为一个故事来读。

议论说理散文，也叫哲理散文。它不同于一般的议论文，不推理论证和严肃说教，而是像朋友一样推心置腹促膝谈心，亲切自然、真诚中肯，从而让听者细心品味、深刻反思而受到教益。例如冰心的散文《谈生命》，全文虽然有大段优美的景物描写，但更多的还是说明"生命像什么"和生命旅程中蕴涵的道理。朗诵时要采用亲切的语气和平稳的语调娓娓道来。

四、根据作品结构，形成统一感受

散文结构布局多种多样，有横式的，有纵式的；有逐层深入的，有曲折迂回的。例如袁鹰的散文《井冈翠竹》以毛竹的功绩为线索，围绕这根主线，回忆过去，展望未来，热情歌颂了中国人民的革命气节和革命精神，是一篇纵式结构文章。而鲁迅的散文《从百草园到三味书屋》则分别描述了百草园和三味书屋，是一篇对比结构的横式散文。在文章中虽然有山有水，有花有鸟，还有人，但是这些都不是具体的某一个人。我们在朗诵这一类型的散文时，完全可以以作者的感受为线索。散文的结体式样很多，写法多样，但无论什么散文都是"形散神聚"，总是有一条清晰的线索贯穿全文，统领全篇；自始至终有一种充沛的激情来描写感人肺腑的人和事，使全文浑然一体。朗诵时要统观全文，深入理解，准确体会，形成完整、统一的感受。

五、根据作品情感脉络，确定表现方法

一篇散文中，蕴涵的情感是不断发展、深入、变化的。朗诵时，要用不同的声音技巧将这一过程细腻地表现出来。例如朗诵朱自清的《春》时，一开始是一种殷切期盼的情感，在朗诵"山，朗润起来了；水，涨起来了；太阳的脸，红起来了"时，要把三个层次读出来，把春天越来越近、人们越来越欣喜的心情读出来。中间的部分，从各个方面描写春天，也表现了作者对春天的热爱。可以用减低速度、降低音量的方法把描写和抒情区别开来。最后的三小节，用娃娃、姑娘和青年来比喻春天，体现了人们对新的一年的憧憬和希望，情绪也随之转向高昂，音量、语速也应随之步步提高、加快。

六、根据作品特点，读出内涵韵味

散文虽然不像诗歌那样有规整的节奏和严格的韵律，但是也讲究节奏和韵律美。散文的局部和某些句子也有对称结构。例如朱自清的《春》中"风，轻悄悄的；草，软绵绵的"，在朗诵时，可以用相同的语调来读这对语句，把文中的韵律美表现出来。再如张爱玲的散文

《花落的声音》：

家中养了玫瑰，没过多少天，就在夜深人静的时候，听到了花落的声音。起先是试探性的一声"啪"，像一滴雨打在桌面。紧接着，纷至沓来的"啪啪"声中，无数中弹的蝴蝶纷纷从高空跌落下来。

那一刻的夜真静啊，静得听自己的呼吸犹如倾听涨落的潮汐。整个人都被花落的声音吊在半空，尖着耳朵，听见心里一惊一惊的，像听一个正在酝酿中的阴谋诡计。

早起，满桌的落花静卧在那里，安然而恬静。让人怎么也无法相信，它曾经历了那样一个惊心动魄的夜晚。

玫瑰花瓣即使落了，仍是活鲜鲜的，依然有一种脂的质感，缎的光泽和温暖。我根本不相信，这是花的尸体，总是不让母亲收拾干净。看着它们脱离枝头的拥挤，自由舒展地躺在那儿，似乎不簇拥在枝头更有一种遗世独立的美丽。

这个世界，每天似乎都能听到花落的声音。

像樱、梨、桃这样轻柔飘逸的花，我从不将它们的谢落看做一种死亡。它们只是在风的轻呼中，觉悟到自己曾经是有翅膀的天使，它们便试着挣脱枝头，试着飞，轻轻地就飞了出去……

有一种花是令我害怕的。它不问青红皂白，没有任何预兆，在猝不及防间整朵整朵任性地鲁莽地不负责任地骨碌碌地滚落下来，真让人心惊肉跳。曾经养过一盆茶花，就是这样触目惊心的死法。我大骇，从此怕了茶花。怕它的极端与刚烈，还有那种自杀式的悲壮。不知那么温和和禅定的茶树，怎会开出如此惨烈的花。

只有乡野那种小雏菊，开得不事张扬，谢得也含蓄无声。它的凋零不是风暴说来就来，它只是依然安静温暖地依偎在花托上，一点点地消瘦，一点点地憔悴，然后不露痕迹地在冬的萧瑟里，和整个季节一起老去。

《花落的声音》是张爱玲的一篇精美散文，她对世界的感受常常表现在她对细节的细腻洞察上，结构是解甲归田式的自由散漫，文字是高度集中的精美雕塑。她的语言汲取了古今中外文学的众多营养，风格奇诡机智，笔下时有妙言，独出机杼，常有惊人之语。这篇《花落的声音》清秀隽永、新巧灵丽、意味悠远，饱含生活哲理。

朗诵张爱玲的散文，要了解作者的个性和一贯的情感表达方式。在这篇散文中，张爱玲没有极尽铺陈之能事，只是列举了六种花的凋零。玫瑰的凋零像"无数中弹的蝴蝶纷纷从高空跌落下来"，安然恬静，馨香美丽，令人惋惜；樱、梨、桃等花的凋零"轻柔飘逸"，从容洒脱，"我从不将它们的谢落看做一种死亡"，仿佛把它们当轻轻飞走的天使；茶花的凋零极其刚烈悲壮，"让人心惊肉跳"；小雏菊的凋零却含蓄无声，不露痕迹。张爱玲在文中借几种花不同的凋零方式隐喻不同的人生观和生死观，表达的是作者对生命的思考与珍惜。文章语言流畅，不带拖沓之笔，是《花落的声音》的精华所在。

张爱玲表达感情的方式一向很"冷"，因此朗诵张爱玲的散文，要把握"沉静、从容"的基调。语速要平缓，情绪要隐忍，语调不要有太大的起伏。要想避免平淡，可以通过重音的强调和词句的顿连方式来表现。

文章的第一部分是写玫瑰的花落，开篇要以舒缓的语速、平稳的语调"渐进"。"就在夜深人静的时候，听到了花落的声音。起先是试探性的一声'啪'，像一滴雨打在桌面。紧接着，纷至沓来的'啪啪'声中，无数中弹的蝴蝶纷纷从高空跌落下来"。重音"夜深人静"可采用由高变低、由实变虚的方式来突出，"听到了花落的声音"一句可在"听到了"之后稍作停顿以引人警觉，引出重点词"花落的声音"，在"花落"两字再重捶一下，效果更好。从"起先"开始小音量、慢速度，到"紧接着"逐渐加速，以凸显花朵落地之多，到"纷纷从高空"后，再适当停顿，以强调"跌落"两字，表达作者心中的不忍之情。

接下来，"那一刻的夜真静啊，静得听自己的呼吸犹如倾听涨落的潮汐"，第一句用下垂的语调，放低音量，虚声强调重音"静"，然后拉升语调说明静的程度。在读"像听一个正在酝酿中的阴谋诡计"一句时，要细细揣摩"阴谋诡计"的内在语，把这四个字稍微拉开一些距离，给听者留出思考、玩味的余地。

接下来的两段仍用平稳、和缓的语调，重点强调"似乎不簇拥在枝头更有一种遗世独立的美丽"中的"更"字，以表现玫瑰"花虽落、美仍在"的完美境界。

"这个世界，每天似乎都能听到花落的声音。"这是一个过渡段，只有把重音"都"读好，才能将语气顺延下来，流畅地开启下文。

在接下来的三段文字中，作者描写了三种"花落"方式，要采用不同的朗诵方法加以区别。读樱、梨、桃这样的"花落"，朗诵时语气要轻柔，声音要虚幻，将花落时的轻柔飘逸感读出来；读茶花花落时，可用实声，声音重、语速快、语气急，把茶花那种极端与刚烈的落花方式表现出来，再重点强调一下"自杀式"三个字，以突出张爱玲想象的奇特。最后一段写乡间雏菊的花落，语气要淡，语速要慢，在两个"一点点"上要轻声慢读，将小雏菊萎缩时的可怜情态生动、传神地表现出来。

第三节　寓言故事朗诵

寓言是用假想的故事来说明某种哲理，从而达到教育或讽刺目的的文学作品。它短小精悍，通俗易懂，故事情节曲折离奇，主人公个性鲜明，语言轻松活泼，特别受人们欢迎。寓言故事因长短适宜，常常被考生选作自备朗诵材料。

一、根据寓言故事特点，选择合适的朗诵作品

寓言故事一般来说，都是将一个深刻的、具有普遍意义的道理蕴涵在一个生动的故事里。寓言里的鸟兽虫鱼和花草树木都人格化

了，它们之间发生的一切似乎都如同"人间"发生的事情一样，是那么自然、真实。选择稿件时，尽量避免那种较浅显、较"幼稚"的稿件。最好选择寓意较深又有一定的故事情节，其中人物性格、语言风格有所对比，且主题思想有挖掘深度的稿件。例如韩雪的寓言故事《倾听》：

　　一只狗因偷吃主人的东西，被打了一顿跑了出来。

　　他觉得挺委屈，跑到牛和驴那儿倾诉自己的不幸。

　　狗大倒苦水，诉说主人的不是，自己的辛苦。牛只管听，不说话，而旁边的驴子又踢又叫，大为狗鸣不平。

　　终于，狗不说话了，平静下来。驴子问牛："你这家伙，咋这么不近人情，狗这么痛苦，你却一点同情心都没有！"

　　牛慢悠悠地说："对现在的狗来说，倾听也许是最好的安慰，火上浇油有什么好处呢？"

　　果然，工夫不大，主人来了，友善地将狗叫走了。

在这篇故事中，有狗、驴、牛三个动物形象，它们之间发生的一幕与人类现实生活非常相近。有人在受到打击与误解时，会找朋友或家人倾诉内心的郁闷与痛苦。作为好友或亲人是像驴一样立刻火冒三丈、火上浇油，还是像牛那样冷静、耐心、专注倾听？其实，不分青红皂白地打抱不平可能使矛盾升级，而倾听能缓解紧张气氛，是化解误会、纠纷的最佳方式，正像故事结尾"工夫不大，主人来了，友善地将狗叫走了"预示的那样。这则故事虽然篇幅短小，但寓意深远。其中驴与牛的性格对比又非常鲜明，对话极其精彩。朗诵时语气可以比生活语言略微夸张一些，读得生动形象，活灵活现。

二、深入感受作品，弄清寓意所在

由于寓言故事比较通俗易懂又生动活泼，因此有些朗诵者往往对其感受得不够细致，不够深入，对角色语言的心理背景，对故事背后所隐含的道理，以及创作者的良苦用心并没有真正感受到，光顾着想善良的小白兔、狡猾的大灰狼大概是什么样的声音脸谱。这样，表现起来就很容易陷入肤浅，使朗诵变成了简单的表演加说教。例如寓言故事《猫的姿态》：

　　自从猫进了主人的院子，那只看家狗就没有停止过对它的吠叫。

　　猫就像没有听见一样，我行我素，该吃就吃，该喝就喝，该捉老鼠就捉老鼠。

　　一天，牛问猫："狗说你骂它'狗眼看人低'，有这事吗？"猫反问道："那你听我骂过吗？"牛挠挠头，走开了。

　　又一天，羊又问猫道："狗说你骂'狗拿着耗子多管闲事'，你说过吗？"猫反问道："那你听我说过吗？"羊若有所思地走开了。

　　又过了些日子，牛和羊一起找到了猫，劝它同狗好好理论一番，较量较量，凭什么任它这般污蔑？怕它咋的！

　　猫说："对这种无羞无耻的人，最好就是沉默，回应它就是尊重了它，凭空捏造的话有什么好辩白的呢？"

这篇寓言故事不光是三个动物的对话，也不是解读"狗眼看人低"和"狗拿着耗子多管闲事"这两句俗语的含义，重点是说明猫对待别人闲话的"姿态"，真正的寓意是：对待凭空捏造的流言和恶意诽谤，回应它反而是尊重它，最好的态度就是沉默。这样就把握住寓言的真正目的和寓意所在了。

三、明确朗诵身份，确定语言风格

寓言故事常常为少儿读物和儿童节目所选用，但也并不是所有的寓言故事都得面对儿童。即便是将受众定为儿童，也大可不必都用儿童化的表达方式来叙述。朗诵寓言时，朗诵者大多处于转述者的位置，是"我在转述某某某的话"。因此，在角色语言的表现上，要讲求靠近角色性格、性别、年龄，符合其所处环境，更多的是追求一种内在的神似。具体表现在角色语言的声音使用和语气把握上，一定要分寸得当。注意不要仅仅模仿、一味加重角色的语气，更要抓住依据，适当表现，注意内在感和整体感。

例如朗诵黄瑞云的《一头学问渊博的猪》：

　　一头绝顶聪明的猪，住在一个非常出名的图书馆的院子里。它深信自己由于多年在图书馆的生活，已经成为一个渊博的学者。

　　有一天，一只八哥来访问。这头猪立即按照惯例，对客人进行自我介绍。

　　"朋友，请相信我吧！"它说，"我在这个图书馆待的时间已经很长了，我对这里的沟渠、粪坑、垃圾堆都有深刻的了解，甚至屋后山坡上的墓穴都拱翻了好几个。谁要想在这个图书馆得到知识而不来找我，那他算是白跑了一趟。"

　　八哥说："你所说的这些都是图书馆外面的事，那里面的情况你也了解吗？"

　　"里面？"这头学识渊博的猪说，"那我再清楚不过了。里面无非是一些简单的木架子，上面堆满了各式各样的书。"

　　"你对那些书了解吗？"八哥问。

　　"怎么不了解呢？"这位渊博的学者说，"那是最没意思的了。它们既没有什么香味，也没什么臭味，我咀嚼过好几本，干巴巴的，连一点水分也没有。"

　　"可是那些人老在里面待着，据说他们在里面探索知识的宝藏呢！"八哥又说。

　　"人们？你说他们干什么？"这位学者不屑地说，"他们确实是那样想的，想在书里找点什么东西。我常常看到许多人把那些书翻来翻去，结果什么都没有得到，仍然把书丢在架子上又走了。我从来不做那种蠢事，与其花时间去啃那些书本，还不如到垃圾堆里翻几个烂萝卜啃啃。"

　　"算了吧，我的学者！"八哥说，"一个从垃圾堆里啃烂萝卜的嘴巴，来谈论书本上的事是不相宜的。你还是去啃你的烂萝卜吧！"

　　这是一篇非常通俗、有趣的寓言故事，因其内容生动、对话活泼而受到孩子们喜爱，也成为朗诵练习、比赛中的经典篇目。

　　朗诵此篇作品，要体会作者的讽刺目的，读出其中的"反语"内涵。文章一开始就介绍一头"绝顶聪明"的猪，住在一个"非常有名"的图书馆的院子里，它"深信"自己是个"渊博"的学者，一有客人到来，立即"按照惯例"进行自我介绍。这些反语词汇，要用重读法特别强调，以表现这头猪自负的情态。

接下来都是八哥与猪的对话。八哥的语气、语调可以冷静、平淡一些，重点突出猪的语言。第三段是猪的自我介绍。"我在这个图书馆待的时间已经很长了"，强调一下"很"字，以突出后面的"长"；"我对这里的沟渠、粪坑、垃圾堆都有深刻的了解，甚至屋后山坡上的墓穴都拱翻了好几个"，这一句中"沟渠、粪坑、垃圾堆"虽然有明显的停顿符号，朗诵时可以模拟猪的声音先"呼噜"两声，然后将这三个词连续起来，以形成猪边吃边拱、哼哼哈哈、含糊不清的话语效果；"谁要想在这个图书馆得到知识而不来找我，那他算是白跑了一趟"，这一句需要重点强调"谁"与"我"两字，"我"字可以上提语调，加重语气，显示猪的自大与骄傲。

第五段一开头就是猪的惊讶之语，"里面"这个词要特别提高语调，以突出猪的诧异。"那我再清楚不过了。里面无非是一些简单的木架子，上面堆满了各式各样的书。"这一句要将语调降下来，以见怪不怪的语气来表现出猪的不屑。

第七段上来也是猪的不以为然："怎么不了解呢？""那是最没意思的了。它们既没有什么香味，也没什么臭味，我咀嚼过好几本，干巴巴的，连一点水分也没有。"这里需要重读"香味、臭味"两词，用一升一降的语调将两句内容区别开来，既能够传神地表达出猪的感受，又能产生令人忍俊不禁的艺术效果。

第九段是猪进一步解释不屑的原因。读"人们"一词提高声调，在下一句"你说他们干什么"再猛然将语调降下来。在猪叙述它的见闻时——"我常常看到许多人把那些书翻来翻去，结果什么都没有得到，仍然把书丢在架子上又走了"，需要重点强调"翻来翻去、丢、又走了"几个词，以显示读书与猪啃萝卜在外部形态上的相似性。接下来，要转换语气，提高音量，显示猪的高明。"我从来不做那种蠢事，与其花时间去啃那些书本，还不如到垃圾堆里翻几个烂萝卜啃啃"，最后一句"翻几个烂萝卜啃啃"要回复到猪的本性上，可以继续加几个拟声词，以表现猪啃萝卜时快乐、满足、得意的神态。

虽然全文八哥都是配角，但最后一句需要下工夫读好，因为这是全文点题之处。"算了吧，我的学者！"可用冷笑开场，"一个从垃圾堆里啃烂萝卜的嘴巴，来谈论书本上的事是不相宜的。你还是去啃你的烂萝卜吧！"重点强调"啃烂萝卜的嘴巴"与"谈论书本上的事"，以对比两者的差异之大；最后一句在"你"字后稍加停顿，给听者留下猜测的时间，然后可以放开音量，用大声呵斥的语气读出"还是去啃你的烂萝卜吧！"，获得听者强烈的认同与共鸣。

四、控制朗诵情绪，动作表情适度

朗诵寓言时，要能够全面调动自己的创造激情，用水到渠成的表情和动作辅助有声语言，不能过于外在、过于夸张。

其实，表情动作也要有依据。依据的是故事中人物的感情、故事的寓意，还要依据朗诵环境。最主要的还是内心要有依据，要"情之所至"。例如朗诵寓言《鱼鸟的对话》：

一天，在一个池塘边，鱼和鸟相遇了。

鱼说：鸟啊！我真美慕你啊，我好想也飞到天上去！

鸟说：是吗！你哪里知道，我还美慕你呢！

鱼说：我不怕鲨鱼的攻击，却怕来自同类的相残。

鸟说：我何尝不是如此呢？我不惧怕老鹰的霸道，却忧惧同类的猜忌。

沉默了半天，鱼开口了：我们要是人就好了！你看人是多么和谐、安详啊！

鸟说：人？恐怕不是如此吧？

鱼说：可人毕竟是万物的灵长啊！

鸟说：可是我却听说，人也在美慕我们呢！

在这段对话中，表现鱼和鸟谈话的实质是朗诵的重点。可以在鸟与鱼表达互相羡慕的语言上稍加一些动作手势，在谈到惧怕同类的猜忌和相残时，做适当的表情配合，但总体动作幅度不能太夸张。

第四节　小说朗诵

　　小说是通过完整的故事情节和具体的环境描写，塑造典型、鲜明而又丰富多样的人物形象，多方面地反映社会生活的一种文学样式。因为小说有人物、有环境、有情节，而且大多篇幅较长，故事发展过程复杂多变，在朗诵时就需要综合运用多种技巧。朗诵者不仅要具备良好的语言基本功，还要了解小说的文体特点，对小说主题有准确而深刻的理解能力，对故事情节有丰富而细腻的感受能力，对人物语言有丰富生动、形象传神的表现能力等，才有可能将小说朗诵得"趣味横生、引人入胜"。

一、选取小说中的精彩片段作为朗诵材料

　　如果朗诵的是中长篇小说，必须选取作品中适合朗诵的精彩片段。小说中的场景与环境描写，文辞优美、意蕴深远或朗朗上口的部分可以选取；小说中的人物对话，性格鲜明、耐人寻味或突出主题的部分也可以选用；小说中故事情节曲折生动、引人入胜或出人意料的部分也可以选用。如果选择短篇或微型小说，可以选择在某个方面有突出特点的篇章。如果几个因素都具备，那就是不可多得的朗诵备选篇目。例如小说《军礼》：

　　　　红军队伍在冰天雪地里艰难地前进。严寒把云中山冻成了一个大冰坨。狂风呼啸，大雪纷飞，似乎要吞掉这支装备很差的队伍。

　　　　将军早把他的马让给了重伤员。他率领战士们向前挺进，在冰雪中为后续部队开辟一条通道。等待着他们的是恶劣的环境和残酷的战斗，可能吃不上饭，可能睡雪窝，可能一天要走一百几十里路，可能遭到敌人的突然袭击。这支队伍能不能经受住这样

严峻的考验呢？将军思索着。

队伍忽然放慢了速度。前面有许多人围在一起，不知在干什么。

将军边走边喊："不要停下来，快速前进！"

"前面有人冻死了。"警卫员跑回来告诉他。

将军愣了一下，什么话也没说，快步朝前走去。

一个冻僵的老战士，倚靠光秃秃的树干坐着。他一动不动，好似一尊塑像，身上落满了雪，无法辨认他的面目，但可以看出，他的神态十分镇定，十分安详：右手的中指和食指间还夹着半截纸卷的旱烟，火已被雪扑灭；左手微微向前伸着，好像在向战友借火。单薄、破旧的衣服紧紧地贴在他的身上。

将军的脸色顿时严峻起来，嘴角边的肌肉抽动着。忽然他转过脸向身边的人吼道："把军需处长给我叫来！为什么不给他发棉衣？"

呼啸的狂风淹没了将军的话音。没有人回答他，也没有人走开。他红着眼睛，像一头发怒的豹子，样子十分可怕。

"听见没有！警卫员！叫军需处长跑步过来！"将军两腮的肌肉抖着。

这时候，有人小声告诉将军："他就是军需处长……"

将军愣住了，久久地站在雪地里。他的眼睛湿润了。他深深地吸了一口气，缓缓地举起右手，举到齐眉处，向那位跟云中山化为一体的军需处长敬了一个军礼。

风更狂了，雪更大了。大雪很快地覆盖了军需处长的身体，他成了一座晶莹的丰碑。

将军什么话也没有说，大步走进漫天的风雪中。他听见无数沉重而坚定的脚步声。

那声音似乎在告诉人们：如果胜利不属于这样的队伍，还会属于谁呢？

小说改编后，全文只有七百多个字，需要三分钟左右的朗诵时间。如果将后面属于升华部分的三段删除，两分钟左右的时间即可朗诵完毕。小说虽短，但是其中有渲染气氛的场景描述，有生动、立体的人物形象，有出人意料的情节设计，还有意蕴深远的主题，非常适合朗诵。

二、通读全篇，把握整体

朗诵小说首先要通读原文，读懂、读透，不仅要明白小说的故事情节、人物关系、矛盾冲突，更要从整体上把握情节与冲突的发展脉络、人物性格变化层次以及作者的创作主旨等。对于短篇小说或微型小说来讲，这一点并不难。对于中长篇小说也应努力做到这一点。即使是朗诵小说片段，也要尽可能通读全篇或至少弄清全篇的情节、人物、环境以及所选片段在全文中的位置、地位，不能断章取义。

三、根据结构特点，采用多种表现方式

一般小说都有故事的起因、发展、高潮、结局几个部分，各个部分朗诵时要根据内容与表达需要，采用不同的语言表现方式。如小说《军礼》，朗诵时可以采取铺排描述、精彩对话、紧张冲突与点题升华几种表现方式。小说的开场部分是场景描述，先用"冰天雪地、严寒、大冰坨、狂风呼啸、大雪纷飞"等几个简单的词句，把故事发生的时间、地点、人物、背景交代清楚了。朗诵时要用凝重的语气、多重重音将环境气氛渲染出来。

小说中间是故事的发展、经过、高潮部分。要用讲故事的方法将情节生动地展开。中间的人物动作、语言是表现的重点。

结尾部分是场景描述与议论相结合。在经历了震撼人心的一幕之后，结尾的场景就不仅是渲染气氛，还有升华主题的作用。朗诵"风更狂了，雪更大了"要比开场时语气更重，含义更深，带有更多的寓意。最后一句"如果胜利不属于这样的队伍，还会属于谁呢"直接表达出对红军队伍崇高与伟大的赞美，还有讽喻现实的内在含义，要意味深长地将其中丰富的内在语用声音表现出来。

四、通过动作语言，表现人物形象

小说是通过语言动作来塑造人物形象的。朗诵时要揭示人物的思想意愿、感情起伏、情绪变化，就要抓住人物动作和语言特征，采用恰当的声音形式，体现人物的性格特征。例如小说《军礼》中关于将军的语言和动作："将军早把他的马让给了重伤员。他率领战士们向前挺进……。"这里重点强调"让、率领、向前挺近"三个词，把将军与士兵共患难的高大形象塑造出来。

然后是几句将军的语言。"不要停下来，快速前进！"要用果敢、威严的命令语气。"把军需处长给我叫来！为什么不给他发棉衣？"这段话朗诵时要气粗声重，音量不可过大，语调还要有所控制，把将军的隐忍与愤怒表现出来。"听见没有！警卫员！叫军需处长跑步过来！"这几句话要逐渐加快语速，加重语气，将紧张气氛推向要"崩断"的地步。

然后继续是大段的沉默，可用声音的空白来表现人们内心情感的变化。

"将军愣住了，久久地站在雪地里。他的眼睛湿润了。他深深地吸了一口气，缓缓地举起右手，举到齐眉处，向那位跟云中山化为一体的军需处长敬了一个军礼。"在这一段里，都是用动作来说明将军的震惊与感动，因此要把"愣、久久地、湿润、深深地、缓缓地"等动作和描摹性的词语作为重音，分别采用重捶、拉长、加重、放低、减慢等表现方法把将军的内心情感流动过程用声音一一展现出来。

五、根据人物性格特点，使用个性化语言

语言的个性化有两个方面。一是小说的内容，也就是人物所说的话，要符合人物性格，体现出人物的个性特征。例如《红楼梦》中的王熙凤，其性格基调是内里心计极深，心毒手狠；外表则八面玲珑、惯于逢迎、口齿伶俐、谈笑风生、泼辣诙谐。朗诵者要反复钻研、分

析小说中的情节，琢磨人物的每一句话，透过字里行间探索人物性格，理解人物的思想感情，在心目中形成角色的雏形。二是人物语言个性化的体现，要靠外部声音技巧来完成。朗诵语言不能"千人一声"，要做到"语言肖似""宛如其人""说一人像一人，不使雷同，或使浮泛"。不同的人，不同的性格都有其说话的独特方式，千差万别，具体体现在声音、音色、说话时的习惯、语气、语调等各方面，所以，朗诵中语言个性化的手段有"声音的化妆"、探寻具有鲜明性格特征的说话习惯、掌握符合人物性格的语气和语调等。在朗诵时运用丰富的内在和外在语言，将人物的真实面目还原出来。

六、根据小说文体特点，把握朗诵分寸

朗诵小说不同于朗诵台词，在语言上要"节制"，不要"流于过火"，也不要"太平淡"，既不"表演得过分"，又不能"太懈怠"，这都属于分寸感的问题。少则偷工减料，多则庞杂臃肿；欠则意犹未尽，过则失真走味。受众往往是十分敏锐的，特别是在紧要关头，在人物思想感情变化复杂微妙的关键时刻，分寸稍稍不对、不足或是太过了，立刻会让受众跳出剧情，感到很不满足。朗诵分寸的依据是合乎"自然的常道"，就是要符合生活的常情，符合人物性格、人物所处的规定情境以及特定的人物关系。

第五节　演讲词朗诵

演讲又叫讲演，是指在公众场所，以有声语言为主要手段，以体态语言为辅助手段，针对某个具体问题，鲜明、完整地发表自己的观点、见解和主张，阐明事理或抒发情感，进行宣传鼓动的一种口语表达方式。因为优秀的演讲词观点鲜明、感情浓烈、语言朴素、句式华美，又有很强的对象交流感，很容易激发受众的情绪，形成全场共鸣

的互动效果，因此经常被选来做朗诵、表演和考试的作品。

演讲词大多是别人的讲稿，如何在朗诵中通过运用各种方式与技巧，使演讲词具有震撼人心的力量，放射出璀璨夺目的光彩呢？

一、了解演讲特点

演讲词不同于一般的说理文章，也不同于一般的艺术作品。朗诵属表演艺术，侧重于欣赏；演讲属精神实用艺术，侧重于宣传鼓动。朗诵追求意境，其语言属舞台表演语言；演讲讲究激情，其语言有特殊性，是生活化的舞台语言、舞台化了的生活语言。演讲与其他朗诵作品相比，还有如下特点：

（一）观点鲜明

演讲不是漫无目的的闲谈，是一种有目的的活动。为了达到演讲的目的，必须有一个中心论点，并围绕这个论点，有层次、有条理地展开。整个演讲文章内容要为中心服务。

（二）说服力强

演讲是一种富有说服力、鼓动性的说话方式。演讲者面对着众多的受众，要使其接受演讲的内容，从而影响他们的行为，就必须采用丰富、典型的材料，通过严密的逻辑论证，用富有说服力、鼓动性的艺术化口语打动受众。如恽代英的演讲《怎样才是好人》，不仅告知人们哪些人不是好人，还提出了三条衡量好人的标准，通过一系列的道理论述，改变了人们以往的观念。它的特点是观点独到、正确，论据翔实、确凿，论证合理、严密，因而具有很强的说服力。

（三）情感真实

演讲是发自内心的，是一种真实的、自然的感情流露。其次，演讲一定要富有激情。既然是演讲，就不是自言自语，而是在公共场合的演说。演讲时是怀着一种急切地想把自己内心的见解和主张表达给观众的心情去进行的，这样的演讲就像开闸的洪水，一发不可收拾，如激流奔涌。即使其中有"演"的成分，也是内心情感的自然流露。

如美国黑人运动领袖马丁·路德·金的《我有一个梦想》，用他的几个"梦想"激发广大黑人受众的自尊感、自强感，激励他们为"生而平等"而奋斗。因为演讲者本人深受种族歧视制度的影响，所以感情真实，打动人心。

（四）双向交流

演讲必须面对受众。演讲不同于个别人之间的交谈，是在大庭广众之下，面对受众，就某个问题发表见解和主张。演讲要面对受众，就要考虑受众的心理，准确地理解受众，并运用各种手段，控制受众的心理变化，满足受众的心理需要，使受众理解和接受演讲的内容。朗诵演讲词时要和受众互动。它可使受众产生一种欲与演讲者一起行动的想法。例如第二次世界大战期间法国政治家戴高乐在英国伦敦所作的演讲《告法国人民书》，号召法国人民行动起来，投身反法西斯的行列。它的特点是鼓动性强，互动性强。

（五）"讲"与"演"相互结合

既然叫演讲，其中必定要有"演"的成分，运用语言加上肢体动作才能更好地表达出自己的心情，因此演讲是一种有声语言和体态语言相结合的语言表达方式。

二、了解演讲类别和目的

演讲分政治演讲、学术演讲、社会生活问题演讲、教学演讲和法律演讲等。

演讲的目的第一是传递信息。第二是阐明事理。这种演讲的主要目的是使人信赖、相信。它从"使人知"演讲发展而来。第三是使人信服。第四是激起共鸣。

三、选择适合朗诵的作品

（一）根据演讲类别和演讲目的，选择大众化的稿子

朗诵别人的讲稿一般选择政治演讲或社会生活类演讲中的名家名

篇。学术类演讲、教学类演讲稿只适合稿件作者本人演讲使用。

（二）针对具体场合，选择与主题相一致的演讲词

演讲是一种社会活动，是用于公众场合的宣传形式。它以思想、感情、事例和理论来晓谕受众，打动受众，"征服"受众，有现实的针对性。所谓针对性，首先是作者提出的问题是受众所关心的问题，能为受众所接受并心悦诚服。这样，才能起到应有的社会效果。朗诵者要了解不同对象和不同层次的受众，根据不同场合、主题和对象，选择不同的演讲稿件。如在青年集会上可朗诵《我有一个梦想》，在爱国主义主题活动中选择《中华赤子心》，在文艺表演或晚会上可选择《最后一次的讲演》。

（三）了解受众，选择大家乐于接受的稿子

演讲稿是讲给人听的，因此，选择演讲稿首先要了解受众对象，了解他们的思想状况、文化程度、职业状况，了解他们所关心和迫切需要解决的问题等。否则，不看对象，演讲稿再优秀，说得再天花乱坠，受众也会感到索然无味，无动于衷，也就达不到宣传、鼓动、教育和欣赏的目的。

（四）选择行文富有波澜的稿子

构成演讲稿波澜的要素很多，有内容，有安排，也有受众的心理特征和认识事物的规律。如果能掌握受众的心理特征和认识事物的规律，恰当地选择材料，安排材料，也能使演讲在受众心里激起波澜。换句话说，演讲稿要有波澜，主要不是靠外在声调的高低，而是靠内容的有起有伏，有张有弛，有强调，有反复，有比较，有照应。

（五）挑选语言流畅、上口入耳的稿子。所谓上口，就是讲起来通达流利；所谓入耳，就是听起来非常顺畅，没有什么语言障碍，不会发生曲解。演讲的本质在于"讲"，而不在于"演"，它以"讲"为主、以"演"为辅。由于演讲要诉诸口头，选稿时必须以易说能讲为前提。有的文章和作品主要通过阅读欣赏领略其中的意义和情味，那么，演讲稿的要求则一定是"上口入耳"。一篇好的演讲稿对演讲者来说要可讲，对听讲者来说应好听。因此，选择演讲稿最好选那些语言通俗、词句优美、音韵上口的名家经典名篇。如果所选择的稿子语

言拗口，还可以进行适当改编：把长句改成短句，把倒装句改为常规句，把听不明白的文言词语、成语加以改换或删减，把单音节词换成双音节词，把生僻的词换成常用的词，把容易混淆的词换成不易误听的词。这样，才能保证演讲起来朗朗上口，听起来清楚明白。

四、演讲词的朗诵方法

（一）从演讲作品入手，深入理解稿件

演讲作品真实、生动是有感情地演讲的基础。一份连朗诵者自己都半信半疑的演讲作品不可能真实地、饱含感情地呈现在受众面前，一份有水分和虚假成分的演讲作品也容易引起受众的质疑。演讲作品还要生动，一份本身就生动的作品会使朗诵者更容易讲出感情。朗诵者要把作品的思想感情准确地表现出来，需要透过字里行间，理解作品的内在含义，挖掘出演讲作品的灵魂。在理解作品内涵时首先要清除障碍，搞清楚文中生字、生词、成语典故、语句等的含义，不要囫囵吞枣、望文生义。其次，要把握作品创作的背景、主题和情感基调，这样才不会把作品念得支离破碎，甚至歪曲原作的思想内容。在理解、感受作品的同时，还需要将自己融入作品，就像演员一样，首先读懂剧本，然后再入戏。例如林肯的《葛底斯堡演说》：

87 年前，我们的先辈们在这个大陆上创立了一个新国家，它孕育于自由之中。奉行一切人生来平等的原则。

现在我们正从事一场伟大的内战，以考验这个国家，或者任何一个孕育于自由和奉行上述原则的国家是否能够长久存在下去。我们在这场战争中的一个伟大战场上集会，烈士们为使这个国家能够生存下去而献出了自己的生命，我们来到这里，是要把这个战场的一部分奉献给他们作为最后安息之所。我们这样做是完全应该而且非常恰当的。

但是，从更广泛的意义上来说，这块土地我们不能够奉献，不能够圣化，不能够神化。那些曾在这里战斗过的勇士们，活着的和去世的，已经把这块土地圣化了。这远不是我们微薄的力量所能增减的。我们今天在这里所说的话，全世界不大会注意，也不会长久地记住。但勇士们在这里所做过的事，全世界却永远不会忘记。毋宁说，倒是我们这些还活着的人，应该在这里把自己奉献于勇士们已经如此崇高地向前推进但尚未完成的事业。倒是我们应该在这里把自己奉献于仍然留在我们面前的伟大任务——我们要从这些光荣的死者身上吸取更多的献身精神，来完成他们已经完全彻底为之献身的事业。我们要在这里，下定最大的决心，不让这些死者白白牺牲；我们要使国家在上帝福佑下得到自由的新生，要使这个民有、民治、民享的政府永世长存。

《葛底斯堡演说》是美国第 16 任总统亚伯拉罕·林肯在葛底斯堡公墓落成典礼上的演说词。这篇演说词以简洁凝练的语句和非凡的感染力、说服力打动人心，从而誉满全球。据史料记载，这篇著名的演讲共用时两分十五秒，期间五次被热烈的掌声打断。全文只有 271 个词，朴实优雅，行文完美无瑕。美国人把这篇演讲词作为中学生的必读课文，牛津大学则把它用金字铸在校园里。作为朗诵材料，该篇演讲词感情深厚、思想集中、措辞精练、篇幅短小，也是一篇不可多得的经典朗诵篇目。

朗诵前要了解演讲背景、目的和其中蕴涵的思想意义，充分酝酿情绪。1863 年 3 月初，林肯领导的北方军队与南方奴隶主的军队在葛底斯堡展开了两天激战。北方军队取得了历史性的胜利。为了纪念在这次战役中牺牲的勇士，国会决定在这里建立烈士公墓。同年 11 月 19 日，林肯作为总统被邀请在公墓落成典礼上发表了这篇演讲。

在演讲一开始，林肯首先站在历史的角度，热情地讴歌了一个崇高的思想——自由和平等。在这个场合下发表这样的言论，意义重大。其次，林肯把烈士的死同国家追求文明政治制度的历史以及人类文明的未来联系在一起，暗示出烈士献身的伟大意义和崇高价值。这些烈士是在维护统一并把社会推向前进的战争中英勇牺牲的，因此他们圣化了这片土地。再次，林肯提出了建立和维护"三民"政府的主张，即民有、民治、民享的政府，这一思想将铭刻于历史。正因为林肯的演讲深刻反映了这些光辉思想，才产生了巨大的震撼力和说服力。如果朗诵者不能深刻理解作品的背景和其中的深意，很容易将此篇作品朗诵成平淡无奇的说理文章。

林肯的演讲自始至终激励着每一位听众。他旗帜鲜明地提出"我们"的国家奉行一切人生来平等的原则，拉近了自己和听众的距离；然后他又说"那些曾在这里战斗过的勇士们，活着的和去世的，已经把这块土地圣化了"，热情讴歌了烈士们的光辉业绩，引起了听众的情感共鸣；同时他和听众站在同等的高度，下定最大决心，不让这些死者白白牺牲，让所有在场的人感受到了作为总统的林肯对死者的深切缅怀之情，对生者的殷切激励之情。朗诵时，只有充分体会演讲词中蕴涵的情感，把文字变成深情的颂歌和热情的宣言，才能获得听众的理解与共鸣。

（二）借鉴朗诵技巧，再现精彩语段

演讲是在自然语言的基础上对其进行加工后的一种口头语言艺术。演讲在语音方面的要求比普通朗诵作品要高出许多，因为要让现场受众听明白，因此必须做到发音规范、字正腔圆。所谓字正腔圆，是就读音和音质而言的。字正，是演讲语言的基本要求，它要求咬字准确，吐字清晰，读音响亮，送音有力，使受众明白。所谓腔圆，就是要求演讲的声音清亮圆滑，婉转甜美，流利自然，富有音乐美。

除了语音基本要求之外，在朗诵演讲稿时，还要运用重音、停连、语气、语调和节奏等技巧，为演讲稿增添光彩。

（三）根据演讲文体特点，变换表达方式

演讲不同于一般说理文章，它能够使受众更深刻、形象地领会到演讲者丰富的思想感情，使演讲娓娓动听、声声入耳。它所达到的使人心潮澎湃、让人慷慨激昂的效果是因为它是叙事、说理、抒情等多种表达形式的结合。朗诵时，演讲词中说理、叙事、抒情部分要采用不同的声音表达技巧。在讲述事例时，为拉近与受众距离，经常采用日常口语表达方式，用亲切、自然的语气、语调；在说理时，为使别人信服，要采用冷静、克制的语气、语调；在抒情部分，可根据内容采用高低起伏、抑扬顿挫的语气、语调；在鼓励号召时可通过激越、高亢的语气以及反复提升的语调等声音表现技巧，将演讲推至最高潮。语调的起伏不仅能传达演讲者丰富的情感信息，而且还能使朗诵更生动、感人。如果总是用一种平板的语调，不仅朗诵者本身显得无精打采，受众也会很快产生疲倦、厌烦的心理。

例如林肯的《葛底斯堡演说》，可以采用轻松的语气开篇，以免给受众造成听觉压力，但在说明自己的政治主张——奉行"一切人生来平等的原则"时，拉开字距，加重语气，字字重捶、浓墨重彩地加以强调，把全文重点突出出来，赢得第一个演讲的高潮；第二部分说明这次集会的目的，可以转为平静述说的语气，娓娓道来，结尾句"我们这样做是完全应该而且非常恰当的"要用果敢的语气，非常肯定地将演讲者的态度大声宣示出来，赢得演讲的第二个高潮；第三部分，语气变得激昂，语调有大的起伏变化。"从更广泛的意义上来说，这块土地我们不能够奉献，不能够圣化，不能够神化。那些曾在这里战斗过的勇士们，活着的和去世的，已经把这块土地圣化了"，"我们今天在这里所说的话，全世界不大会注意，也不会长久地记住。但勇士们在这里所做过的事，全世界却永远不会忘记"，这两组句子语调应一抑一扬，音量先低后高，将演讲者的态度充分体现出来，在上扬的句子——"那些曾在这里战斗过的勇士们，活着的和去世的，已经把这块土地圣化了"和"勇士们在这里做过的事，全世界永远不会忘记"创造第三、第四次小高潮。结尾句是对今人的激励——"要使国家在上帝福佑下得到自由的新生，要使这个民有、民治、民享的政府永世长存"，重点强调"民有、民治、民享"三个词，通过重捶和语调起伏变化将三词的内涵加以区别和深化，在"永世长存"四字上提升语调、拉开字距，用气息将情感推向全文最高潮。

（四）体态语言配合得体。朗诵演讲词时要特别注意面部表情与身体姿势以及手势的配合。（该部分内容参照第五章《朗诵体态语运用》）

第六节　戏剧、影视台词朗诵

　　台词是话剧、电影、电视表演中角色所说的话语，是剧作者用以展示剧情、刻画人物、表现主题的主要手段，也是剧本构成的基本成分。因为台词中有故事、有人物、有冲突、有起伏、有情感，且富有激情，成为朗诵爱好者经常选用的朗诵形式。台词朗诵是表演专业考生必备的基本功，也是播音编导专业考查语言技能的重要形式。

　　台词是剧作家刻画人物的基本手段，也是演员塑造形象的重要依据。演员对剧本台词的处理就是要把剧作家写在纸上的死的文字，通过自己在声音色彩、气息运用、语调语势、速度节奏上的处理，使之成为舞台上的活的、富有性格化的人物语言。

　　通过朗诵台词，可以学会借助人物语言准确地表达剧作的思想内容，并熟练运用朗诵艺术的基本表达技巧，完成不同作家、不同风格、不同题材的人物台词，在朗诵中充分表现出艺术语言应有的魅力。

一、了解台词的基本要求，与生活语言加以区别

　　（一）台词的作用

　　台词是构成一个剧本的基石，是剧本不可或缺的因素。没有台词，就没有剧本，没有人物的冲突，更没有剧情的发生、发展、高潮和结局。剧中的人物，或称之为角色，必须通过台词才能表现各自的身份、地位、性格、特点等。由此可见台词在剧本中的重要性。由于戏剧不像小说等文学样式那样由作者出面向读者叙述，只能依靠人物自身的语言与动作来表达一切，因此台词是戏剧舞台上唯一可以运用的语言手段。

　　（二）台词的类别

　　戏剧的台词一般包括对白、独白和旁白。对白，是剧本中角色间

的对话，也是戏剧台词的主要形式。独白，是角色在舞台上独自说出的台词。它从古典悲剧发展而来，在欧洲文艺复兴时期的戏剧中广泛使用，是把人物的内心感情和思想直接倾诉给观众的一种艺术手段，往往用于人物内心活动最剧烈、最复杂的场面。旁白，是角色在舞台上直接说给观众听，而假设不为同台其他人物听见的台词。内容主要是对对方的评价和本人内心活动的披露。

台词一般有两种表现方式，一种是直抒胸臆，一种是"潜台词"。直抒胸臆的台词有时通过独白来完成；潜台词包含有复杂、隐秘的未尽之言与言外之意，可以具体表现为一语双关、欲言又止、意在言外、言简意赅等多种形式。观众能够领悟到它的含义，这就是"潜台词"。潜台词含有丰富的言外之意和未尽之言，准确地传达出人物潜在的心理动机和真实的说话目的，形成强烈的戏剧效果。

（三）台词与生活语言的区别

1. 在生活中，人们总是为了达到某种目的，根据自己的所见、所闻、所想、所感而说出此时此地自己需要说的话。而在舞台上、屏幕上是由作家所创造的具有个性特征的各式各样的人物，在特定的环境中为了特定的目的，根据当时当地人物的所见、所闻、所想、所感而说出的经过艺术加工的语言。因此，生活中说自己的话，朗诵中则是说人物的话。

2. 生活语言的随意性与艺术语言的制约性

在生活中人们用语言交流思想，听不明白的可以重复，不受时间的限制，可以想说什么就说什么，想怎么说就怎么说。这就是生活语言的随意性。而表演艺术中的语言不同，它受很多条件的制约。首先它是由剧作家早已写好的固定下来的人物语言，是演员不得随意更改的。其次，人物的语言必须要在规定的时间内说完全部台词，不能任意重复。同时，又要受到规定情景空间的制约。台词要通过与观众交流而影响、感染他们，所以台词既直接同对手交流，也间接地同观众交流。因此台词必须说得使每个观众都能听得清，听得懂。

3. 生活用语是自然形态的语言，表演是艺术加工的语言

生活中人们所说的都是根据自己的思想感情变化而做出的随机性表达，双方的对话都不是事先准备好了的。因而，为了了解对方的意图，表达自己的见解，总是认真地去听对方的话，产生一种真实、自然的交流。你有言，我有语，彼此听得出"言外之意，弦外之音"。总之，生活中运用语言表达思想感情是非常真实的、自然的、随机的和准确的。而角色的语言以生活语言为依据，又是经过加工、创造的艺术语言。演员所运用的是以书面语言形式出现的剧本台词，要想把这种书面语言（剧本台词）变成生动形象、富于强烈感染力的角色语言在观众面前（在银幕和舞台上）表达出来，从而吸引和打动观众，需要朗诵者进行一番艰苦的再创造。这个再创造的过程，就是语言艺术加工的过程。

台词既然是一种艺术语言，艺术上应有它的要求和标准，它应该是：既真实又要有艺术的表现力；既自然又要有所修饰；既有内心感受，又要有外在体现；既使人感到如同生活般的亲切，又使人获得美妙的艺术享受。

二、台词是源于生活又高于生活的艺术语言，朗诵要亲切、自然

要使观众看懂剧情，理解人物，接受剧作者对生活的解释，台词就必须明白浅显、通俗易懂，具有口语化的特点。口语化使台词富于生活气息、亲切自然。民间语言如成语、谚语、歇后语乃至俚语的适当运用，有助于台词的口语化。例如老舍的《茶馆》中的人物有五十多个，其中提笼架鸟、算命卜卦、卖古玩玉器、玩蝈蝈蟋蟀的各种人物，来自生活各个层面，其语言极富生活气息。朗诵时采用北京方言，地方色彩浓郁，且平白如话、通俗易懂，让人感到亲切、自然。当然，在注意口语化的同时，也需要注意语言的规范化和纯洁性，要注意对生活语言的提炼、加工，使之成为形象、生动的艺术语言。

三、根据戏剧情境变化，掌握人物语言特征

剧本中人物形象的塑造，只能依靠人物自己的台词和行动来完成，而且必须在有限的时空里进行，这两个因素对剧本台词的性格化提出了很高的要求。要使台词性格化，首先必须根据人物的出身、年龄、职业、教养、经历、社会地位以及所处时代等条件，掌握人物的语言特征，力戒千剧一腔、千人一面。其次，台词的性格化还要求朗诵者牢牢把握人物性格的发展，把握戏剧情境的变化，把握人物错综复杂的相互关系，说出此时此地、此情此景中人物唯一可能说出的话。不仅剧本中不同人物的台词不能相互混淆，就是同一人物在不同戏剧场面中的台词也不能任意调换。曹禺在《雷雨》和《日出》的剧本中写出了那么多的人物，没有一个雷同的，主要是人物的语言富于性格化。虽然周朴园和潘月亭都属于旧中国上层社会的人物，但一个是道貌岸然的实业家，一个是买空卖空的银行经理；虽然鲁贵和福升都属于他们的家奴，但一个是大公馆当差的，一个是大饭店的茶房，正是由于他们的出身、经历、职业和所处的社会环境不同等原因，他们说话的方式、所用词汇、造句遣词等等也都不一样，因此语言就各具特色。

在处理台词语言时，不仅要掌握台词语言的基本特点，还要创造出富有性格化的台词。一个演员在舞台上不能永远用自己本身固有的语言习惯，或者是一种固定的腔调去说各种角色的台词。这也要求朗诵者掌握多种舞台语言的技巧、声音造型等外部手段，创造出准确、鲜明、生动、多彩的性格化的角色台词。实现台词性格化的关键是朗诵者熟悉生活，熟悉人物，并且在朗诵时深入到人物的灵魂深处，设身处地地体会人物的内心感情，揣摩人物表达内心的语言方式与特点。例如《茶馆》中唐铁嘴的一段话：

　　我已经不吃大烟了！我改抽"白面儿"啦。（指墙上的香烟广告）你看，哈德门烟是又长又松，（掏出烟来表演）一顿就空出一大块，正好放"白面儿"。大英帝国的烟，日本的"白面儿"，两

个强国侍候着我一个人，这点福气还小吗？你呀，看不起我，怕我给不了房租！你的嘴呀比我的还花哨！这十多年了，我白喝过你多少碗茶？赶明儿我一总还给你，那一总才几个钱呢！（搭讪着往外走）

在这段话中，唐铁嘴描述抽白面的情景，朗诵者要用高高的调门、得意扬扬的语气把唐铁嘴小人得势、神气活现的奴才相表现出来；在"大英帝国、日本""两个、一个"上重点强调，对"大"字还要拉长，以表现唐铁嘴小人得志、极力炫耀的嘴脸；结尾因为唐铁嘴一直不给茶钱，还对王老板催账心怀不满，随口给出一句承诺"赶明儿我一总还给你"，说完，要接上一句"那一总才几个钱呢！"，这句朗诵时要用讪讪的、不屑的语气，将"一总"语调提高，强调一下重音"几个"，在"钱"字上再拖个长腔，来表现唐铁嘴油嘴滑舌的无赖相，就将唐铁嘴这个人物的奴才嘴脸用声音生动、形象地刻画出来了。

四、把握台词动作性特点，增添艺术表现魅力

戏剧是行动的艺术，它必须在有限的舞台演出时间内迅速地展开人物的行动，并使之发生尖锐的冲突，以此揭示人物的思想、性格和感情。这就要求台词服从戏剧行动，具备动作的特性。台词的动作性首先在于它能够推动剧情的进展。剧本中每个角色的台词都应当产生于人物的性格冲突之中，成为人物对冲突的态度与反应的一种表露，并且能够有力地冲击对手的心灵，促使对方采取新的行动更积极地投入冲突，从而把人物关系、戏剧情节不断推向前进。台词的动作性更在于它能够揭示人物丰富复杂的内心活动。台词的动作性还在于它能为演员在表演时寻找准确的舞台动作提供基础。戏剧创作的最后完成必须通过舞台演出，因此，台词的朗诵必须考虑到表演艺术创造的需要，感觉在舞台上能动得起来，把角色的内心世界形象地再现于观众面前。如曹禺《日出》，戏一开始我们就看到方达生和陈白露双方都在为自己的目的而行动着。方达生要说服、感化、拯救陈白露，要她同他一起离开这个肮脏的世界，做个清白的人。而陈白露则要打消方达

生的幻想，让他看一看现实，看看这个丑恶的社会。全戏就从这里开始，凡登场的人物，无不为自己的目的在积极地行动着，而这些人物的全部行动，我们是从大量的人物语言——角色的台词中感受到的。因此我们在处理角色的台词时，首先就要从人物的语言行动入手；只有把握住人物准确的语言行动，才能把角色的台词说清楚，让观众听得懂，听得明白。如抓不住人物的语言行动，就是把台词背得滚瓜烂熟，处理得有声有色，观众也听不懂你在说什么，所以说准确掌握人物的语言行动是处理台词最基本的方法和最重要的环节。

五、与对方情感相照应，驾驭朗诵对白

台词对白朗诵，大多不是一个人自言自语，也不是只说给听者，还要说给剧中与之相对应的人物，因此需要考虑到听者的感受，要与对方的情感相照应，与对方的语音、语调相呼应。例如电影《简·爱》中的人物对白：

罗切斯特：还没睡？

简·爱：没见你平安回来怎么能睡。梅森先生怎么样？

罗切斯特：他没事，有医生照顾。

简·爱：昨儿晚上你说要受到的危险，过去了？

罗切斯特：梅森不离开英国很难保证，但愿越快越好。

简·爱：他不像是一个蓄意要害你的人。

罗切斯特：当然不，他害我也可能出于无意。坐下。

　　　　（两人坐下）

简·爱：葛瑞斯珀究竟是谁？你为什么要留着他？

罗切斯特：我别无办法……

简·爱：怎么会……

罗切斯特：你忍耐一会儿，别逼着我回答。我……我现在多么依
　　　　赖你。……该怎么办，简·爱，有这样一个例子：有个
　　　　年轻人，他从小就被宠爱坏了。他犯下个极大的错误
　　　　……不是罪恶……是错误。它的后果是可怕的，唯一

的逃避是逍遥在外，寻欢作乐。后来他遇见个女人，一个二十年里他从未见过的高尚女人，他重新找到了生活的机会。可是世故人情阻碍了他。那个女人能无视这些吗？

简·爱：你在说自己，罗切斯特先生？

罗切斯特：是的。

简·爱：每个人以自己的行为向上帝负责。不能要求别人承担自己的命运，更不能要求英格拉姆小姐。

罗切斯特：嗯，你不认为我娶了她，她可以使我获得完全的新生？

简·爱：既然你问我，我想不会。

罗切斯特：你不喜欢她？说实话。

简·爱：我想她对你不合适。

罗切斯特：啊哈，那么自信？那么谁合适？你有没有什么人可以推荐？

罗切斯特：嗯……你在这儿已经住惯了。

简·爱：我在这儿很快活。

罗切斯特：你舍得离开这儿吗？

简·爱：离开这儿？

罗切斯特：结婚以后我不住这儿了。

简·爱：当然……阿黛尔可以上学，我可以另找个事儿。（站起）我要进去了，我冷……

罗切斯特：（站起）简·爱。

简·爱：让我走吧……

罗切斯特：等等……

简·爱：让我走。

罗切斯特：简·爱！

简·爱：你为什么要给我讲这些，她跟你与我无关。你以为我穷、不好看，就没有感情吗？我也会的。如果上帝赋予我财富和美貌，我一定要使你难以离开我，就像现在我难以离开你。上帝没有这样，我们的精神是同等的——

就如同你跟我经过坟墓，将同样地站在上帝面前。

罗切斯特：简·爱。（抓住简·爱的双臂）

简·爱：让我走吧……

罗切斯特：我爱你，我爱你。

简·爱：不，别拿我取笑。

罗切斯特：取笑？我要你。布兰齐奥有什么，我对她不过是他父亲用于开垦土地的本钱。嫁给我，简·爱，说你嫁我。

简·爱：是真的？

罗切斯特：呀，你的怀疑折磨着我。答应吧，答应吧。

（两人相拥而吻）

罗切斯特：上帝啊，别让任何人干扰我，她是我的，我的。

这段对话是电影《简·爱》中的精彩片段，是罗切斯特向简·爱表白情感的一段对话。朗诵这两个人的对话，先要深入、透彻地理解人物的内心世界，准确地把握好两人的性格差异，呈现对比性语言风格。罗切斯特是个中年男人，饱经沧桑又有些霸道、专横，简·爱表面温婉、平静，但内心坚定、独立。其中罗切斯特询问简·爱是否舍得离开这儿，简·爱非常诧异，罗切斯特继续沿用冷静的语气表示自己结婚以后不住这儿了，简·爱听了却如当头一棒，长时间停顿后转为伤心、失落。在两人的对话中要注意与对方语义、语调相呼应，把握好语气、语调的变化走向，给双方发挥声音技巧留出空间。

六、台词具有凝练的特点，是诗化的语言，要朗诵出诗的节奏与韵味

戏剧要在有限的时空条件内，通过人物的台词在观众面前树立起鲜明的艺术形象，使观众受到感染，为人物的命运而动心，这就要求剧本的台词具有诗的特质、诗的力量。世界上早期戏剧剧本的台词都是诗体的。17 世纪，散文体的台词开始在喜剧剧本中确立稳固的地位；18 世纪，悲剧台词也逐渐使用散文体；19 世纪中叶以后，散文体最终替代诗体成为剧本台词的基本形式。例如莎士比亚的《哈姆雷特》的

"生存还是毁灭"一段中"生死竟就把我们全变成了懦夫。果断力的本然灵光，也就蒙上了忧虑的黯淡迷雾。声势浩大的事业，为了这踌躇一顾，也就背离了原有的航道，失去了行动的光辉"，虽然是人物内心独白，但也同时是散文化的诗歌，语言优美，内涵深邃。

台词的诗化并不意味着都要采用诗体，而是要让诗意渗透在台词之中。因此台词朗诵必须感情充沛，富于感染力；形象鲜明，富有表现力；精练、含蓄，力求用最简洁、最浓缩的词句来表达剧作丰富的内容与深远的意境。

第四章 经典篇目朗诵指导

春 江 花 月 夜
[唐] 张若虚

春江潮水连海平，海上明月共潮生。
滟滟随波千万里，何处春江无月明。
江流宛转绕芳甸，月照花林皆似霰。
空里流霜不觉飞，汀上白沙看不见。
江天一色无纤尘，皎皎空中孤月轮。
江畔何人初见月？江月何年初照人？
人生代代无穷已，江月年年只相似。
不知江月待何人，但见长江送流水。
白云一片去悠悠，青枫浦上不胜愁。
谁家今夜扁舟子？何处相思明月楼？
可怜楼上月徘徊，应照离人妆镜台。
玉户帘中卷不去，捣衣砧上拂还来。
此时相望不相闻，愿逐月华流照君。
鸿雁长飞光不度，鱼龙潜跃水成文。
昨夜闲潭梦落花，可怜春半不还家。
江水流春去欲尽，江潭落月复西斜。
斜月沉沉藏海雾，碣石潇湘无限路。
不知乘月几人归，落月摇情满江树。

　　朗诵指导：诗人凭借对春江花月夜的描绘，尽情赞叹大自然的奇丽景色，讴歌人间纯洁的爱情。该诗把对游子思妇的同情心扩大开来，与对人生哲理的追求、对宇宙奥秘的探索结合起来，从而汇成一种情、景、理水乳交融的幽美而邈远的意境，在思想与艺术上都超越了以前那些单纯的景物诗、哲理诗和爱情诗。全诗的基调"哀而不伤"，比较适合形象思维能力强、声音圆润、气息饱满的朗诵者。如果能配乐朗诵，效果更佳。

　　一、内部心理活跃，要随朗诵内容产生丰富多变的内心视像。全诗紧扣春、江、花、月、夜的背景来写，而又以月为主体。"月"是诗中情景交融之物，在全诗中犹如一条生命纽带，通贯上下，触处生神，诗情随着月轮的升落而起伏曲折。月在一夜之间经历了升起—高悬—西斜—落下的过程。朗诵者要紧随月色变化，调动情绪，积极展开想象，在头脑中展现出一幅充满人生哲理与生活情趣的画卷：在一轮明月照耀下，江水、沙滩、天空、原野、枫树、花林、飞霜、白云、扁舟、高楼、镜台、砧石、长飞的鸿雁、潜跃的鱼龙、不眠的思妇以及漂泊的游子，组成完整的诗歌形象，形成一幅幅淡雅的中国水墨画。只有内心视像构建起来，并随视像变换产生丰富的时空变换感，才能在声音与情感上将春江花月夜的意境美与哲理美体现出来。

　　二、整首诗雍容典雅、音韵舒展，用含蓄多姿的现实与浪漫相结合的手法，表现了深远恢弘的意境。随着场景与情感的起伏发展，朗诵者的情感也要逐渐变换，时而幽静恬淡，时而热烈奔放，才能将大自然与诗人内心变幻无穷的色彩——呈现出来。因此朗诵者要细致入微地体会诗的内容层次变化，将其中的场景、情感的转换自然流畅地表现出来。诗人首先从春江月夜的美景写起，"春江潮水连海平，海上明月共潮生"。月色中，烟波浩渺，江天一色，透明纯净的春江远景，展现出大自然的美妙神奇。在感受无限美景的同时，诗人睹物思情，情不自禁地引出对宇宙人生的思索："江畔何人初见月？江月何年初照人？人生代代无穷已，江月年年只相似。不知江月待何人，但见长江送流水。"时空无限，生命有限，俯仰古今，感慨宇宙，表现出一种辽阔、深沉的宇宙意识。面对流水似的一去不复返的光阴，诗人又陷入了无限的感伤和迷惘，从而发出睿智旷远的人生感叹。接下来诗人又从"白云一片去悠悠，青枫浦上不胜愁"落笔，叙写人间游子、思妇的离愁别绪，幽独明静的诗境中，融入了诗人淡淡的哀伤。全诗以"不知乘月几人归？落月摇情满江树"作结，笔势回折，跌宕多姿。朗诵者要将其中的场景与哲理变换用声音技巧变化表现出来，可以在描述场景时加入些虚声成分，以表现月夜的空幻、迷离，在朗诵哲理部分采用实声，表现出诗人深沉、凝重的沉思意味。

三、这是一首意境优美、意蕴深远的古诗，因此特别注意要朗诵出韵味。首先这首诗有些生僻字和异读音节，在朗诵时注意不能出现"硬伤"。"月照花林皆似霰"中的"霰"读作 xiàn，"谁家今夜扁舟子"中的"扁"读 piān，"江潭落月复西斜"中的"斜"为了押韵，应读 xiá。而"斜月沉沉藏海雾"中的"斜"是句首，不须押韵，应读 xié。"碣石潇湘无限路"中的"碣"读作 jié。

其次，要把握好全诗的节奏、韵律。这首诗内在感情是热烈、深沉的，但整体风格是含蕴、隽永的，因而整体节奏也要注意自然、平和。全诗随着韵脚的转换变化，平仄的交错运用，一唱三叹，前呼后应，既回环反复，又层出不穷，节奏感平和而优美。朗诵时还要注意每个音节归音到位，使语音与韵味的变化切合诗情的起伏，才能使声情与文情丝丝入扣，宛转谐美。

满 江 红

[宋] 岳飞

怒发冲冠，凭阑处、潇潇雨歇。抬望眼，仰天长啸，壮怀激烈。三十功名尘与土，八千里路云和月。莫等闲、白了少年头，空悲切。

靖康耻，犹未雪；臣子恨，何时灭？驾长车，踏破贺兰山缺。壮志饥餐胡虏肉，笑谈渴饮匈奴血。待从头、收拾旧山河，朝天阙。

朗诵指导：这首词为宋代著名爱国将领岳飞所作，"满江红"为词牌名。当时中原地区遭受女真贵族的铁骑践踏和蹂躏，岳飞矢志抗金，执著地追求收复失地、报仇雪恨；他一生征战，反对投降，代表了广大人民的愿望；他光明磊落、治学严谨，是中国古代历史上杰出的军事家和战略家；他自奉菲薄、廉洁奉公，把中华民族的优秀传统发挥到极致。所以这首词，作为爱国主义的绝唱和岳飞本人的高风亮节一起在神州大地被人们传诵。该词表现了作者大无畏的英雄气概，洋溢着爱国主义激情。这首词意境开阔、风格豪迈、气壮山河，非常适合气息饱满、声音高亢的男声朗诵。

一、要朗诵好该词，先要了解词的写作背景与内容：宋建炎三年秋，北方少数民族南侵，渡过长江天险，很快就攻下临安、越州（今绍兴）、明洲等地，高宗被迫流亡海上。岳飞率孤军坚持敌后作战，六战六捷。又在金军进攻常州时，率部驰援，四战四胜。次年，岳飞在牛头山设伏，大破金兀术，收复建康，金军被迫北撤。从此，岳飞威名传遍大江南北，声震河朔。七月，岳飞升任通州镇抚使兼知泰州，拥有人马万余，建立起一支纪律严明、作战骁勇的抗金劲旅"岳家军"。绍兴六年，岳飞再次出师北伐，但很快发现自己是孤军深入，既无援兵，又无粮草，不得不撤回鄂州。此次北伐，岳飞壮志未酬，镇守鄂州（今武昌）时写下了千古绝唱《满江红》。词的大意为：我怒发冲冠，独自登高凭栏，阵阵风雨刚刚停歇。抬头远望，天空一片高远壮阔，禁不住仰天长啸，一片报国之心充满心怀。三十多年的功名如同尘土，八千里经过多少风云人生。好男儿，要抓紧时间为国建功立业，不要空空将青春消磨，等年老时徒自悲伤。靖康年间的奇耻大辱，至今也不能忘却。作为国家臣子的愤恨，何时才能泯灭！我要驾上战车，踏破贺兰山缺。胸怀壮志，发誓要喝敌人的血，吃敌人的肉。待我重新收复旧日河山，再带着捷报向国家报告胜利的消息。

二、清楚词人的情绪走向脉络，读出词中蕴涵的复杂情感。词作从"怒发冲冠"到"仰天长啸"，先是写凭栏观雨，却按捺不住心头之恨而怒发冲冠。一句"仰天长啸"，道出了精忠报国的急切心情。"三十功名尘与土，八千里路云和月"说明了岳飞高尚的人生观，把作者的爱与恨、追求与厌恶，说得清清楚楚。"莫等闲、白了少年头，空悲切。"这两句话词义直白，接着上面表达出的壮烈胸怀，急切期望早日为国家收复山河，不能等待了！到白了少年头，悲伤都来不及了。下阕一开始就是"靖康耻，犹未雪；臣子恨，何时灭"把全诗的中心突出来。为什么急切地期望杀敌立功，胸怀收复失地的壮志？就因为靖康之耻郁结于胸。从"驾长车"到"笑谈渴饮匈奴血"都以夸张的手法表达了对凶残敌人的愤恨之情，同时表现了英勇的信心和无畏的乐观精神。"待从头、收拾旧山河，朝天阙。"以此收尾，既表达了对朝廷和国家的忠诚，也表达出必胜的信心。

三、运用声音技巧将词作内涵真实、生动地表现出来。词作一开头就是情绪激昂之处，因此在朗诵前要蓄足气息，饱含情感，直接将"怒发冲冠"喷发出来，在"凭阑处"稍作停顿，到"潇潇雨歇"语调下降、语速减缓。从"抬望眼"开始到"壮怀激烈"又进入一波高潮，以表现词人心中的愤怒之情一波未平、一波又起。到"三十功名尘与土，八千里路云和月"表达感慨时，语速适中，两句语调可一升一降，也可一降一升，通过对比显示词人在时间与空间上郁满胸怀的感慨。"莫等闲、白了少年头，空悲切"三句平白如话，但不能朗诵成"白话"，要稳稳地控制好语速，加重"莫、白、少、空"几个字的读音，既表达出对世人的谆谆告诫之情，也表现出对自己的殷殷提醒之意。下阕一上来就是一个充满感情的问句"靖康耻，犹未雪；臣子恨，何时灭"，如果在"靖康耻"上还能用重音一字一顿地强调出来，表达词人咬牙切齿的愤怒，而到"臣子恨"部分，就要以上扬的语调表现压抑不住的情绪冲向愤怒的高峰。"驾长车、踏破贺兰山缺"要用高亢、嘹亮的声音表达词人驰骋战场的阔达意象。在读"壮志饥餐胡虏肉，笑谈渴饮匈奴血"时可加快语速，两句相连，而且加重读音，以表现词人对敌人的仇恨和杀敌复仇后的快意。读最后一句"待从头、收拾旧山河，朝天阙"前，要稍作停顿，既转换内容让激动的情绪稍微冷却一下，又让理想与现实进行重合，还表明决心和必胜的信心。在读其中的词句时，要放缓语速，与前面紧张的节奏形成对比。朗诵"朝天阙"时，头脑中要展开丰富想象——岳飞凯旋回朝的场景是多么喜庆、热烈，朗诵这三个字时要拉长语气，一字一字顿开，给听者留下足够的想象空间。

再 别 康 桥

徐志摩

轻轻的我走了，
　　正如我轻轻的来；
我轻轻的招手，
　　作别西天的云彩。

那河畔的金柳，
　　是夕阳中的新娘；
波光里的艳影，
　　在我的心头荡漾。

软泥上的青荇，
　　油油的在水底招摇；
在康河的柔波里，
　　我甘心做一条水草！

那榆荫下的一潭，
　　不是清泉，是天上虹；
揉碎在浮藻间，
　　沉淀着彩虹似的梦。

寻梦？撑一支长篙，
　　向青草更青处漫溯；
满载一船星辉，
　　在星辉斑斓里放歌。

但我不能放歌，
　　悄悄是别离的笙箫；
夏虫也为我沉默，
　　沉默是今晚的康桥！

悄悄的我走了，

　　正如我悄悄的来；

我挥一挥衣袖，

　　不带走一片云彩。

（作于 1928 年 11 月）

朗诵指导：《再别康桥》是现代诗人徐志摩一首脍炙人口的诗篇，是新月派诗歌的代表作品。全诗描述了一幅幅流动的画面，构成了一个美妙的意境，细致入微地将诗人对康桥的爱恋、对往昔生活的憧憬、对眼前无可奈何的离愁表现得真挚、隽永。《再别康桥》这首诗优美的韵律和朗朗上口的词句，引来无数诗歌爱好者配乐朗诵或谱曲吟唱，是学子在迎新或毕业晚会上长演不衰的经典节目。但是这首诗歌在朗诵上也有一定难度，大多数朗诵者很难驾驭。

一、要准确了解这首诗的写作背景，透彻理解诗歌的内在含义。

康桥，即英国著名的剑桥大学所在地。1920 年 10 月至 1922 年 8 月，徐志摩曾游学于此。康桥求学时期是徐志摩一生的转折点，正是康河的水，开启了诗人的性灵，唤醒了久蛰在他心中的诗人的生命。诗人在此期间结识了令他一生难以忘怀的知音林徽因，因此"康桥情结"始终贯穿在徐志摩的诗文中。1928 年，诗人故地重游，生性敏感柔弱的他无法回避回国后的现实：一是当时中国社会所呈现的衰败现状；二是此次出国之前，诗人与陆小曼已然出现了感情危机；三是新月派内部因艺术观念的差异出现了较为明显的裂痕。对比昔日求学时期单纯美好的时光，诗人内心充满了淡淡的忧伤，故而，康桥也就成为承载诗人快乐与伤感的载体。11 月 6 日，在归途的南中国海上，他吟成了传世之作《再别康桥》。

二、了解诗歌的语言结构特点，读出此诗的"音乐美"来。

《再别康桥》这首诗充分体现了新月诗派的"三美"，即绘画美、建筑美、音乐美。《再别康桥》每节四句，单行和双行错开一格排列，错落有致，在整齐中又有变化；其中一、三句诗排在前面，二、四句诗空一格，错落有致；再者一、三句短一点，二、四句长一点，显示出独特的"建筑美"。而音乐美是徐志摩最强调的，全诗共七节，每节四行，每行两顿或三顿，不拘一格而又法度严谨，韵式上严守二、四押韵，整诗韵脚分别为"来，彩；娘，漾；摇，草；虹，梦；溯，歌；箫，桥；来，彩"，读起来抑扬顿挫、朗朗上口。首节和末节，语意相似，节奏相同，构成回环呼应的结构形式。在每个单句中用字格式规整，长短富于变化。以"轻轻的我走了"为例，其中"轻轻的"为三字格，"我"是一字格，"走了"是二字格，错落变化，婉转生动。七节诗错落有致地排列，韵律在其中徐行缓步地铺展，整首诗歌优美的节奏像涟漪般荡漾开来，契合着内容与情感的潮起潮落，有一种独特的音韵美感。

三、有声语言技巧运用得当，充分展现内容美与形式美。

《再别康桥》是一首优美的抒情诗，宛如一曲优雅、动听的轻音乐，只有运用好声音技巧，才能把诗歌的内涵和情感准确、生动地表现出来。首先要有丰富的内心视像，诗人所描绘的康桥美景要能在朗诵者眼前生动、形象地展现出来。然后把握好整首诗的基调与风格：柔美、惆怅、清新、飘逸。然后处理好每小节中的重点词句的读音技巧。

"轻轻的我走了，/正如我轻轻的来；/我轻轻的招手，/作别西天的云彩。"这节是整首诗的总基调与主旋律，节奏舒缓，语意缠绵，重音"轻轻的"可用虚声、低调方法朗诵出来。

接下来第二、三、四节写"河畔的金柳、波光里的艳影、软泥上的青荇、那榆荫下的一潭、撑一支长篙、在星辉斑斓里放歌"，这些都是诗人对往昔美好生活的回忆，因此在情感上要暂且放下忧伤，而进入轻柔、优美的意境，尤其到"在星辉斑斓里放歌"简直就是忘却了眼前的离别，全身心回到昔日游学时代呼朋唤友、纵情欢歌的境地，因此这几节要让语调逐渐上扬，情感由怀恋进入到欢快、愉悦的高峰，但语速还要把握在舒缓的总基调上，停连要控制适度。这几节重音多是描写状态的形容词——"夕阳中的、油油的、彩虹似的、星辉斑斓"，可分别通过声音的高低、虚实、轻重和快慢变化来表现。第五节又回到现实，情感也回到惆怅、忧伤的主旋律上。"悄悄"要低声轻读，"夏虫也为我沉默，沉默是今晚的康桥"这句诗是情感的高潮，充分表现了徐志摩对康桥的情感，两个"沉默"可以连起来读，既能体现诗句的音韵美，也能传神地表达出诗人的忧伤感。诗歌最后一节是首节的重复，虽然是照应前篇，但朗诵时不能只是简单地重复。如果朗诵刚开始时表达对康桥的浓烈的情感还有些突兀，但经过通篇的吟诵，无论是朗诵者还是听者，都对康桥有了更深入的理解与感受，因此这段朗诵是情感与技巧的升华，所以在语气上要加重。朗诵"不带走一片云彩"时适当放缓语速，在"一片云彩"之前可停顿一下，表达诗人依依不舍之意，把"一"字拖长，以表现诗人无可奈何之情，把"云彩"两字音量降低，诗人内心的惆怅感就淋漓尽致地展现出来了。

你是人间的四月天
——句爱的赞颂

林徽因

我说你是人间的四月天；
笑响点亮了四面风；轻灵
在春的光艳中交舞着变。

你是四月早天里的云烟，
黄昏吹着风的软，星子在
无意中闪；细雨点洒在花前。

那轻，那娉婷，你是，鲜妍
百花的冠冕你戴着，你是
天真，庄严，你是夜夜的月圆。

雪化后那片鹅黄，你像；新鲜
初放芽的绿，你是；柔嫩喜悦
水光浮动着你梦中期待的白莲。

你是一树一树的花开，是燕
在梁间呢喃，——你是爱，是暖，
是希望，你是人间的四月天！

朗诵指导：这首诗发表于 1934 年的《学文》上。关于这首诗，有两种说法：一说是为悼念徐志摩而作，借以表示对挚友的怀念；一说是为儿子梁从诫的出生而作，表现儿子出生带给自己的喜悦，以及从儿子身上看到生命的希望和活力。这首诗读来如微风拂面，让人从身体到心灵感到一种愉悦的享受，比较适合声音甜美、清澈、柔婉、细腻的女声朗诵。

要朗诵好这首诗，首先要细心体会诗人心中的喜悦之情。《你是人间的四月天》给我们描绘了一个草长莺飞、生机勃勃的春的图景。四月，是踏青的季节；四月，是春天中的盛季；四月，是一年中最珍贵的季节，一如初恋转瞬即逝。在这样的季节里，诗人要写下心中的爱，写下一季的心情。诗人要将这样的春景比作心中的"你"。这样的季节有着什么样的春景呢？世界带着点点的笑意，那轻柔的风声是它的倾诉、它的神韵。它是轻灵的，舞动着光艳的春天，千姿百态。在万物复苏的天地间，一切都在跃跃欲试地生长，浮动着氤氲的气息。在迷茫的天地间，云烟是复苏的景象。黄昏来临后，温凉的夜趁着这样的时机展示自己的妩媚。三两点星光有意无意地闪着，和花园里微微舞动的花朵对语，一如微风细雨中的景象：轻盈而柔美，多姿而带着鲜艳。圆月升起，天真而庄重地说着"你"的郑重和纯净。那鹅黄，是初放的生命；那绿色，蕴涵着无限的生机。那柔嫩的生命，新鲜的景色，在这样的季节里泛着神圣的光。像佛前的圣水一样，明净、澄澈；和佛心中的白莲花一样美丽，带着爱的光辉。这样的季节里，"你"已经超越了这样的季节。"你"是一树一树的花开，是伴春飞翔的燕子——美丽轻灵，带着爱、温暖和希望。

读好这首诗，要把握好此诗语言的特点。这首诗的魅力和优秀并不仅仅在于意境的优美和内容的纯净，还在于形式的纯熟和语言的华美。诗中采用重重叠叠的比喻，意象美丽而丝毫无雕饰之嫌，反而愈加衬出诗歌的纯净——在华美的修饰中更见清新自然的感情。在形式上，诗歌采用新月诗派的诗美原则：讲求格律的和谐、语言的雕塑美和音律的乐感。这首诗可以说是这一原则的完美体现，词语的跳跃和韵律的和谐几乎达到了极致。但是许多朗诵者难以处理诗句的停顿与连接。首先，从它的标点符号来看，诗中多处用分号、逗号，最后一段还很特别地在逗号后面用了一个破折号。这些符号的运用，不仅让诗句更富有节奏，而且，这些标点符号本身就具有独特的价值。它们看上去就像一个个跳动的音符，为四月天的清新、生机和活力而歌唱。如"那轻，那娉婷，你是，鲜妍"九个字，用了四个逗号，显得简短有力而又富有节奏和感情，充分表达了作者对所要赞美对象的感情之深。诗中第二句"笑响点亮了四面风；轻灵"，中间用一个分号，我们似乎听到了春风中从什么地方传过来的盈盈细语和银铃般的笑声，同时也感受到了风的轻灵和欢乐。最后一段，"你是一树一树的花开，是燕/在梁间呢喃，——你是爱，是暖，/是希望，你是人间的四月天！"破折号之前一般不能再用标点符号的，但这里，破折号后面的内容是对全诗的一个总结，具有高度升华的作用。但是朗诵时又不能完全拘泥于诗行与标点符号的限制，"笑响点亮了四面风；轻灵/在春的光艳中交舞着变""黄昏吹着风的软，星子在/无意中闪；细雨点洒在花前""百花的冠冕你戴着，你是/天真，庄严，你是夜夜的月圆""你是一树一树的花开，是燕/在梁间呢喃"等句子中的"轻灵、星子在、你是、是燕"等词，虽然写在前一诗行中，但是，意思却与下一行更接近，因此在朗诵时与下一句连接起来，语意更加完整一些。

另外，此诗有许多平行句子，要读出其中的差别来，就需要用语调的曲折变化来进行区别。如第二节"你是四月早天里的云烟，/黄昏吹着风的软，星子在/无意中闪；细雨点洒在花前"，分别描写了"早天的云烟、黄昏的风、夜晚的星、花前的细雨"。要将这四种场景区别开，可以通过虚实、轻重等方法强调"云烟、风、星子、花"四个重音，再采用"平、升、再升、拉平"四种语调方法来表现，即可将四种意象生动地展现出来。在第四节"雪化后那片鹅黄，你像；新鲜/初放芽的绿，你是；柔嫩喜悦/水光浮动着你梦中期待的白莲"，可以用"平、升、降"三种语调将"鹅黄、新鲜、柔嫩"三种比喻形象地区别出来。

人民解放军占领南京

毛泽东

钟山风雨起苍黄，百万雄师过大江。

虎踞龙盘今胜昔，天翻地覆慨而慷。

宜将剩勇追穷寇，不可沽名学霸王。

天若有情天亦老，人间正道是沧桑。

朗诵指导：《人民解放军占领南京》是毛泽东的一首著名诗篇，表现了人民解放军彻底打垮国民党反动派、解放全中国的必胜信念。本诗热情豪迈，气势恢弘，意境开阔，语言铿锵有力，适合气息饱满、声音雄浑或高亢型朗诵者选用。

要将此诗奔放的热情、恢弘的气势表现出来，首先要了解写作背景。1949 年 4 月 20 日，国民党拒绝在和平协定上签字，毛泽东主席和朱德总司令发出《向全国进军的命令》，吹响了解放全中国的号角。中国人民解放军百万大军即在西起江西湖口、东至江苏江阴一千余里的战线上强渡长江，并于四月二十三日晚占领南京，宣告了国民党统治的彻底覆灭。毛泽东听到这个消息非常高兴，满怀激情地写下这首《人民解放军占领南京》。

第二，要充分理解、体会诗作内容和表达的意境。革命的暴风雨摇撼着蒋家王朝的都城南京，解放军百万雄师突破长江天险，直捣南京城。以雄奇险峻而著称的古都南京城回到了人民手中，她比任何时候都美丽。这天翻地覆的巨大变化，足以令人慷慨高歌和欢欣鼓舞。应该趁现在这敌衰我盛的大好时机，痛追残敌，解放全中国。不可学那贪图虚名、放纵敌人而造成失败的楚霸王项羽。自然界如果有知，它会体察到兴盛与衰败这条不可改变的法则。不断地变异、不断地发展、不断地前进，是人类社会发展的必然规律。

第三，要了解本诗的构成格局，运用恰当的朗诵技巧。全诗前四句着重于叙事，后四句主要是议论，而议论又分两个层次。首联描绘了解放军解放南京的宏伟场面，总结全诗。颔联进一步赞颂了南京解放取得的历史性胜利，抒发南京解放的革命豪情。这四句的情感表达方法基本是一致的，对比历史情境的变迁，既自豪，又激动，因此在首句稍微铺垫之后，立刻将第二句高调推出，以表现诗人压抑不住的喜悦之情。在对比"虎踞龙盘今胜昔"之后，可将"天翻地覆慨而慷"的雄伟、阔达、豪迈之情用加重语气的方法来表现。颈联是全诗的主旨和灵魂，诗人借昔日西楚霸王项羽失败的典故，告诉人们不能像项羽那样放松警惕，要善始善终。因此朗诵时要由前四句的欢呼慨叹转变成冷静的说理，语势降低、语速转缓、语气变为告诫。尾联运用辩证唯物主义和历史唯物主义的观点，对全诗的思想做哲理性的总结，因此在朗诵完以上两部分后，可以稍作停顿，留出沉思、总结的时间，然后再用概括的语气将哲理性的词句朗诵出来，给听众留出回味的余地。

沁园春·雪

毛泽东

　　北国风光，千里冰封，万里雪飘。望长城内外，惟余莽莽；大河上下，顿失滔滔。山舞银蛇，原驰蜡象，欲与天公试比高。须晴日，看红妆素裹，分外妖娆。

　　江山如此多娇，引无数英雄竞折腰。惜秦皇汉武，略输文采；唐宗宋祖，稍逊风骚。一代天骄，成吉思汗，只识弯弓射大雕。俱往矣，数风流人物，还看今朝。

　　朗诵指导：毛泽东诗词是中国革命的史诗，是中华诗词花海中的一朵奇葩。《沁园春·雪》更被人们盛赞为千古绝唱，这首词画面雄伟壮阔而又妖娆美好，意境壮美雄浑，气势宏伟磅礴，感情炽热奔放，风格壮丽豪迈，颇能代表毛泽东诗词的豪放风格，是中国词坛杰出的咏雪抒怀之作，也是人们热爱的经典朗诵名篇。

　　要朗诵好该词，首先要深入了解该词的写作背景与发表时机，充分理解作者的襟怀。该词写于 1936 年 2 月红军长征途中。1945 年抗日战争胜利后，毛泽东从延安飞到重庆，同国民党进行了十三天的谈判。10 月 7 日，毛泽东将此词回赠柳亚子先生，随即发表在重庆《新华日报》上，轰动一时。

其实毛泽东写作此词时，正值中国革命的困难时期，毛泽东率"中国人民红军抗日先锋军"渡过黄河，准备转往绥远对日作战。在陕西清涧县袁家沟筹划渡河时，突然飘起鹅毛大雪。他登高远望，面对苍茫大地，顶着刺骨寒风，胸中激情难抑。此地北距长城约150公里，东距黄河约25公里。可见，词中描写的不全是实景，而更多地是诗人脑海中的景象。长城是中华民族的象征，它屹立在中华大地的辽阔北疆，代表着中华儿女的顽强不屈，它作为中原的万里防线曾无数次阻挡了外族的入侵。在雄伟的长城内外，正是一片战火硝烟：日本人威胁华北，炮口直指平津要地；殷汝耕投敌卖国，组织"冀东自治政府"；蒋介石不顾大义，鼓吹"攘外必先安内"。在浩荡的黄河之畔，又是一场生死搏杀。国民党集结了东北军、西北军、中央军几十万军队围攻红军，而中央红军刚刚到达陕北，人马只剩八千，立足未稳，粮弹奇缺。毛泽东作为红军统帅，面临这样艰难的困局，却写下激情豪迈、气壮山河的《沁园春·雪》。

朗诵该词时，要把握住高亢、雄浑的主基调。上阕描绘了一幅辽阔的北国雪景图。开篇"北国风光"要先从平稳处起步，然后语调逐步上扬，气势逐渐推进，由重音"千里"推向高峰直达"万里"。"望长城内外，惟余莽莽；大河上下，顿失滔滔。"一个"望"字统领下文，直至"欲与天公试比高"句。"望"字可用重捶法来强调，并且拉长语音，后面要适当停顿，虽然音停但气息要继续流动，并在朗诵者头脑中展开一幅生动的北国雪景图：长城、黄河、山脉、高原……，尤其是"山舞银蛇，原驰蜡象"这些宏大的场景和意象要在朗诵者头脑中形象地再现出来。这些壮丽的山河景色激荡着朗诵者的心扉，从而在"欲与天公试比高"句推向声音与情感的高潮。"惟余莽莽""顿失滔滔"两句分别照应"雪飘""冰封"。"惟余"二字，要强化白茫茫的壮阔景象。"顿失"二字，要加重语音读出变化之速、寒威之烈，又使人联想到未冰封时大河滚滚滔滔的雄壮气势。"须晴日，看红妆素裹，分外妖娆"一句要转换情绪，改用柔和的语调，用虚声强调重音"分外"，将"妖娆"两字拉开，展示江山与领袖除"雄伟"之外的另一种风情与襟怀。

"江山如此多娇，引无数英雄竞折腰。"这两句是上文写景与下文议论之间的过渡，要用慨叹的语气来总括上片的景色，用冷静、沉思的语调展开对历代英雄的评论，抒发诗人的抱负，使全词浑然一体，给听者严丝合缝、完整无隙的感受。"惜秦皇汉武"中的"惜"字朗诵时要饱含惋惜之情，字音拉长启开后面的七个句子，展开对历代英雄人物的评论。诗人于历代帝王中举出五位很有代表性的人物，展开一幅幅历史画卷，使评论得以具体形象地展开，如同翻阅一部千秋史册，一一加以评说。同时，对古人的批判在措辞上也极有分寸，"略输文采""稍逊风骚"，并不是一概否定，因此要重点读出"略、稍"，不能读得高高在上、超越一切，否则就曲解了作者的本意。至于成吉思汗，欲抑先扬，在起伏的语势中不但有惋惜之极的意味，而且强调"只识"二字，带有嘲讽意味。"弯弓射大雕"，要放慢语速、拉开字距，生动传神地表现成吉思汗只恃武功而不知文治的形象。这三组句子句式相同，可以分别采用语调升降对比法来朗诵，形成一问一答、起伏有致的声音效果。但三个句子在整体上要连续提升，音量、语气、语调、语速要连续推进、上扬，从而形成排山倒海的气势。

"俱往矣，数风流人物，还看今朝"，朗诵前要停顿一下，转换气息与情绪，也给听者心理上的时空轮回变换感。"俱往矣"三字，要慢速降调，将中国封建社会的历史一笔带过，转向诗人所处的当今时代，"数风流人物"酝酿情绪，然后突然提高音量，读出全词"还看今朝"的主题。"今朝"是一个新的时代，新的时代需要新的风流人物。"今朝"的风流人物不负历史的使命，超越历史上的英雄人物，具有更卓越的才能，必将创造空前伟大的业绩，因此四字字字重读，声声提高，将作者坚定的自信和伟大的抱负推向最高点。

我为少男少女们歌唱

何其芳

我为少男少女们歌唱。

我歌唱早晨，我歌唱希望，

我歌唱那些属于未来的事物，

我歌唱正在生长的力量。

我的歌啊，你飞吧，

飞到年轻人的心中

去寻找你停留的地方。

所有使我像草一样颤抖过的

快乐或者好的思想，

都变成声音飞到四方八面去吧，

不管它像一阵微风

或者一片阳光。

轻轻地从我的琴弦上

失掉了成年的忧伤，

我重新变得年轻了，

我的血流得很快，

对于生活我又充满了梦想，充满了渴望。

朗诵指导：《我为少男少女们歌唱》是一首广为流传的抒情诗，他以明快的思想鼓舞人，以炽烈的感情感动人，以优美的语言吸引人。该诗不仅赞美了青年人，也鼓舞了成年人。对那些胸无大志的青年和未老先衰的成年人，都会产生积极向上的推动作用。全诗基调明朗、寓意明了、语言明快且篇幅长短适宜朗诵，因而成为各类晚会和活动中经久不衰的朗诵名篇。

朗诵时，首先要探讨诗歌的写作背景，体会诗人炽烈的情感，酝酿快乐奔放、积极向上的朗诵情绪。诗作者何其芳早在 20 世纪 30 年代初，就以绮丽、精致又略带感伤的诗风闻名于世，在诗艺上造诣很深。1938 年他告别国统区黑暗、压抑、窒息的旧生活，奔赴当时进步青年心中的圣地延安。在延安，一种与国民党统治区迥异的生活展现在眼前，延安军民的抗日激情和清新的民主气息深深地影响着他，诗人全身心地投入到这一全新的生活中。他观察着、感受着、激动着。他的生活变了，性格变了，世界观变了，诗风也变了，他情不自禁地要歌唱，要为少男少女们祝福，于是在1942年年初，创作了这首诗。诗人满腔热情地为少男少女歌唱未来，歌唱正在生长的力量。诗人面向"少男少女"就是面向祖国的未来，面向民族的希望。爱国家、爱民族的火热情感，在字里行间熊熊燃烧，闪烁着动人的光彩。

这首诗语言朴素、清新、优美，音节自然和谐，诗人几乎不用华丽的辞藻，用的都是极朴素的语言，但由于表情达意上的恰到好处，行文上的明快流畅，这些朴素平凡的语言显示出清新和优美。朗诵时要注意认真领会，读出感情，读出节奏，读出内涵。

诗歌第一句可采用"淡入"法：音量渐起、语调渐升、感情逐渐加浓，给听众一个和缓的接受过程。在后面的三个排比句子中，逐渐提高音量，将"早晨、希望、未来的事物"逐渐加重语气，通过语调的层层提升，达到情感高潮。在第四个排比"正在生长的力量"上把语调再拉回来，语速放慢，重回主旋律。这样形成一唱三叹、回环往复的声音效果。

接下来的两节，感情上热烈、奔放起来，声音上可用多种艺术方法来表现。首先要重点强调突出"飞"字，第一个"飞"用虚声慢速轻读，形成歌声轻扬、四处飘荡的效果。第二个"飞"用实声快速重读，表明歌声停落的位置。在下一长句"所有使我像草一样颤抖过的／快乐或者好的思想，／都变成声音飞到四方八面去吧"尽量采用长气，并将"所有"与"都"重点强调一下，尤其是再次强调"飞"字，与前面的情感与声音形成呼应。

进入"轻轻地从我的琴弦上，失掉了成年的忧伤"这一节，要将语调、情感转化一下，"轻轻地"可以声音"轻轻的"，但感情"深深的"。"失掉了成年的忧伤"一句，语速要慢、音量要低，使本句成为全诗中唯一一个低缓的"音符"，以减轻通篇大声"歌唱"的单调感。"我重新变得年轻了，/我的血流得很快"两句要猛然变换情感，语气明朗、语调上扬、语速加快，来显示诗人内心深处的激动与喜悦。最后一句"充满梦想"与"充满渴望"，可采用"一高一低"或"一低一高"等不同语调相互交错，使语句富于变化，从而形成节奏美感。

全诗的顿连节奏方法划分如下，可适当借鉴：

> 我为/少男少女们/歌唱。
>
> 我/歌唱早晨，我/歌唱希望，
>
> 我/歌唱那些/属于未来的/事物，
>
> 我歌唱/正在生长的/力量。
>
> 我的歌啊，/你飞吧，
>
> 飞到/年轻人的/心中
>
> 去寻找/你停留的/地方。
>
> 所有/使我像草一样/颤抖过的
>
> 快乐/或者/好的思想，
>
> 都变成声音/飞到/四面八方去吧，
>
> 不管/它像/一阵微风
>
> 或者/一片阳光。
>
> 轻轻地/从我的琴弦上
>
> 失掉了/成年的/忧伤，
>
> 我重新/变得/年轻了，
>
> 我的血/流得很快，
>
> 对于生活/我又充满了/梦想，充满了/渴望。

理想（节选）

流沙河

> 理想是石，敲出星星之火；
>
> 理想是火，点燃熄灭的灯；
>
> 理想是灯，照亮夜行的路；
>
> 理想是路，引你走到黎明。

饥寒的年代里，理想是温饱；

温饱的年代里，理想是文明。

离乱的年代里，理想是安定；

安定的年代里，理想是繁荣。

理想如珍珠，一颗缀连着一颗，

贯古今，串未来，莹莹光无尽。

美丽的珍珠链，历史的脊梁骨，

古照今，今照来，先辈照子孙。

…………

英雄失去理想，蜕作庸人，

可厌地夸耀着当年的功勋；

庸人失去理想，碌碌终生，

可笑地诅咒着眼前的环境。

理想开花，桃李要结甜果；

理想抽芽，榆杨会有浓阴。

请乘理想之马，挥鞭从此起程，

路上春色正好，天上太阳正晴。

　　朗诵指导：《理想》一诗是当代著名诗人流沙河的作品，因其内容积极明朗、语言形象生动、句式结构排列特殊，朗诵起来有一种独特的气势和流动的韵律美，成为受人欢迎的经典朗诵篇目。

　　这首诗反复运用比喻的修辞手法，形象地说明了理想对人生、对社会的重要性，号召人们树立远大的理想，坚持不懈地为理想而奋斗。全诗共 12 节，分三部分。第一部分（第 1 节）总说理想的意义。第二部分（第 2—11 节）分说理想的意义。第二部分共分三层：第 1 层（第 2—3 节）说明"理想"的历史意义——理想有时代性，连续性，一代代的理想，推动了历史的发展；第 2 层（第 4—7 节）说明理想的人格意义；第 3 层（第 8—11 节）说明理想的人生意义。第三部分（第 12 节）总结理想的实践意义，鼓舞人们树立理想，为理想而奋斗。因诗歌内容稍长，因此选择首尾两节，中间部分选择了三节。

朗诵技巧：在朗诵第一节时，要控制语速、语调和语句的连接。刚开始第一句"理想是石，敲出星星之火"，语调从低处缓缓上扬。到第二句"理想是火，点燃熄灭的灯"，语速开始加快，语调继续上扬，语气贯通。紧接着推出第三句"理想是灯，照亮夜行的路"达到高潮。最后一句"理想是路，引你走到黎明"把速度慢下来，语调缓缓降下，为下一节内容开启"帷幕"。

第二节内容是两组对比句，朗诵时要注意强调"饥寒—温饱、温饱—文明""离乱—安定、安定—繁荣"几个重音，而且需要在朗诵相对应的第二个句子时，变换语调，以强调二者差异。

第三节中"贯古今，串未来，莹莹光无尽"和"古照今，今照来，先辈照子孙"，朗诵时不可因有逗号在而将语句顿开，应一气贯通到底，将整个句子读完，才有语流上的连续感和气势上的推进感。

倒数第二节说明英雄失去理想变成庸人，而庸人失去理想，更加可悲可叹。因此在朗诵时要用逐渐下坠的语调，表明朗诵者的情感与态度。

最后一节鼓舞人们树立理想，为理想而奋斗。因此要改换语气，提高音量，体现作者热情赞美、积极鼓励的态度。尤其是最后一句"路上春色正好，天上太阳正晴"，首先要在朗诵者心中形成一幅"春光明媚、阳光灿烂"的美景，然后把语速放慢，字字加重，把春光、春色的美好读出来，也把作者的殷殷嘱托、期盼之情朗诵出来。

《青春万岁》序诗

王蒙

所有的日子，所有的日子都来吧，

让我编织你们，用青春的金线，

和幸福的璎珞，编织你们。

有那小船上的歌笑，月下校园的欢舞，

细雨蒙蒙里踏青，初雪的早晨行军，

还有热烈的争论，跃动的、温暖的心……

是转眼过去了的日子，也是充满遐想的日子，
纷纷的心愿迷离，像春天的雨，
我们有时间，有力量，有燃烧的信念，
我们渴望生活，渴望在天上飞。

是单纯的日子，也是多变的日子，
浩大的世界，样样叫我们好惊奇，
从来都兴高采烈，从来不淡漠，
眼泪，欢笑，深思，全是第一次。

所有的日子都去吧，都去吧，
在生活中我快乐地向前，
多沉重的担子我不会发软，
多严峻的战斗我不会丢脸；
有一天，擦完了枪，擦完了机器，擦完了汗，
我想念你们，招呼你们，
并且怀着骄傲，注视你们。

　　朗诵指导：这首诗是当代作家王蒙早期小说《青春万岁》中的序诗。这部作品写于 1953 年，是王蒙的长篇小说处女作。当时作者只有十九岁，他用激情洋溢的笔触描写了 20 世纪 50 年代初期的中学生生活，他们单纯质朴、性格多样、天真烂漫、热情洋溢，充满着建设新中国、创造新生活的美好渴望。小说有着鲜明的时代色彩和浓郁的青春气息，而小说的序诗因为寓意明朗、节奏轻快、语言生动、篇幅适中且适应场合广泛，多年来备受学生朗诵者喜爱，成为毕业晚会上的经典朗诵篇目。

　　这首诗在朗诵时，可以采用深情回忆的方式，低声慢速缓缓开启"所有的日子"，在接下来的第二个"所有的日子"可加快速度、提升音量，转为深情的呼唤"都来吧"。"让我编织你们，用青春的金线，／和幸福的璎珞，编织你们"中的第一个"编织"是重音，统领后面的内容，因此可用重捶法加以强调。后面的三句虽然有标点分隔，如果气息足够，最好一气贯穿下来，再次强调一下"编织"，开启下一节内

容。第二节是作者对学生生活的美好回忆。每位朗诵者都对诗中文字所描述的场景有相近的体会与感受，因此在朗诵时要先建立"小船上歌笑，校园欢舞，细雨里踏青，早晨行军"的美好画面，即使这些场景朗诵者不曾经历过，至少也能体味出教室或宿舍、餐厅里曾经有过的"热烈的争论，跃动的、温暖的心……"。朗诵"争论"时可以提高音量、加快语速，但到"温暖的心"时要降下音量与语调，用饱含深情的语气诉说出学生时代虽时有争执但心地单纯的温馨场面。

"是转眼过去了的日子，也是充满遐想的日子"，重点强调一下"是、也是"。"纷纷的心愿迷离，像春天的雨"，要用虚声低音和轻柔的语调来表现青春期五彩斑斓的理想与愿望。"我们有时间，有力量，有燃烧的信念"，三个"有"字要逐渐提升语调，加快语速，将气势推向高潮。"我们渴望生活，渴望在天上飞"两句可采用高低对比的语调来增加句子语势的曲折变化。

第四节开头又是一个总结概括句，依上一节方式继续强调"是、也是"。"浩大的世界，样样叫我们好惊奇"，朗诵时中间不要断开，以免读破语意。"从来都兴高采烈，从来不淡漠"两句语调逐渐提升。"眼泪，欢笑，深思，全是第一次"中的三个并列词不能平读，可采用语调的"降、平、升"方式来增加语调起伏。

最后一段"所有的日子都去吧，都去吧"，在朗诵前要稍加停顿，将情感从对往事的美好回忆中抽离出来，转回现实。但语气不能感伤，而是"感慨并满含喜悦"，因为接下来作者表达"在生活中我快乐地向前"，重点强调"快乐"二字。"多沉重的担子我不会发软，/多严峻的战斗我不会丢脸"两个并列句可用一平一升的语调来逐渐提升。"有一天"转入憧憬，可用虚声来表现作者想象的三个场景：如果成为战士，在训练或战斗胜利之后……；如果将来成为工人，在车间劳动之后……；如果成了农民，在田间劳作辛苦之后……。"我想念你们，招呼你们"中"想念"一词要满含童真、萌态显露。"并且怀着骄傲，注视你们"是诗的最后一句，要重点突出"骄傲"，表现作者对自己和同学们的希望与信心，读最后四个字"注视你们"要拉开字距、字字加重，满含深情依依不舍。

一月的哀思（节选）
李瑛

敬爱的周总理，
我无法到医院去瞻仰你，
只好攥一张冰冷的报纸，
静静地
伫立在长安街的暮色里。
任一月的风，
撩起我的头发；
任昏黄的路灯，
照着冰冷的泪滴。
等待着，等待着，
载着你的遗体的灵车，
辗过我们的心；
等待着，等待着，
把一个前线战士的崇敬，
献给你。

啊，汽车，扎起白花，
人们，黑纱缠臂。
广场——如此肃穆，
长街——如此沉寂。
残阳如血呵，
映着天安门前——
低垂的冬云，
半落的红旗……

…………

车队像一条河，
缓缓地流在深冬的风里……

啊，祖国——

茫茫暮霭中，

沉沉烟云里：

多少个家庭的

多少面窗子，

此刻，都一齐打开，

只为要献给你这由衷的敬意。

社员们，伫立在田野上，

瞩望你；

工人们，肃立在机器旁，

呼唤你；

千万名战士持枪站在哨位上，

悼念你。

这就是我们庄严隆重的丧仪呵：

主会场——

九百六十万平方公里的祖国，

分会场——

五大洲南北东西；

云水间，满眼翻飞的挽幛，

风雷中，满耳坚定的誓语。

江水沉凝，青山肃立，

万木俯首，星月不移……

你就这样

从你熟悉的长安街从容走过，

像生前，从不愿惊动我们，

轻轻地从我们身边走去……

车队像一条河，

缓缓地流在深冬的风里……

朗诵指导：《一月的哀思》是一首五百余行的抒情长诗，作者李瑛。诗作真实地记录了首都百万群众自发为周总理举行的伟大葬礼，是刚柔相济、雄丽并存的精彩篇章。它既表达了诗人对周恩来总理逝世发自内心的无限哀思，也反映了全国人民对这位伟大的无产阶级革命家逝世的深沉悲恸与深切怀念之情。

全诗共五章，该片段是第二章中的一部分。全诗艺术构思十分精巧。诗人根据表达感情的需要，大体按照听到讣告和参加丧仪的时间顺序展开。第一章为序诗，写诗人突然听到周总理逝世的噩耗后极度震惊、悲恸与为祖国命运前途焦虑的沉重心情。这是一组浸透着悲痛泪水和燃烧着斗争烈火的诗句。第二、第三章是长诗的中心部分。诗人艺术地再现了首都百万人民在十里长街迎候和哭送周总理灵车的悲壮动人的场景。人民总理，倍极哀荣，万民伫立，泪雨倾盆，构成中外历史上罕见的"人民的悼念"。随着灵车西去，诗人浮想联翩，从眼前这个伟大的场面，进而缅怀、追忆周总理一生不朽的业绩。"在中国，在北京，／一辆车，／辗过一个峥嵘的世纪。"在丰富的艺术想象中展现了这位伟人光辉灿烂的一生。诗中采用虚实相间、写意传神的手法，既有气势恢弘的哀悼场面，又有形象鲜明的回忆镜头，从而精心勾勒出了周总理的光辉形象。第四章随着人们目光随灵车西去，自然而然地想到了周总理的遗嘱——将骨灰撒在祖国的江河土地上，以此把伟人生命与祖国人民联系在一起，他将永远活在人们心中，永远鼓舞人们向前进。第五章是有力的结尾。诗人满腔热情地歌颂祖国的未来，进一步表达对周总理深沉的怀念之情。

之所以选择第二章中的两节，是因为其中既有哀婉低回、回环往复的节奏，例如"车队像一条河，／缓缓地流在深冬的风里……"；也有刚健的风骨、沉雄的气势，如"主会场——／九百六十万平方公里的祖国，／分会场——／五大洲南北东西；／云水间，满眼翻飞的挽幛，／风雷中，满耳坚定的誓语"。朗诵时对比鲜明，容易取得较好的朗诵效果。

朗诵该部分内容时，首先要充分体会作者的内心状态，理解20世纪70年代人民群众对周总理的深厚情感。然后随着诗歌文字内容，展开丰富的艺术想象，通过内心视像的转换与有声语言技巧的运用，真实再现出首都百万群众自发地为周总理举行葬礼的情景。

在朗诵的声音技巧上，首先要把握好诗歌的节奏与韵律。本诗遵循"内在律"的特定要求，依据诗人感情的波澜起伏，形成内在的节奏和韵律。诗句长短不拘，却很注意押韵。全诗采用周总理的"理"字所在的一七韵，而且一韵到底，借以倾吐诗人哀戚和沉痛的心绪。

第二，要找准重音，诗中的形容词"敬爱、冰冷、低垂、半落、茫茫、沉沉、多少个、多少面、由衷"基本上都需要特别强调，而且强调的方法大多可采用重捶的方法。另外"无法、只好、缓缓"等词表达诗人的无奈、百姓心中的不舍，也需要特别强调。

第三，在停顿与连接上，朗读此诗一定不能机械呆板地按诗行进行，像"多少个家庭的/多少面窗子"这样的句子，为了表现家庭与窗子之多，一定要采用连读加快的方法，而在"主会场——/九百六十万平方公里的祖国，/分会场——/五大洲南北东西"，为表达程度与感情的递进，也可采用连续进行、不断推进的读法，将气势推向高潮。

第四，在语气、语调的运用上，本部分内容虽然是哀思，但感情也是非常细腻、丰富的，既有"车队像一条河，/缓缓地流在深冬的风里……"的沉痛悲伤，也有"主会场——/九百六十万平方公里的祖国，/分会场——/五大洲南北东西"的宏阔壮丽，还有"云水间，满眼翻飞的挽幛，/风雷中，满耳坚定的誓语"的慷慨激昂，因此，在读"车队像一条河，/缓缓地流在深冬的风里……"的时候可采用回环往复的平缓语调，在读"云水间，满眼翻飞的挽幛，/风雷中，满耳坚定的誓语"时，可以采用上扬的语调并且加快语速。尤其是"江水沉凝，青山肃立，/万木俯首，星月不移"四句，最有表现力。第一句，一字一顿，拉开间歇，语调缓慢下沉，第二句继续慢速，语调拉平，第三句猛然拉高，语速加快，第四句再恢复低沉，语速放慢，如能加些颤音，表现出哽咽不能语的情绪来，效果会更好。

通过这些内心情感的再现与外部技巧方法的运用，既可有力地渲染特定的情绪氛围，又以声音的高低、轻重、快慢变化形成一种音乐的旋律，声情悲壮，哀思绵绵，读出震撼人心的效果来。

回　答

北岛

卑鄙是卑鄙者的通行证，
高尚是高尚者的墓志铭，
看吧，在那镀金的天空中，
飘满了死者弯曲的倒影。

冰川纪过去了，
为什么到处都是冰凌？
好望角发现了，
为什么死海里千帆相竞？

我来到这个世界上，
只带着纸、绳索和身影，
为了在审判之前，
宣读那些被判决的声音。

告诉你吧，世界
我——不——相——信！
纵使你脚下有一千名挑战者，
那就把我算作第一千零一名。

我不相信天是蓝的，
我不相信雷的回声，
我不相信梦是假的，
我不相信死无报应。

如果海洋注定要决堤，
就让所有的苦水都注入我心中，
如果陆地注定要上升，
就让人类重新选择生存的峰顶。

新的转机和闪闪星斗，

正在缀满没有遮拦的天空。

那是五千年的象形文字，

那是未来人们凝视的眼睛。

朗诵指导：《回答》写于 1976 年清明前后，刊载于《诗刊》1979 年第 3 期，是北岛的成名作和代表作，标志着"朦胧诗"时代的开始，也是一首优秀的政治抒情诗。诗篇揭露了黑白颠倒的现实，对矛盾重重的社会发出了愤怒的质疑，反映了一代青年觉醒的心声，庄严地向世界宣告了"我不相信"的回答，是与已逝的一个历史时代彻底告别的"宣言书"。"卑鄙是卑鄙者的通行证，高尚是高尚者的墓志铭"也成了家喻户晓的一句箴言。诗中既有直接的抒情和充满哲理的警句，又有大量语意曲折的象征、隐喻、比喻等，使诗作含蕴丰厚，朗诵时理解与驾驭的难度较大。

要朗诵好《回答》，首先要了解诗作内涵和其中的象征意义。诗题取名《回答》，回答对象很明显，就是那沉闷的社会现实，那充满荒谬的十年浩劫。中国内乱的十年，给了北岛太多的感触，而他的朦胧诗就是在这样一个时代中，试图给自己的灵魂一个负责的交代。他用象征性的诗歌形象、真实地传达出了一个充满压抑感的生活氛围，也表现了重压之下，保有生存意愿和发展要求的人对苦难现实的心理反叛。《回答》展现了北岛那一代知识青年对残酷现实的强烈不满而发出的振聋发聩的呐喊——"告诉你吧，世界，我——不——相——信！"

作品开篇以悖论式警句斥责了是非颠倒的荒谬时代，"镀金"揭示虚假，"弯曲的倒影"暗指冤魂，二者形成鲜明的对照。第二节中"冰凌"暗指人们心灵的阴影，情绪上顺承第一节。第三节渲染了普罗米修斯式的拯救者形象，诗人以此自居，表现了新时代诗人个体的觉悟，以及对自身肩负的责任毫不犹豫的担当。第四节"我——不——相——信"的破折号加重了语气，表现了无畏的挑战者形象，末两句作者从历史的角度来表明自己不屈的决心。第五节的排比句表现了否定和怀疑精神。第六节前两句对苦难的态度，抒发承担未来重托的英雄情怀，末两句传达出对未来的企望。"五千年的象形文字"从历史与未来中捕捉到希望和转机，显示了具有五千年历史的民族所蕴涵的强大的再生力。

其次，朗诵时要把握好该诗作的语言风格：沉雄冷峻、大气磅礴、激荡人心。北岛的诗歌创作开始于十年动乱后期，反映了从迷惘到觉醒的一代青年的心声。十年动乱造成人的价值的全面崩溃、人性的扭曲和异化，也造成了诗人独特的"冷抒情"方式——出奇的冷静和深刻的思辨性。朗诵北岛的诗，就要把握这种"冷"的主基调。这首诗的前两节，形象地概括了那黑白颠倒的现实，表现了诗人心中的困惑、不解和愤懑。朗诵声调要缓慢、深沉。"卑鄙是卑鄙者的通行证，高尚是高尚者的墓志铭"开篇两句意蕴深远、满含哲理的句子，可采用语调一平一升读法来强化对比，在"卑鄙"与"高尚"两词上加重读音，以强调二者的区别，把朗诵者一贬一褒的态度鲜明地传达出来。第二节的两个疑问句要逐渐加强语气，加快语速，推动气势不断增强。第三节中的"只带着纸、绳索和身影"，中间虽有顿号，但语音、语气上都不可断开，而且还要有丰富的内在语，意味深长地读出"纸、绳索和身影"的内在含义。"告诉你吧，世界，我——不——相——信！"是诗中最精华处所在，是诗人所有情绪的大爆发，也是那一代觉醒青年发出的呐喊，因此朗诵时，要在读完"告诉你吧，世界"之后蓄积力量，饱含气息，拉开字距，一字一顿大声喊出"我——不——相——信"，但注意要控制好音量，切忌破音，影响效果。第五节是四个排比"我不相信天是蓝的，/我不相信雷的回声，/我不相信梦是假的，/我不相信死无报应"，其中"天是蓝的、雷的回声、梦是假的、死无报应"可采用语调"降—平—升—降"变化方法，重复句"我不相信"要逐渐加快语速、加强语气来推进情感，形成急风暴雨、电闪雷鸣的声音效果。在最后"死无报应"一词时要拉开"死无"两字距离，而在读"报应"时要干脆利索，不能拖泥带水，语调上也要收回来控制住。"如果海洋注定要决堤，/就让所有的苦水都注入我心中，/如果陆地注定要上升，就让人类重新选择生存的峰顶。"这几句表明诗人要用自己独特的理性思考来审视这个世界，他要建立一个自己的世界，这是一个真诚而独特的世界，是一个正义和人性的世界。朗诵时要用坚毅的实声表达出诗人这种冷静的思考和坚定的决心。最后一节是对未来的憧憬，可一改全诗冷峻、严肃的语言风格，语调上扬，采用一些虚声来描摹天空与星斗，这样既能显示朗诵者声音技巧丰富，也能更好地表达出诗人内心炽热的憧憬与美好的希望。

等你，在雨中

余光中

等你，在雨中，在造虹的雨中
蝉声沉落，蛙声升起
一池的红莲如红焰，在雨中

你来不来都一样，竟感觉
每朵莲都像你
尤其隔着黄昏，隔着这样的细雨

永恒，刹那，刹那，永恒
等你，在时间之外，
在时间之内，
等你，在刹那，在永恒

如果你的手在我的手里，此刻
如果你的清芬
在我的鼻孔，我会说，小情人
诺，这只手应该采莲，在吴宫
这只手应该
摇一柄桂桨，在木兰舟中

一颗星悬在科学馆的飞檐
耳坠子一般的悬着
瑞士表说都七点了，忽然你走来

步雨后的红莲，翩翩，你走来
像一首小令
从一则爱情的典故里你走来
从姜白石的词里，有韵地，你走来

　　朗诵指导：《等你，在雨中》是台湾诗人余光中爱情诗歌的代表作。诗歌运用独白和通感等现代手法，把现代人的感情与古典美糅合到一起，将现代诗和古代词熔为一炉，使诗歌达到了一种清纯、精致的完美境界。

　　要朗诵好这首诗，首先要体会本诗含蓄、悠远的意境。诗人把约会的地点安排在黄昏的莲池边，虽然名曰"等你"，但全诗只字未提"等你"的焦急和无奈，而是别出心裁地状写"等你"的幻觉和美感：黄昏将至，细雨蒙蒙，彩虹飞架，红莲如火，"蝉声沉落，蛙声升起"，黄昏景色如诗如画。诗人幻想着等待中的美人从红莲中幻化而出，"摇一柄桂桨，在木兰舟中"，妩媚动人，艳若天仙。莲花与情人的清芬之气，使诗人如痴如醉，物我两忘。如果不是瑞士表悄悄地告诉"我"七点已到，真不知会沉迷至何时！美人在时钟指向七点时翩翩而来，诗人望着姗姗而来的美人，仿佛看到了一朵红莲，从姜白石婉约的韵律中深情款款地走来，留给人们无限遐想的余地。

　　其次要了解此诗的语言风格，读出其中的韵味来。《等你，在雨中》语言清丽，声韵柔婉，具有东方古典美的空灵境界。同时，从诗句的排列上，也充分体现出诗人对现代格律诗建筑美的刻意追求。在断句上，他采用长短句交互运用，节奏疾徐有致，声籁天成，配合着诗意诗境，就更像是一阕富有爱情典故的小令了。因此在朗诵时要用现代语言排列方法将古典意境体现出来，要在每个字的"吐字归音"上下足工夫，句尾归音到位，韵味十足，才能形成余音袅袅、意境深远的效果。

　　在声音技巧运用上，可采用舒缓型节奏，形成回环往复的声音效果。因为本篇诗作大部分内容为场景氛围描述，因此在速度上可适当放缓，段落之间的停顿可适当加大。朗诵想象幻境描述部分，在声音上可采用一些虚声，以表现幻想境地的美好与空灵。而在朗诵"科学馆、瑞士表"段落时，要采用实声、加大音量，以突兀的语气来表现诗人的幻觉被现实敲醒。

在朗诵"永恒，刹那，刹那，永恒"的停顿与连接时要控制好语气，虽然声音断开，但气息要继续流动，形成音断气不断、声断情相连的朗诵效果。朗诵"在刹那，在永恒"可采用语调高低对比变化方式，凸显诗歌意境的深远。

一棵开花的树

席慕蓉

如何让你遇见我

在我最美丽的时刻

为这

我已在佛前求了五百年

求佛让我们结一段尘缘

佛于是把我化做一棵树

长在你必经的路旁

阳光下

慎重地开满了花

朵朵都是我前世的盼望

当你走近

请你细听

那颤抖的叶

是我等待的热情

而当你终于无视地走过

在你身后落了一地的

朋友啊

那不是花瓣

那是我凋零的心

朗诵指导：《一棵开花的树》是台湾诗人席慕蓉创作的一首深受海内外读者喜爱的诗歌。该诗把少年的怀春之心表现得细腻生动，情真意切，震撼人心。

席慕蓉原籍内蒙古，蒙名叫穆伦·席连勃，意即大江河。她的诗多写爱情、人生、乡愁。写得极美，淡雅剔透，抒情灵动，饱含着对生命的挚爱。

要朗诵好这首诗，首先要了解创作背景，明白朗诵意味。作者本人回忆，有一年自己在台湾新竹师范学院教书。有一次坐火车经过苗栗的山间，火车不断从山洞间进出。当火车从一个很长的山洞出来以后，她无意间回头朝山洞后面的山地上张望，看到高高的山坡上有一棵油桐开满了白色的花。"那时候我差点叫起来，我想怎么有这样一棵树，这么慎重地把自己全部开满了花，看不到绿色的叶子，像华盖一样地站在山坡上。可是，我刚要仔细看的时候，火车一转弯，树就看不见了。"就是这棵真实地存在于席慕蓉生命现实中的油桐，让她念念不忘。她想，正如海是蓝给自己看一样，花当然也是慎重地开给它自己的，但是，如果没有那一回头的机缘，树上的花儿是不是就会纷纷凋零？这促使她写下了《一棵开花的树》。席慕蓉说："这是我写给自然界的一首情诗。我在生命现场遇见了一棵开花的树，我在替它发声。"大多数读者还是更倾向于将此诗诠释成一首爱情诗，认为它细致、微妙地把一位少年情窦初开时渴盼、等待、无果后的失落等感觉表达得淋漓尽致。

第二，深入感受作品，再现少年情怀。要朗诵好这首诗歌，一定要深入、细致地体会少男少女复杂微妙的暗恋情感过程。从第一句"如何让你遇见我，在我最美丽的时刻"，我们可以想象到，一位女孩在某个时候、某个地方遇到了一位心仪的男孩，在看到他第一眼的时候，女孩的心就像春天的江河从冰冻状态中苏醒过来。她每天都来这里，都要在路口张望，希望能再次看到他的身影，于是便有了"为这/我已在佛前求了五百年/求佛让我们结一段尘缘"。这里运用了想象中的接近想象手法。很多时候我们都相信缘分，认为缘分是上天安排的，"五百年的守候，换得今生一次回眸"也是缘分的一种注解，希望佛能够给自己和这个男孩一段美好的姻缘，哪怕是在佛前跪拜五百年，也心甘情愿。对于很多人来说，能遇到自己喜欢的人，的确是太难了，所以才有这样用几千年来结一世情缘的恳求，其情之深，让人感动。"佛于是把我化做一棵树/长在你必经的路旁"，这句采用象征的手法，借佛的手，把自己比喻成了一棵树。我们也可以想象出，女孩有时候没有看到他的出现，于是很惆怅，恰好看到路旁的一棵树，于是想，自己如果能变成一棵树多好，那样的话，就一定能碰到这个男孩。"阳光下/慎重地开满了花/朵朵都是我前世的盼望"，由此树联想开去，女孩将自己打扮得靓丽出众、引人注目，就是希望能引起男孩的注意。在青春期，每个少女都有这样的感觉，每天总是希望能看到心中的偶像，哪怕是美丽的背影。如果看到他，立刻精神焕发，生气勃勃。如果没有看到他，便如霜打的茄子，一整天都委靡不振。晚上睡觉也想着他，想着如果能和他成为朋友，那将是多么美好的事情。"当你走近，请你细听，那颤抖的叶，是我等待的热情"，女孩期望这男孩能懂得自己的心，期望他能看自己一眼。当他从身边经过，闭着眼睛，享受他残留在空气中的气息。也许从那个时候起，女孩才知道喜欢一个人是一种什么样的感觉，这里把看到偶像时那种激动的心情比喻成那颤抖的叶，形象地刻画出了遇到心爱之人时激动的感觉。"而当你终于无视地走过/在你身后落了一地的/朋友啊/那不是花瓣/那是我凋零的心"，强调受伤后内心的失落。男孩无视地走过，女孩非常难过，那"凋零的心"更像是自己失望的时候破碎的心。

第三，运用声音技巧，表达情感层次。这首诗把少女暗恋的情怀表现得真切、细腻、优雅、美丽。美在那表面淡淡其实浓浓的情感里，让人遐想和陶醉在那美好的青春时光里。朗诵时在情感与声音上要表现出三个层次来：首先是暗恋，可以缓缓地起头，低声娓娓诉说少女的情怀："如何让你遇见我/在我最美丽的时刻"，声音怯怯，满含羞涩。"阳光下/慎重地开满了花/朵朵都是我前世的盼望"，要满怀热情，充盈着希望。进入第二个层次，"当你走近/请你细听/那颤抖的叶/是我等待的热情"，要变换气息状态，气提声抖，把女孩的紧张感读出来；而进入第三层次，"当你终于无视地走过/在你身后落了一地的/朋友啊/那不是花瓣/那是我凋零的心"，变成无奈、失望，气息沉下来，速度慢下来，尤其是"凋零"两字可以运用颤音技巧，将女孩极度失望、伤心的感觉传神地表现出来。

我愿意是急流

（匈牙利）裴多菲

我愿意是急流，
山里的小河，
在崎岖的路上，
岩石上经过……
只要我的爱人
是一条小鱼，
在我的浪花中
快乐地游来游去。

我愿意是荒林，
在河流的两岸，
对一阵阵的狂风，
勇敢地作战……
只要我的爱人
是一只小鸟，
在我的稠密的
树枝间做巢鸣叫。

我愿意是废墟，
在峻峭的山岩上，
这静默的毁灭
并不使我懊丧……
只要我的爱人
是青青的常春藤，
沿着我的荒凉的额，
亲密地攀援上升。

我愿意是草屋，
在深深的山谷底，
草屋的顶上

饱受风雨的打击……
只要我的爱人
是可爱的火焰，
在我的炉子里，
愉快地缓缓闪现。

我愿意是云朵，
是灰色的破旗，
在广漠的空中，
懒懒地飘来飘去……
只要我的爱人
是珊瑚似的夕阳，
傍着我苍白的脸，
显出鲜艳的辉煌。

朗诵指导：裴多菲·山陀尔（1823~1849）是匈牙利伟大的革命诗人，也是匈牙利民族文学的奠基人。《我愿意是急流》是裴多菲爱情诗中的典范，诗人对自由生活的追求与向往贯穿于全诗，使得纯洁的爱情与自由的生活有机地融入朴实的言语之中，让人深深地沉浸在情景交融的诗行中。该诗因感情真挚、淳朴，语言清新、自然，多年来一直受到朗诵爱好者的喜爱，成为爱情朗诵诗中的经典。

裴多菲的一生是与匈牙利人民反抗外国侵略和争取政治自由的斗争联系在一起的。他15岁开始写诗，在短暂而光辉的一生中，共写了八百多首抒情诗和九首长篇叙事诗。最著名的抒情诗有《民族之歌》《我的歌》。此外他还写过小说、戏剧和政论。裴多菲的这首诗作于与尤丽娅热恋时期，是一首向自己所爱的人表白爱情的诗。1846年9月，23岁的裴多菲在舞会上结识了伊尔诺茨伯爵的女儿森德莱·尤丽娅。这位身材修长、有浅蓝色眼睛的美丽姑娘的清纯和率真，使年轻诗人一见倾心，然而拥有大量土地、庄园的伯爵不肯把女儿嫁给裴多菲这样的穷诗人。面对阻力，裴多菲对尤丽娅的情感仍不可抑制，在半年时间里发出了一首首情诗，如《致尤丽娅》《我是一个怀有爱情的人》

《你爱的是春天》《凄凉的秋风在树林中低语》《一下子给我二十个吻吧》等。其中包括《我愿意是急流》，这些抒情诗中的珍品，鼓动尤丽娅冲破父亲和家庭的桎梏，在一年后同裴多菲走进了婚礼的殿堂。

　　《我愿意是急流》通篇用"我愿意是……/只要我的爱人……"句式结构回环连接，意象成组，对比排列。朗诵时，如果不注意声音处理上的细微差别，容易形成"单调"的重复，因此在每小节的首句，可采用平、升、降等曲折语调变换方式来强调每组诗句内容、内涵的不同。

　　全诗中，诗人"我"以"急流""荒林""废墟""草屋""云朵""破旗"自喻，这些词朗诵时要作为重音重点突出，突出的方法也要多样："急流"可用"语速由慢变快、音量由低变高"法；"荒林、废墟"可用"音量由高变低、音色由实变虚"法；强调"草屋、云朵"，可用"音量提高、语气减轻"的方法；强调"破旗"，可用"加重语气重捶"的方法来读。而"爱人"则是"小鱼""小鸟""常春藤""火焰""夕阳"的化身，这些事物都是可爱的、柔美的，因此朗诵时可以采用"语气由重变柔、音色由实变虚"的方法来强调。为避免单调，这几个词可在音量、语速上适当变化，以显示差异。

前 赤 壁 赋

［宋］苏轼

　　壬戌之秋，七月既望，苏子与客泛舟游于赤壁之下。清风徐来，水波不兴。举酒属客，诵明月之诗，歌窈窕之章。少焉，月出于东山之上，徘徊于斗牛之间。白露横江，水光接天。纵一苇之所如，凌万顷之茫然。浩浩乎如冯虚御风，而不知其所止；飘飘乎如遗世独立，羽化而登仙。

　　于是饮酒乐甚，扣舷而歌之。歌曰："桂棹兮兰桨，击空明兮溯流光。渺渺兮予怀，望美人兮天一方。"客有吹洞箫者，倚歌而和之。其声呜呜然，如怨如慕，如泣如诉；余音袅袅，不绝如缕。舞幽壑之潜蛟，泣孤舟之嫠妇。

　　苏子愀然，正襟危坐而问客曰："何为其然也？"客曰："'月明星稀、乌鹊南飞'，此非曹孟德之诗乎？西望夏口，东望武昌，山川相缪，郁乎苍苍，此非孟德之困于周郎者乎？方其破荆州，下江陵，顺流而东也，舳舻千里，旌旗蔽空，酾酒临江，横槊赋诗，固一世之雄也，而今安在哉？况吾与子渔樵于江渚之上，侣鱼虾而友麋鹿，驾一叶之扁舟，举匏樽以相属。寄蜉蝣于天地，渺沧海之一粟。哀吾生之须臾，羡长江之无穷。挟飞仙以遨游，抱明月而长终。知不可乎骤得，托遗响于悲风。"

苏子曰："客亦知夫水与月乎？逝者如斯，而未尝往也；盈虚者如彼，而卒莫消长也。盖将自其变者而观之，则天地曾不能以一瞬；自其不变者而观之，则物与我皆无尽也，而又何羡乎？且夫天地之间，物各有主，苟非吾之所有，虽一毫而莫取。惟江上之清风，与山间之明月，耳得之而为声，目遇之而成色，取之无禁，用之不竭，是造物者之无尽藏也，而吾与子之所共适。"

客喜而笑，洗盏更酌。肴核既尽，杯盘狼藉。相与枕藉乎舟中，不知东方之既白。

朗诵指导：《前赤壁赋》是宋代苏轼的一篇诗情与哲理相融合的优秀散文，通过月夜泛舟、饮酒赋诗引出主客对话的描写，既从客之口中说出了吊古伤今之情感，也从苏子所言中表达了矢志不移之情怀。全赋情韵深致、理意透辟，是文赋中的佳作，千百年来为人们所传颂，成为广大朗诵爱好者反复吟诵的名篇。

要朗诵好此文，首先要了解作者的写作情境，理解文中作者的思想情感内涵。宋神宗熙宁年间，王安石实行变法，苏轼与之政见不合，于是被迫自请离京外放。神宗元丰二年（1079）七月，朝廷中属于新党的几个御史，抓住苏轼诗中一些讽刺新法的诗句，予以弹劾，于是神宗下令将苏轼拘捕入京，下狱严加审问，这就是历史上著名的文字狱"乌台诗案"。后因多方营救，苏轼方得免死罪，被贬为黄州团练副使。政治上遭受这种严重打击，苏轼的内心十分苦闷，但他并不消极，而是寄情山水，随缘自适，接受佛老思想的影响，在大自然中寻求解脱。同时，在躬耕田野和与田父野老的交往中，感到了人世温暖，增强了生活的信心，也使他的思想更接近现实。宋神宗元丰五年（1082），也就是苏轼谪居黄州的第三年初秋，他与朋友驾一叶小舟，来到黄冈赤壁下的长江中赏月游玩，明月一轮映于波平浪静的江面，送爽的清风徐徐吹来，茫茫白露布满大江，水光山色与中天夜月相辉映，主客对酌于舟中，酒酣耳热后，和着凄怆的洞箫声扣舷而歌，然后又从如怨如慕、如泣如诉的箫声中，引出客人思古之忧伤和对人生如寄的慨叹，进而以苏子的对答，阐发"变"与"不变"的理论和"物各有主"的观点，使客人终于"喜而笑"。

第二，要弄清文中词句与全文含义。因为此文是一篇古代文赋，其中有一些生僻词句，在朗诵时要注意不能出现硬伤：

属（zhǔ）：请，让，说。桂棹（zhào）、兰桨：船桨之美称。溯（sù）：同"溯"，逆流而上。嫠（lí）妇：寡妇。愀（qiǎo）然：不乐。缪（liáo）：连接，环绕。舳（zhú）：船尾；舻（lú）：船头。槊（shuò）：长矛。匏（páo）尊：用葫芦制的酒杯。须臾（yú）：片刻。藏（zàng）：宝藏。枕藉（jiè）：交错躺在一起。

全文大致意思为：壬戌年秋天，七月十六日，我和客人荡着船儿，在赤壁下游玩。清风缓缓吹来，水面波浪不兴。举起酒杯，劝客人同饮，朗诵"月出"诗篇，吟唱"窈窕"文章。一会儿，月亮从东边山上升起，徘徊在斗宿、牛宿之间。白蒙蒙的雾气笼罩江面，水光一片，与天相连。任凭船儿自由漂流，浮动在那茫茫无边的江面上。江面旷远，船儿像凌空驾风而行，不知道将停留到什么地方；飘飘然，又像脱离尘世，无牵无挂，变成飞升天界的神仙。

这时候喝着酒，心里十分快乐，便敲着船舷唱起歌来。唱道："桂木做的棹啊兰木做的桨，拍击着澄明的水波啊，在月光浮动的江面逆流而上。我的情思啊悠远茫茫，远望心中的美人啊，在天边遥远的地方。"客人中有会吹洞箫的，随着歌声吹箫伴奏，箫声呜咽，像含怨、像怀恋、像哭泣、像低诉。吹完后，余音悠长，像细长的丝缕延绵不断。这声音，能使深渊里潜藏的蛟龙起舞，使孤独小船上的寡妇悲泣。

我有些忧伤，理好衣襟端正地坐着，问那客人说："为什么奏出这样悲凉的声音呢？"客人回答说："月光明亮星星稀少，一只只乌鸦向南飞翔，这不是曹孟德的诗句吗？向西望是夏口，向东望是武昌，这儿山水环绕，草木茂盛苍翠，不就是曹操被周瑜打败的地方吗？当他占取荆州，攻下江陵，顺江东下的时候，战船连接千里，旌旗遮蔽天空，临江饮酒，横握着长矛吟诗，本是一时的豪杰，如今在哪里呢？何况我和你在江中的小洲上捕鱼打柴，以鱼虾为伴侣，以麋鹿为朋友；驾着一只小船，举杯互相劝酒；寄托蜉蝣一般短暂的生命在天地之间，渺小得像大海里的一粒小米。哀叹我们生命的短促，羡慕长江的无穷无尽。愿与神仙相伴而遨游，同明月一道永世长存。知道这种愿望是不能突然实现的，只好把这种无可奈何的心情寄托于曲调之中，在悲凉的秋风中吹奏出来。"

我对客人说："你也知道那水和月的道理吗？水像这样不断流去，但它实际上不曾流去；月亮时圆时缺，但它终于没有消损和增长。原来，要是从那变化的方面去看它，那么天地间的万事万物，连一眨眼的时间都不曾保持过原状；如果从那不变的方面去看它，那么事物和我们本身都没有穷尽，我们又羡慕什么呢？再说那天地之间，万物各有主宰者，如果不是我该有的东西，即使是一丝一毫也不拿取。只有江上的清风，与山间的明月，耳朵听它，听到的便成为声音，眼睛看它，看到的便是色彩，得到它没有人能禁止，享用它没有竭尽，这是大自然的无穷宝藏，是我和你可以共同享有的。"客人高兴地笑了，洗净酒杯重新斟酒。菜肴果品都已吃完，杯子盘子杂乱一片。大家互相枕着靠着睡在船上，不知不觉东方已经露出白色的曙光。

第三，朗诵时要了解文赋的语言结构特点，以免读破"辞章"、切断文意。本文在句式和用韵方面很典型。就句式而言，全文既有不少散句，又运用了大量排比句和对偶句，有整有散，起落有致。比较整齐的句子可采用诗句的升降调相互对比的朗诵方法，如"诵明月之诗，歌窈窕之章""寄蜉蝣于天地，渺沧海之一粟""哀吾生之须臾，羡长江之无穷""耳得之而为声，目遇之而成色"等。在散句之中，一些似对实不对的偶句，如"月出于东山之上，徘徊于斗牛之间""浩浩乎如冯虚御风，而不知其所止；飘飘乎如遗世独立，羽化而登仙""惟江上之清风，与山间之明月"颇有韵味悠长之感，朗诵时要注意"领衔"的词句——"月、浩浩乎、飘飘乎、惟"，逗号后的词句虽有标点分割，但在朗诵时语气上不能断裂，要一气贯通下来。有些句子，似散而实整，如"逝者如斯，而未尝往也；盈虚者如彼，而卒莫消长也"，朗诵时要注意语气连贯；有些句子，则似整而实散，如"相与枕藉乎舟中，不知东方之既白"，朗诵时可用口语效果，与骈文形成对比，既显得亲切自然，也使全文语气丰富，富于变化。就用韵而言，全文随着文情的抑扬起伏，文句的整散错落，用韵也时疏时密，有时隔句押韵，有时则三、四句押韵。尤可注意的是，如句末是虚字，有时韵脚不在句末一字，而在虚字前一字押韵，如"顺流而东也"和"固一世之雄也"中，句末是"也"字，就在"东"和"雄"两字上押韵。又如："西望夏口，东望武昌，山川相缪，郁乎苍苍，此非孟德之困于周郎者乎？"其中"昌""苍""郎"押韵。朗诵时要将其中的韵强化突出出来，声调才会显得和谐优美。

另外，在朗诵时需要特别提醒的是文中"主客问答"句的语气运用。中国古代赋体，常用主客之间相互问答、最终抑客而扬主的表现手法。《前赤壁赋》也继承了这一表现手法，但做了很大改造。这里的客，不必确指某人，主客双方，其实是作者为展开辩论而虚设的两个思想对立方面，主客驳难就是作者内心矛盾斗争的独白。最终主说服客，反映了作者思想深处的积极一面战胜了消极一面，也就是潇洒超脱、返归自然的情怀取代了政治失意、人生无常的苦闷。在朗诵时，苏子的问句"何为其然也"可逐渐提升声调，以加强疑问语气。读"客曰"的内容时，总体把握悲怆无奈之感，在读"此非曹孟德之诗乎？""此非孟德之困于周郎者乎？""而今安在哉？"三个问句时，要一波一波不断加强质问语气，以表现客人郁结于胸的矛盾与不平。在问完后可放缓语速，降低语调，表现"客人"的悲伤与无奈。而苏子的回答，显然不是这种浅显、莽撞的语气，而是以理服人、娓娓道来。所以朗诵时要采用亲切、和缓的语气来读"客亦知夫水与月乎？""而又何羡乎？"两个问句，用从容、平稳的语调读"且夫天地之间，物各有主，苟非吾之所有，虽一毫而莫取"。本文的精华句"惟江上之清风，与山间之明月，耳得之而为声，目遇之而成色，取之无禁，用之不竭，是造物者之无尽藏也，而吾与子之所共适"，可以放开音量、加快语速，再回到汪洋恣肆、气势磅礴的主旋律上，最后一句"而吾与子之所共适"适当收住，留些余地。

爱 莲 说

〔宋〕周敦颐

水陆草木之花，可爱者甚蕃。晋陶渊明独爱菊；自李唐来，世人盛爱牡丹；予独爱莲之出淤泥而不染，濯清涟而不妖，中通外直，不蔓不枝，香远益清，亭亭净植，可远观而不可亵玩焉。

予谓菊，花之隐逸者也；牡丹，花之富贵者也；莲，花之君子者也。噫！菊之爱，陶后鲜有闻；莲之爱，同予者何人；牡丹之爱，宜乎众矣。

朗诵指导：《爱莲说》是北宋学者周敦颐的作品，此文清雅脱俗，词句精短，朗朗上口，实为古文中难得的精品短篇。而且一文双解，内容厚实而意境深远。加上其文近似白话，易读易解，所以成了脍炙人口的传世佳品。要读好此文，首先要了解作品的写作背景和蕴涵的深意。

北宋仁宗嘉祐八年，周敦颐与沈希颜、钱拓共游雩都（今江西省于都县）罗岩，有诗刻石。后来沈希颜在雩都善山与建濂溪阁，请周敦颐题词，周敦颐作《爱莲说》相赠，表明了他对莲花"出淤泥而不染，濯清涟而不妖"的赞赏。

全文大意为：水上和陆地上草本木本的花中，可爱的有很多。晋代陶渊明唯独喜爱菊花。自唐朝以来，世上的人们很喜爱牡丹。我唯独喜欢莲花，它从淤泥中生长出来，却不受淤泥的沾染；它经过清水的洗涤后，却不显得妖媚。它的茎中间是贯通的，外形是笔直的，不生枝蔓，不长枝节。香气传播得越远越清幽，它笔直洁净地立在那里，（人们）可以远远地观赏它们，却不可靠近去玩弄它。我认为，菊花，是花中的隐士；牡丹，是花中的富贵者；莲花，是花中的君子。唉！（感叹词，在此作助词，以加重语气）对于菊花的喜爱，在陶渊明之后就很少听说了。对于莲花的喜爱，像我一样的还有什么人？对于牡丹的喜爱，人数该是很多了。

文章托物言志，以莲喻人，通过对莲花的描写与赞美，歌颂它坚贞不渝、出淤泥而不染的高尚品质，表现了作者不慕名利、洁身自好的生活态度。最突出的艺术手法是衬托，用菊正面衬托，用牡丹反面衬托。莲花，曾是古往今来文人笔下高歌咏叹的对象，但大多数文人都是惊叹于它的清姿素容，并将其形诸笔端；而这篇散文精品独辟蹊径，通过对莲的形象和品质的描写，歌颂了莲花坚贞的品格，从而表现了作者不与世俗同流合污的高洁人格和对追名逐利的世态的鄙视和厌恶。

第二，要读出韵味。这篇文章优美简练，虽然短小，但字字珠玑，的确是如莲之美——"不蔓不枝"，没有多余的无用之语。首先要注意容易读错字词：蕃（fán）；予（yú）；濯（zhuó）；涟（lián）；蔓（màn）；亵（xiè）；噫（yī）：叹词，相当于"唉"；鲜（xiǎn）。

因为是古文，特别强调韵味。因此要注意运用归音技巧，润色文中的每一个字，尤其是文中的重点句"出淤泥而不染，濯清涟而不妖"。中心句"莲，花之君子者也"更要字正腔圆，引人回味。

第三，注意文体特点。"说"是古代的一种文体，也称杂说。这种文体可以说明事理，也可以发表议论或记叙事物，都是为了阐明一个道理，给人某种启示或给自己明志。《爱莲说》题义就是说说喜爱莲花的道理。这篇文章是在说现象、讲道理，因此不可读成写景散文。

第四，注意朗诵层次。这篇文章明显分为两个部分：前一部分对莲花高洁的形象极尽铺排描绘之能事；第二部分则揭示了莲花的比喻义，分评三花，并以莲自比，抒发了作者内心深沉的慨叹。文章的前一部分，写出了莲花的高贵品质。首先，"出淤泥而不染，濯清涟而不妖"写出了莲花身处污泥之中却纤尘不染、不随世俗、洁身自爱和天真自然、不显媚态的可贵精神；其次，"中通外直，不蔓不枝"，写出了它空管挺直、不牵扯攀附的高尚品质；再次，"可远观而不可亵玩焉"，写出了莲如傲然不群的君子一样，凛然不可侵犯。前文所说的一切，事实上是作者人格的写照，是作者心志的自明，关于这一点，可以从文章的第二部分得到明证。正如作者所说："莲之爱，同予者何人"，其间的潜台词就是感慨像他一样具有莲花之洁的人实在太少了。朗诵第一部分"出淤泥而不染"时，可以运用慢速、重读的方法加以强调，而读"中通外直，不蔓不枝，香远益清，亭亭净植，可远观而不可亵玩焉"时可突破标点限制，两句一连，浓墨重彩、铺排渲染，把莲花的美态淋漓尽致地表达出来。第二部分运用对比、反衬的手法，以菊、牡丹反衬莲之美；还把菊花的隐逸、牡丹的富贵和莲花的高洁相对比，因此在朗诵这三个并列句子时，一定要强调好"菊、莲、牡丹"，然后通过语调的平升降变化将作者的褒扬表现出来，使"爱莲"这一主题得以深化。

莲花和樱花（节选）

严文井

十年，在历史上不过是一瞬间。只要稍加注意，人们就会发现：在这一瞬间里，各种事物都悄悄经历了自己的千变万化。

这次重新访日，我处处感到亲切和熟悉，也在许多方面发觉了日本的变化。就拿奈良的一个角落来说吧，我重游了为之感受很深的唐招提寺，在寺内各处匆匆走了一遍，庭院依旧，但意想不到还看到了一些新的东西。其中之一，就是近几年从中国移植来的"友谊之莲"。

在存放鉴真遗像的那个院子里，几株中国莲昂然挺立，翠绿的宽大荷叶正迎风而舞，显得十分愉快。开花的季节已过，荷花朵朵已变为莲蓬累累。莲子的颜色正在由青转紫，看来已经成熟了。

我禁不住想："因"已转化为"果"。

中国的莲花开在日本，日本的樱花开在中国，这不是偶然。我希望这样一种盛况延续不衰。可能有人不欣赏花，但决不会有人欣赏落在自己面前的炮弹。

在这些日子里，我看到了不少多年不见的老朋友，又结识了一些新朋友。大家喜欢涉及的话题之一，就是古长安和古奈良。那还用得着问吗，朋友们缅怀过去，正是瞩望未来。瞩目于未来的人们必将获得未来。

我不例外，也希望一个美好的未来。

为了中日人民之间的友谊，我将不浪费今后生命的每一瞬间。

朗诵指导：《莲花与樱花》取自著名儿童文学作家严文井的访日见闻，它通过对唐招提寺内中国荷花的描述，反映了日本战后十年来的巨大变化，表达了中日两国人民向往和平与友谊的共同愿望。

这篇文章的风格与严文井童话的生动活泼迥然不同，通篇文章的节奏都是平缓淡然，从容不迫，因此朗诵者如果处理不好细节，会把文章读得平淡如水，不能引人入胜，还会令听众云里雾里不知内涵。

要读好此文，首先要把握好几组轻重音的对比。"十年，在历史上不过是一瞬间"中的"十年"和"一瞬间"可采用"重一轻"对比的重音处理法，以突出十年时光的短暂；"我禁不住想：'因'已转化为'果'"中的"因、果"都采用加重语气的读法，把中日两国人民的友谊之花已经结出硕果的寓意体现出来；"朋友们缅怀过去，正是瞩望未来。瞩目于未来的人们必将获得未来"中的"缅怀—瞩望"、"瞩目—获得"两组词要用重捶的方法揭示作者的用意。尤其是"中国的莲花开在日本，日本的樱花开在中国"一句，把全句对应的词句都分别用重捶、高低、虚实对比的处理方法加以强调，可以非常鲜明地突出中日两国人民密不可分的关系。最需要突出的是"可能有人不欣赏花，但决不会有人欣赏落在自己面前的炮弹"一句中的"花"与"炮弹"这一组词，把"花"读得轻一些、音量放低一点，而把"炮弹"一词加重语气，加大分量，就把作者写"莲花与樱花"的更深一步的用意全部体现出来。可能有人对风花雪月的东西不感兴趣，但是，"莲花与樱花"在此只是一种情感的象征，而且在清淡悠然的语气氛围中，用浓重的语气来加强"炮弹"突然落到眼前的不和谐，可以更进一步增加听众对"炮弹"的愤怒和厌恶。

第二，该篇文章文字虽然平淡，但可以通过语调的起伏变化来增加文章的生动性。例如文中"中国的莲花开在日本，日本的樱花开在中国"这两句，可以采用一降一升两种不同的语调，使语句抑扬顿挫、富于变化。在读"朋友们缅怀过去，正是瞩望未来。瞩目于未来的人们必将获得未来"一句时可以将语调一步步升高，语速逐渐加快，以形成逐渐上升的语势，一波一波将语调推向高潮。

第三，不同的段落可采用不同的语气来处理，以增强文章的变化感。第三段中"在存放鉴真遗像的那个院子里，几株中国莲昂然挺立，翠绿的宽大荷叶正迎风而舞，显得十分愉快。开花的季节已过，荷花朵朵已变为莲蓬累累。莲子的颜色正在由青转紫，看来已经成熟了"，要用柔和的语气、实中带虚的音色、低中见高的语调，把荷花的仙姿美态读出来。而"中国的莲花开在日本，日本的樱花开在中国，这不是偶然。我希望这样一种盛况延续不衰。可能有人不欣赏花，但决不会有人欣赏落在自己面前的炮弹"一段要用评论的语气加以论述，最后一句可以用强烈的感情和肯定的语调，让听众无可辩驳地信服作者的观点。文章最后一段有很强的个人抒情色彩，在读"为了中日人民之间的友谊，我将不浪费今后生命的每一瞬间"这句时，要情真意切地表示作者的决心，可以采用提高音量、加强语气的朗诵方法，将感情推向高潮，也可用降低音量、放慢语速的方法，创造声尽而情不绝的艺术效果。

课不能停（节选）

刘墉

纽约的冬天常有大风雪，扑面的雪花不但令人难以睁开眼睛，甚至呼吸都会吸入冰冷的雪花。有时前一天晚上还是一片晴朗，第二天拉开窗帘，却已经积雪盈尺，连门都推不开了。

遇到这样的情况，公司、商店常会停止上班，学校也通过广播，宣布停课。但令人不解的是，唯有公立小学，仍然开放。只见黄色的校车，艰难地在路边接孩子，老师则一大早就口中喷着热气，铲去车子前后的积雪，小心翼翼地开车去学校。

据统计，十年来纽约的公立小学只因为超级暴风雪停过七次课。这是多么令人惊讶的事。犯得着在大人都无须上班的时候让孩子去学校吗？小学的老师也太倒霉了吧？

于是，每逢大雪而小学不停课时，都有家长打电话去骂。妙的是，每个打电话的人，反应全一样——先是怒气冲冲地责问，然后满口道歉，最后笑容满面地挂上电话。原因是，学校告诉家长：

在纽约有许多百万富翁，但也有不少贫困的家庭。后者白天开不起暖气，供不起午餐，孩子的营养全靠学校里免费的中饭，甚至可以多拿些回家当晚餐。学校停课一天，穷孩子就受一天冻，挨一天饿，所以老师们宁愿自己苦一点儿，也不能停课。

或许有家长会说：何不让富裕的孩子在家里，让贫穷的孩子去学校享受暖气和营养午餐呢？

学校的答复是：我们不愿让那些穷苦的孩子感到他们是在接受救济，因为施舍的最高原则是保持受施者的尊严。

朗诵指导：《课不能停》是台湾作家刘墉的一篇散文，它通过对美国公立小学在大雪天坚持上课的原因的探究，揭示了公立小学老师对穷孩子在物质上和精神上的关爱。文字虽然浅显，但含义深远，令人回味无穷。要取得好的朗诵效果，除了注意几个异读词的声调、八个"一"的变调等语音现象外，还要控制好整篇文章的节奏、把握好语气语调的变化，处理好句子的重音和停连。

这篇文章的整体基调沉稳平和，表面上没有大起大伏，但是从开篇蓄势，到中间说明原因，最后揭示深层用意，一步步将文章推向高潮。因此朗诵时要把握"弱—次强—强"的节奏感：公立小学为什么大雪天不停课—为让穷孩子享受免费午餐和暖气—施舍的最高境界是保持受施者的尊严。公立学校对穷孩子的关心，由物质到精神，由表面到深层，这种主题的升华要通过朗诵节奏的加强逐步体现出来。

该散文的语气、语调通篇都是恬淡平和的，但是在读"犯得着在大人都无须上班的时候让孩子去学校吗？小学的老师也太倒霉了吧？"一句时要将气息逐渐加重，语调上扬，把人们的疑问和不满推上顶峰。在处理"学校停课一天，穷孩子就受一天冻，挨一天饿，所以老师们宁愿自己苦一点儿，也不能停课"一句时，应该把语速放缓，语调变柔，充满怜爱，把公立小学老师对穷孩子的感情淋漓尽致地表现出来。在读"先是怒气冲冲地责问，然后满口道歉，最后笑容满面地挂上电话"这一句时，要把语调的"升、平、降"明显错开，通过语调的抑扬变化，展现出打电话人的情绪变化过程。

在句子的重音处理上，有三处地方要运用对比方法将语句要点体现出来："犯得着在大人都无须上班的时候让孩子去学校吗？"把"大人"和"孩子"用加重读音的重捶法加以强调；"十年来纽约的公立小学只因为超级暴风雪停过七次课"，要把两个数字进行对比，以显示学校停课次数之少；"何不让富裕的孩子在家里，让贫穷的孩子去学校享受暖气和营养午餐呢？"把"富裕"和"贫穷"两词用提高和降低音量的对比方法来处理，可以令听众自己感觉出此建议的不妥。另外文中"唯有公立小学，仍然开放"中的"公立"两字要特别强调，以显示它与其他部门的不同。"妙的是，每个打电话的人，反应全一样"中的"全"也要加以突出，以表明家长们的爱心。

文章的停连处理也要特别留心，不要一味按句子提示的标点符号去读。为了增强表现效果，朗诵时完全可以打破标点符号的限制，像文中的"公司、商店常会停止上班"一句中的顿号可以忽略，而"学校也通过广播，宣布停课"一句中的逗号略去，连起来读语气会更加流畅。相反在"十年来纽约的公立小学只因为超级暴风雪停过七次课"一句中的"十年来"后面稍作停顿，提醒人们注意这个漫长的时间，更强调出后面停"七次"课之少。尤其是文章最后一句"因为施舍的最高原则是保持受施者的尊严"，如果能在"最高原则"的后面停顿一下，不仅能够引起听众足够的注意，而且还会使朗诵更有韵味。

海燕（节选）

（苏联）高尔基

在苍茫的大海上，狂风卷集着乌云。在乌云和大海之间，海燕像黑色的闪电，在高傲地飞翔。一会儿翅膀碰着波浪，一会儿箭一般地冲向乌云，它叫喊着，——就在这鸟儿勇敢的叫喊声里，乌云听出了欢乐。

在这叫喊声里——充满着对暴风雨的渴望！在这叫喊声里，乌云听出愤怒的力量，热情的火焰和胜利的信心。

海鸥在暴风雨来临之前呻吟着，——呻吟着，它们在大海上飞蹿，想把自己对暴风雨的恐惧，掩藏到大海深处。

海鸭也在呻吟着，——它们这些海鸭啊，享受不了生活的战斗的欢乐：轰隆隆的雷声就把它们吓坏了。

愚笨的企鹅，胆怯地把肥胖的身体躲藏在悬崖底下……只有那高傲的海燕，勇敢地，自由自在地，在泛起白沫的大海上飞翔！

乌云越来越暗，越来越低，向海面直压下来，而波浪一边歌唱，一边冲向高空，去迎接那雷声。

雷声轰响。波浪在愤怒的飞沫中呼叫，跟狂风争鸣。看吧，狂风紧紧抱起一层层巨浪，恶狠狠地把它们甩到悬崖上，把这些大块的翡翠摔成尘雾和碎末。

海燕叫喊着，飞翔着，像黑色的闪电，箭一般地穿过乌云，翅膀掠起波浪的飞沫。看吧，它飞舞着，像个精灵，——高傲的、黑色的暴风雨精灵——它在大笑，它又在号叫……它笑那些乌云，它因为欢乐而号叫！

这个敏感的精灵，——它从雷声的震怒里，早就听出了困乏，它深信，乌云遮不住太阳，——是的，遮不住的！

狂风吼叫……雷声轰响……

一堆堆乌云，像青色的火焰，在无底的大海上燃烧。大海抓住闪电的箭光，把它们熄灭在自己的深渊里。这些闪电的影子活像一条条火蛇，在大海里蜿蜒游动，一晃就消失了。

——暴风雨！暴风雨就要来啦！

这是勇敢的海燕，在怒吼的大海上，在闪电中间，高傲地飞翔。这是胜利的预言家在叫喊：

——让暴风雨来得更猛烈些吧！

朗诵指导：高尔基的《海燕》是一篇散文诗，作品通过对暴风雨即将来临时的客观景象的生动描绘，深刻反映了俄国 1905 年大革命前夜"山雨欲来风满楼"的形势，暗示了革命暴风雨的即将到来，沙皇专制统治的必然崩溃，革命事业的必然胜利，歌颂了俄国无产阶级革命先驱者不朽的形象和坚强无畏的战斗精神，号召广大劳动人民积极行动起来，迎接伟大的革命斗争。

文中为了表现海燕的英勇战姿和对暴风雨的渴望之情，以暴风雨来临前夕大海的海面变化作为烘托，详细描绘了暴风雨来临之前、逼近之时、即将来临之时三个海面景象，写出了当时斗争环境的恶劣，反衬出海燕的英勇形象。朗诵时如果时间允许，可以选择全篇，如果时间限制在 3 分钟内，可以选择第一个和第三个场景。

要朗诵好本篇作品，第一，要清楚文中所要表达的思想情感，明确文中词汇的象征意义。由于特定的历史时期，虽然俄国革命运动不断高涨，但沙皇的反动统治还比较强大，人民还没有言论的自由，因此作者运用象征的方法含蓄地与统治阶级进行斗争：海燕象征着坚强无畏、英勇善战的无产阶级革命先驱者；大海及波涛象征着革命高潮中广大人民群众的力量；暴风雨象征着席卷一切反动腐朽势力的革命浪潮；太阳象征光明的未来；狂风、乌云、雷电象征着丑恶而又虚弱的沙皇反动势力；海鸥、海鸭、企鹅象征害怕革命会破坏他们安乐窝的形形色色的假革命者和不革命者。同时，这些象征意义随着形象的发展逐步加深。其中海燕的形象渐趋完整，随着情节的发展愈来愈鲜明、突出；乌云、狂风则是作最后的垂死挣扎。这样作品就动态地呈现了 20 世纪初俄国形势的发展趋势，而大海熄灭闪电的情景有力地预示着反动势力的最终结局——那就是灭亡。只有把这些词语的内在象征义读出来，才能把作者所要表达的思想内涵展示出来。

第二，要把握好作品的基调与节奏。《海燕》既是一首节奏鲜明、韵律铿锵的抒情诗，也是一幅富有动感、色彩鲜明的油画，更是一首情感激越、气势磅礴的交响乐。朗诵时要把握好作品的主旋律：高亢，激越，紧张。可以通过音量的变化、语速的加快、语气的调整使气势达到高潮。但需要注意的是，高亢紧张型的节奏不是一开始就形成的，而是从文章开始"在苍茫的大海上，狂风卷集着乌云"到"乌云越来越暗，越来越低"逐渐推进，到结尾"让暴风雨来得更猛烈些吧"达到最高潮，形成震撼人心的艺术效果。为了表现高潮部分，文中有几段描写"海鸥、海鸭与企鹅"的部分，一定要放低语调、放缓语速，用这部分的"抑"来突出"海燕"部分的"扬"，对比越鲜明，效果越强烈。如果通篇都用上扬的语调，不仅在音量语速上控制不住，而且情感单一，表现乏力。

第三，在重音技巧的运用上，采用轻重高低对比法来处理，可取得立竿见影的朗诵效果。文中需要强调的重音比较明显，像描摹场景和情态的形容词和副词，如"苍茫""黑色""高傲""勇敢""自由自在"与"胆怯""肥胖""愤怒""热情""胜利""恶狠狠"等词都需要加重语气来强调。

第四，在停连技巧的运用上，本文需要大片段的连接，才能将气势推向高潮。如"在这叫喊声里，乌云听出愤怒的力量，热情的火焰和胜利的信心"，句中三个并列短语，虽然有逗号隔开，但是连起来一气呵成才更有效果。而在"海燕叫喊着，飞翔着，像黑色的闪电，箭一般地穿过乌云，翅膀掠起波浪的飞沫。看吧，它飞舞着，像个精灵，——高傲的，黑色的暴风雨精灵——它在大笑，它又在号叫……它笑那些乌云，它因为欢乐而号叫！"整个段落中，如果能够打破标点符号限制，一鼓作气，将断裂的句子连起来读，将形成语气连贯、势不可当的震撼效果。

第五，处理好结尾高潮句。作品中，高尔基以昂扬的浪漫主义激情、气势磅礴的艺术笔触歌颂了海燕的勇敢精神，全诗语言充满激情，使人振奋，尤其是结尾"让暴风雨来得更猛烈些吧"既是对革命风暴的期盼、呼唤，又是对广大人民的战斗召唤。在朗读时，可以用最浓烈的情感、最高亢的声音将全文的朗诵推向最高潮。为防止现场朗诵时感情控制不好出现破音，也可采用低虚声、压低音量加重语气的方法来处理，同样可以收到良好的艺术效果。

猴 吃 西 瓜
佚名

猴王找到了一个大西瓜，但是，他不知道西瓜的吃法。有心请教别人吧，又不好意思，那样就显得自己太无知了。"这……哎！有了！"猴王想出了一个妙计。他把猴子、猴孙，那一大群猴儿召集到一块儿，说："今天我找到了一个大西瓜，把你们请来饱餐一顿。可是咱们把话说清楚，在吃西瓜之前，我要测验一下你们的本领。谁的本领强，谁的本领弱，今天就可以知道啦。就说这西瓜的吃法，我是知道的，可我要看你们说得对不对。必须说实话，说对了就多吃一份西瓜。"

小毛猴听了，抓耳挠腮地第一个抢着说："我知道，我知道，西瓜是吃瓤的！"

短尾巴猴紧跟着说："我不同意他的说法！上次我到奶奶家去，奶奶请我吃甜瓜，甜瓜不是吃瓤的。我想甜瓜是瓜，西瓜也是瓜，总而言之都是瓜。西瓜当然也是吃皮的!"

"不对,西瓜是吃瓤的!"

"不对,西瓜是吃皮的!"

"你胡说!"

"你胡说!"

"这……"猴王不知谁是谁非,就把眼光转到了年岁最大的老猴身上。

老猴一看,大家的目光都集中到自己身上,就哆哆嗦嗦地站起来,说话了:"(咳嗽)这个,这个,这个……西瓜当然……是吃皮的啦!不瞒各位,我之所以老而不死,就是吃了西瓜皮的缘故!"

听老猴这么一说,猴子们都喊叫起来:"对,西瓜是吃皮的!""对,西瓜不是吃瓤的!"

猴王一看大家都说西瓜是吃皮,就以为找出来了真正的答案。他大着胆子对大家说:"你们说得对,只有小毛猴说错。不懂装懂,没吃过西瓜,还硬说西瓜是吃瓤的。哼!我一生中最爱讲老实话,对不老实的话我一听就生气。这次我们都吃西瓜皮,就叫小毛猴受惩罚,让他吃瓤子!"说着拿起刀"扑"的一下把西瓜剖开,大家一起分西瓜皮吃,只有小毛猴在一旁吃瓤,受惩罚。

吃着吃着,一个小猴子觉得不是味儿,悄悄地问旁边一个猴子:"哎,我说,这东西怎么不好吃啊?"

"那,那是你吃不惯。我过去常吃西瓜,西瓜啊,就是这个味儿。"

朗诵指导:《猴吃西瓜》是一个家喻户晓的寓言故事,讽刺了生活中那些不懂装懂的人,提醒人们只有从实践出发,才能获得真实的体会与经验。这篇故事寓意简单明了、情节生动有趣、语言风格多样、对话活泼精彩,是朗诵练习、比赛、考试或活动中经常选用的篇目。

朗诵这篇寓言故事,难点主要是几个猴子的对话。猴王、小毛猴、短尾巴猴、老猴,它们年龄不同,性格迥异,在微妙的心理驱使下,发出的声音、说出的话要用不同的语音技巧来表现,才能将他们的语气、神态惟妙惟肖地表现出来。猴王是群猴之主,讲话要威严、沉稳,有"王者风范",但内心自语还是正常情态,于是在开头"这……哎!

有了!"一句中,拖长"这"字,音量由高到低,表现猴王苦苦思考良久而不得要领;后面的"哎"字,陡然提高音量,语调提升,表现找到对策的惊喜;"有了"两字可以加长声音重读"有"字,在"了"字上勾回来,显示猴王想出办法、得意扬扬的状态。在对众猴讲话时,可以把语气放沉、语速放慢,还可以"清清嗓子"以显示猴王讲话前的威严。"今天我找到了一个大西瓜,把你们请来饱餐一顿。可是咱们把话说清楚,在吃西瓜之前,我要测验一下你们的本领。谁的本领强,谁的本领弱,今天就可以知道啦。就说这西瓜的吃法,我是知道的,可我要看你们说得对不对。必须说实话,说对了就多吃一份西瓜。"在这一段话里,要把"请吃西瓜"一事"轻描淡说",而在"吃西瓜测本领"一事上要提高音量,重点突出。"就说这西瓜的吃法,我是知道的,可我要看你们说得对不对"一句中,特别强调"我"和"你们"两个词句,以突出猴王故作聪明、声东击西的可笑。小毛猴是第一个抢着说的,而且没经过任何思考,因此他的话在朗诵时音量要高、语速要快、音色要尖,才能在众猴声音中显示出来。短尾猴的话就可以稍微慢一些,因为短尾猴经过考证,有吃甜瓜的经验,因此在语调上也可以稍平稳,语气上要更"肯定"一些。两个小猴争吵的场景是个精彩的朗诵点,第一轮争吵:"不对,西瓜是吃瓤的!""不对,西瓜是吃皮的!"要重点强调"瓤、皮"两字。第二轮争吵:"你胡说!"重点强调两个"你"字,不同的字可用重读法强调,而相同的字必须在重读的基础上,加上语调变化来加重对比。为了强化纷争的热闹和杂乱,朗诵时还可以把"你胡说"的争论再重复一遍。到老猴讲话,语气、语速要立刻沉稳、缓慢下来,朗诵时要模拟老猴老态龙钟的状态,先咳嗽两声,然后慢吞吞开口,三个"这个"要读得粘连不断,"西瓜当然……是吃皮的啦!"在"当然"之后要停顿拖腔,表现老猴的思考过程,一旦说出"吃皮"两字,后面的句子语速可适当加快一些,以表现老猴倚老卖老的情态。猴王总结大家的话:"你们说得对,只有小毛猴说错。不懂装懂,没吃过西瓜,还硬说西瓜是吃瓤的。哼!我一生中最爱讲老实话,对不老实的话我一听就生气。这次我们都吃西瓜皮,就叫小毛猴受惩罚,让他吃瓤子!"要用肯定和高高在上的语气,拉长声音读出"你们",对比"只有"两字;"我一生中最爱讲老实话,对不老实的话我一听就生气"要用讽刺的语气读出"反语"的效果;"我们都吃西瓜皮,就叫小毛猴受惩罚,让他吃瓢子"重点强调"我们都"与"就"形成对比,"瓢子"两字要重读,还得带出厌恶的语气,以示惩罚的严重,才能产生令听众忍俊不禁的效果。更具有讽刺效果的是结尾对话,"哎,我说,这东西怎么不好吃啊?"这句是私底下小猴的问话,音量要低,语气要轻。"那,那是你吃不惯。我过去常吃西瓜,西瓜啊,就是这个味儿。"这句回答要大声,语气要特别肯定,以显示该猴的见多识广。"我过去常吃西瓜"中的"常"字要加长重读,"西瓜啊"一句要把语调拉高,以引起大家注意,"就是这个味"再用肯定的语调降下来,"就是"一词用重捶并加长的方法特别强调,再次呼应猴王的话,使这篇寓言的讽刺意味更加浓郁。

自己救自己

佚名

某人在屋檐下躲雨,看见观音正撑伞走过。这人说:"观音菩萨,普度一下众生吧,带我一段如何?"观音说:"我在雨里,你在檐下,而檐下无雨,你不需要我度。"这人立刻跳出檐下,站在雨中:"现在我也在雨中了,该度我了吧?"观音说:"你在雨中,我也在雨中。我不被淋,因为有伞;你被雨淋,因为无伞。所以不是我度自己,而是伞度我。你要想度,不必找我,请自找伞去!"说完便走了。第二天,这人遇到更困难的事,便去寺庙里求观音。走进庙里,才发现观音的像前也有一个人在拜,那个人长得和观音一模一样,丝毫不差。这人问:"你是观音吗?"那人答道:"我正是观音。"这人又问:"那你为何还拜自己?"观音笑道:"我也遇到了难事,但我知道,求人不如求己。"

朗诵指导:这则寓言故事讲述的是"求人不如求己"的道理,因为文字比较平淡,其中有几段观音的"话"朗诵时语调也不能有大的起伏,停连也不能有大的变化,只能靠语音轻重的细微变化来体现,因此朗诵难度稍大一些。

　　仔细琢磨故事中蕴涵的道理，才是读懂的关键。本则寓言虽然是通过"某人"与观音的对话来讲述的，其实观音只是"某人"心中的意象，似有却无。当他在屋檐下、雨中以及遇到为难事的时候，只想到"菩萨帮我"，而没有想到凭借自己的力量解决困难。"求助别人"不如"求助自己"，只有自己才是最得力的"菩萨"。朗诵者要反复诵读，仔细琢磨，语言的内涵才能显现出来。

　　朗诵时，第一句要用平稳的语调、低声慢起，一是将听者带进意境，二是表现"某人"躲雨时的郁闷和无聊；"看见"两字最好用虚声，"观音"一词要提升语调，显示"某人"的惊喜，"观音菩萨，普度一下众生吧，带我一段如何？"读此句时要用祈求的语气、低声快速来表现"某人"急切求告的情态。观音的两段话非常冷静，语调平稳，速度适中。"我在雨里，你在檐下，而檐下无雨，你不需要我度。""你在雨中，我也在雨中。我不被淋，因为有伞；你被雨淋，因为无伞。所以不是我度自己，而是伞度我。你要想度，不必找我，请自找伞去！"重点强调"我"与"你"两字，通过对比显示"我与你"状态的"不同"与"相同"。

　　"第二天……"一段，"这人遇到更困难的事"，重点强调"更"字，以说明某人去寺庙的原因。"走进庙里，才发现观音的像前也有一个人在拜，那个人长得和观音一模一样，丝毫不差"这一句里需要重点强调"才"和"也"字，表现"某人"的诧异，"一模一样，丝毫不差"两词中间虽有逗号，最好连起来读，以强化两人的相似度。两人的一问一答虽是简单的几个字，要仔细揣摩读出其中的内涵来。"你是观音吗"要提升语调，词句在"你"字后顿开，表现"某人"疑虑之深。"正是观音"四字要一字一字顿开，语气冷静、语调平直、情绪波澜不惊。接下来的问句要再次提升语调、加重语气，"那你为何还拜自己？"一句，重点强调"你"与"自己"，表现"某人"更深的疑问。最后观音的总结"求人不如求己"可以在"求人"两字上提升语调，再次提醒听众，引起听众注意，读"不如求己"时要将语速放慢，语调下降，字字加重，突出主题。

我有一个梦想（节选）

（美）马丁·路德·金

朋友们，今天我要对你们说，尽管眼下困难重重，但我依然怀有一个梦。这个梦深深植根于美国梦之中。

我梦想有一天，这个国家将会奋起，实现其立国信条的真谛："我们认为这些真理不言而喻：人人生而平等。"

我梦想有一天，在佐治亚州的红色山冈上，昔日奴隶的儿子能够同昔日奴隶主的儿子同席而坐，亲如手足。

我梦想有一天，甚至连密西西比州——一个非正义和压迫的、热浪逼人的荒漠之州，也会改造成为自由和公正的青青绿洲。

我梦想有一天，我的四个小女儿将生活在一个不是以皮肤的颜色，而是以品格的优劣作为评判标准的国家里。

我今天怀有一个梦。

我梦想有一天，亚拉巴马州会有所改变——尽管该州州长现在仍滔滔不绝地说什么要对联邦法令提出异议和拒绝执行，在那里，黑人儿童能够和白人儿童如兄弟姐妹般地携手并行。

我今天怀有一个梦。

我梦想有一天，深谷弥合，高山夷平，歧路化坦途，曲径成通衢，上帝的光华再现，普天下生灵共谒。

这是我们的希望。这是我将带回南方去的信念。有了这个信念，我们就能从绝望之山开采出希望之石。有了这个信念，我们就能把这个国家的嘈杂刺耳的争吵声，变为充满手足之情的悦耳交响曲。有了这个信念，我们就能一同工作，一同祈祷，一同斗争，一同入狱，一同维护自由，因为我们知道，我们终有一天会获得自由。

到了这一天，上帝的所有孩子都能以新的含义高唱这首歌：

我的祖国，可爱的自由之邦，我为您歌唱。这是我祖先终老的地方，这是早期移民自豪的地方，让自由之声，响彻每一座山冈。

如果美国要成为伟大的国家，这一点必须实现。因此，让自由之声响彻新罕布什尔州的巍峨高峰！

让自由之声响彻纽约州的崇山峻岭！

让自由之声响彻宾夕法尼亚州的阿勒格尼高峰！

让自由之声响彻科罗拉多州冰雪皑皑的洛基山！

让自由之声响彻加利福尼亚州的婀娜群峰！

不，不仅如此；让自由之声响彻佐治亚州的石山！

让自由之声响彻田纳西州的望山！

让自由之声响彻密西西比州的一座座山峰，一个个土丘！

让自由之声响彻每一个山冈！

当我们让自由之声轰响，当我们让自由之声响彻每一个大村小庄，每一个州府城镇，我们就能加速这一天的到来。那时，上帝的所有孩子，黑人和白人，犹太教徒和非犹太教徒，耶稣教徒和天主教徒，将能携手同唱那首古老的黑人灵歌："终于自由了！终于自由了！感谢全能的上帝，我们终于自由了！"

朗诵指导：《我有一个梦想》是一篇激情飞扬、极富感召力的政治演讲词。美国黑人"民运"领袖马丁·路德·金旗帜鲜明地提出了自由、民主、种族平等的梦想。全文思路清晰、逻辑严谨、感情激荡、语言形象，深深地感染着听众，引起人们强烈的共鸣，成为演讲词中的经典篇章。借助于演讲词的朗诵有助于激发情感、提高语言表现力，在各种比赛和考场中也容易激起听众共鸣、获得震撼人心的朗诵效果，因此该篇演讲词成为朗诵者经常选用的篇章。该演讲词是英文译稿，有多种版本，且内容较长，全文有 2500 多字，如果朗诵时间有限，可选择从"朋友们，今天我要对你们说"到结尾大约千字内容，五六分钟的朗诵时间，也可选择从"这是我们的希望"到结尾五百多字，大约三分钟时间。

一、了解文体特点，传达作者本意。本文是一篇演讲词，即演讲时所用的文稿。演讲稿需要通过演讲这种特殊的形式说服听众，感染听众，鼓励听众，从而达到演讲的目的。因此演讲词既要具有论点鲜明、论据充足、论证严密等议论文的特点，还要具备生动性、通俗性和鼓动性等演讲词的特征。本篇演讲词目的明确，针对性强，通过富有激情的演讲反映黑人生活的严酷事实，激励人们为实现民主、自由的梦想而奋斗；在语言上感情澎湃、激情洋溢，富有极强的感召力。

　　二、了解演讲者和演讲背景，深切感受作者倾注在梦想中的情感和实现梦想的坚定信念。马丁·路德·金是美国黑人"民权运动"领袖，非暴力主义者。1968 年 4 月在组织"贫民进军"运动的途中，被种族主义分子枪杀。人们为了纪念这位伟大的民权运动领袖，将每年一月的第三个星期一定为"马丁·路德·金日"。

　　从 16 世纪中期开始，欧洲殖民者就开始掳掠非洲黑人，把他们贩卖到美洲为奴，这种惨无人道的奴隶贸易持续了 400 余年，直到 1783 年美国的建国者废除奴隶贸易，但黑人的地位依然非常低下。南北战争之后，当时的总统林肯签署了《解放黑奴宣言》，奴隶终于在法律上获得了自由。但一百多年后，20 世纪 50 到 60 年代的美国，种族歧视和贵族压迫现象仍然十分严重。美国黑人仍然是下等公民。正是在这种情况下，美国黑人发起了浩大的民权运动，马丁·路德·金就是其中最杰出的领袖。他曾在南方 21 个城市组织集会，发动黑人争取公民权利。1963 年 8 月 28 日，在华盛顿特区一次 25 万人的集会上，他发表了这次举世闻名的演讲。

　　《我有一个梦想》是作者怀着对美好未来的无限憧憬而进行的讲演，是用生命在呼唤。朗诵时不能忽视作者那颗对黑人民权运动的拳拳之心和崇高而伟大的奋斗精神，不仅要读出作者的才情，更要读出作者宽广的胸怀与高远的追求。

　　三、理清演讲思路，形成逻辑感受。一般说理性文章运用"是什么→为什么→怎么办"的思路，而该篇运用的是"为什么→怎么办→是什么"方式，从"解放黑奴宣言的意义→斗争的原因（黑人受歧视的现状）→斗争之必要→斗争的方式→斗争的决心→斗争的结果（实现梦想）"这一思路可以看出该演讲词结构新颖别致、逻辑严密有序的特点。即使在朗诵时只选其中的"是什么"片段，也要从全文入手，建立完整、严密的逻辑感受，才能将演讲词朗诵得文理贯通、情理适度。

　　四、把握朗诵节奏，做到张弛有度。作为演讲，如果自始至终感情平平、温温吞吞，缺乏感染力量，自然不能引起听众的共鸣；而自始至终都在尽情宣泄自己的情感，也会引起听觉疲劳，影响演讲效果。所以，演讲应该掌握好情感表达的轻重缓急，使之张弛有度。该演讲词开头几段叙述美国黑人生活现状，可以采用低沉、悲愤的语气，将黑人遭受的不公正待遇倾诉出来；在几个"梦想"段落，要用深情、虚幻的语气，把梦想的美好生动地描摹出来；在结尾"让自由之声"段落采用高亢、激昂的语气，把实现梦想的决心与梦想实现后的幸福淋漓尽致地宣泄出来。

朗诵时即使是同一情感段落中的句子，也要使用不同的语调，以避免节奏单调、语势单一。"我梦想有一天"段落共有六个排比，其中"人人生而平等"是统领句，可以用平直的语调、肯定的语气来读；第二句"在佐治亚州的红色山冈上，昔日奴隶的儿子能够同昔日奴隶主的儿子同席而坐，亲如手足"可以用上升的语调、深情的语气来读；"密西西比州——一个非正义和压迫的、热浪逼人的荒漠之州，也会改造成为自由和公正的青青绿洲"，可以继续上扬语调，用慷慨、激昂的语气来读；"我的四个小女儿将生活在一个不是以皮肤的颜色，而是以品格的优劣作为评判标准的国家里"可以降低音量，用虚声情真意切地诉说请求；"亚拉巴马州会有所改变……黑人儿童能够和白人儿童如兄弟姐妹般地携手并行"一句拉升语调，音量适当放开；最后一句"深谷弥合，高山夷平，歧路化坦途，曲径成通衢，上帝的光华再现，普天下生灵共谒"是希望普天下一切平等梦想实现，因此可以将音量放开，逐渐加快语速，语调拉升到最高限度，将情绪推向高潮。

在"让自由之声响彻"段落有九个排比，朗诵时不可一味高声呼喊，那样不仅显得处理简单、情感单调，而且缺乏声音美感，容易形成破声，严重影响朗诵效果。因此在朗诵时，可以采用语调的平、升、降等变化方式，加上声音的轻、重变化和音色的虚实变化方式的综合运用，使九个句子婉转起伏、抑扬顿挫，形成感情一泻千里、声音多姿多彩的效果。

结尾一段是全文高潮，朗诵前稍作停顿，让前文激昂的情绪略微冷凝一下，然后酝酿好情绪发起新一轮冲锋。"当我们让自由之声轰响，当我们让自由之声响彻每一个大村小庄，每一个州府城镇，我们就能加速这一天的到来。"这两个排比句子可用语调升降来调整一下起伏，然后逐渐加快语速。"上帝的所有孩子，黑人和白人，犹太教徒和非犹太教徒，耶稣教徒和天主教徒"这里重点强调"所有"一词，然后将不同人种、不同宗教信仰的人一口气连续读出，不要做任何停顿，以强化"所有"重音；最后放声朗诵："终于自由了！终于自由了！感谢全能的上帝，我们终于自由了！"这是黑人灵歌歌词，要满怀喜悦之情，气息饱满，声音高昂，在语调上既可以逐渐推升形成气势如虹的效果，也可根据朗诵者的声音特点与理解方式，用上下起伏、摇曳变化的语调来表达喜悦之极的情绪。

最后一次的讲演
闻一多

这几天，大家晓得，在昆明出现了历史上最卑劣，最无耻的事情！李先生究竟犯了什么罪，竟遭此毒手？他只不过用笔写写文章，用嘴说说话，而他所写的，所说的，都无非是一个没有失掉良心的中国人的话！大家都有一支笔，有一张嘴，有什么理由拿出来讲啊！有事实拿出来说啊！（闻先生声音激动了）为什么要打要杀，而且又不敢光明正大的来打来杀，而偷偷摸摸的来暗杀！（鼓掌）这成什么话？（鼓掌）

今天，这里有没有特务？你站出来！是好汉的站出来！你出来讲！凭什么要杀死李先生？（厉声，热烈的鼓掌）杀死了人，又不敢承认，还要诬蔑人，说什么"桃色事件"，说什么共产党杀共产党，无耻啊！无耻啊！（热烈的鼓掌）这是某集团的无耻，恰是李先生的光荣！李先生在昆明被暗杀，是李先生留给昆明的光荣！也是昆明人的光荣！（鼓掌）

去年"一二·一"昆明青年学生为了反对内战，遭受屠杀，那算是青年的一代献出了他们最宝贵的生命！现在李先生为了争取民主和平而遭受了反动派的暗杀，我们骄傲一点说，这算是像我这样大年纪的一代，我们的老战友，献出了最宝贵的生命。这两桩事发生在昆明，这算是昆明无限的光荣！（热烈的鼓掌）

反动派暗杀李先生的消息传出后，大家听了都悲愤痛恨。我心里想，这些无耻的东西，不知他们是怎么想法？他们的心理是什么状态？他们的心怎样长的？（捶击桌子）其实很简单，（低沉渐高）他们这样疯狂的来制造恐怖，正是他们自己在慌啊！在害怕啊！所以他们制造恐怖，其实是他们自己在恐怖啊！特务们，你们想想，你们还有几天，你们完了，快完了！你们以为打伤几个，杀死几个，就可以了事，就可以把人民吓倒了吗？其实广大的人民是打不尽的，杀不完的，要是这样可以的话，世界上早没有人了。你们杀死一个李公朴，会有千百万个李公朴站起来！你们将失去千百万的人民！你们看着我们人少，没有力量。告诉你们，我们的力量大得很！多得很！看今天来的这些人，都是我们的人，都是我们的力量！此外还有广大的市民！我们有这个信心：人民的力量是要胜利的，真理是永远存在的。历史上没有一个反人民的势力不被人民毁灭的！希特勒，墨索里尼不都在人民之前倒下去了吗？翻开历史看看，你还站得住几天！你完了，快完了！我们的光明就要出现了。我们看，光明就在我们眼前，而现在正是黎明之前那个最黑暗的时候。我们有力量打破这个黑暗，争到光明！我们的光明，就是反动派的末日！（热烈的鼓掌）

反动派故意挑拨美苏的矛盾，想利用这矛盾来打内战。任你们怎么样挑拨，怎么样离间，美苏不一定打呀！现在四外长会议已经圆满闭幕了。这不是说美苏间已没有矛盾，但是可以让步，可以妥协，事情是曲折的，不是直线的。

李先生的血，不会白流的！李先生赔上了这条性命，我们要换来一个代价。"一二·一"四烈士倒下了，年轻的战士们的血，换来了政治协商会议的召开，现在李先生倒下了，他的血要换取政协会议的重开！（热烈的鼓掌）我们有这个信心！（鼓掌）

"一二·一"是昆明的光荣，是云南人民的光荣，云南有光荣的历史，远的如护国，这不用说了。近的如"一二·一"，都是属于云南人民的，我们要发扬云南光荣的历史！（听众表示接受）

反动派挑拨离间，卑鄙无耻，你们看见联大走了，学生放暑假了，便以为我们没有力量了吗？特务们！你们错了！你们看见今天到会的一千多青年，又握起手来了，我们昆明的青年决不会让你们这样蛮横下去的！反动派，你看一个倒下去，可也看得见千百个继起的！

正义是杀不完的，因为真理永远存在！（鼓掌）

历史赋予昆明的任务是争取民主和平，我们昆明的青年必须完成这任务！

我们不怕死，我们有牺牲的精神，我们随时像李先生一样，前脚跨出大门，后脚就不准备再跨进大门！（长时间热烈的鼓掌）

朗诵指导：《最后一次的讲演》是闻一多先生的一次即席演说，是在特殊背景之下产生的用鲜血和生命铸就的演说词，因为闻一多先生在做完讲演的当天傍晚，就被国民党统治当局枪杀于昆明街头，所以人们将它题名为《最后一次的讲演》。这是一篇战斗檄文，是一个唤起人民觉醒的施号令，同时也是爱国民主人士的战斗宣言！

1946 年 7 月 11 日晚，著名民主人士李公朴先生因积极参加反内战、反独裁的政治斗争，被国民党当局暗杀。作为黑名单上的二号人物，闻一多的生命安全也时刻受到威胁。但他不顾亲友的劝阻，执意参加了 7 月 15 日由云南大学学生自治会主持的、李公朴夫人报告李先生死难经过的大会。在会场上，李夫人由于悲愤过度而泣不成声，而特务们又在说笑、打闹，破坏会场秩序。闻一多怒火中烧，拍案而起，针锋相对，慷慨陈词即席发表了这篇气壮山河的讲演，留下了这曲千古绝唱。浓烈的情感与锋利明快的议论是这篇讲演的一大特色。闻一多是在极度悲愤的情绪中走上讲台的，他所讲的，乃是他内心世界的真实流露。作为一个著名诗人、学者、教授，一个坚持正义的中国知识分子，他在这白色恐怖重压下的内在情感的喷发也格外感染人，激动人。为有力地斥责、打击敌人，他使用的语言具有鲜明的特点：短促直接，朴质晓畅，字字铿锵，具有很强的战斗性。这是一曲战斗者的绝唱。当我们朗诵这篇以全部的生命热情谱写的篇章时，需要用心灵去感受和品味，才能产生真实、强烈的表现欲望。

根据当时的特殊场景，闻先生充分利用口语通俗、简洁、犀利、短促等特点，多采用口语化的感叹句、设问句、反问句等句式来表达，大大加强了口语的气势，使通篇演讲如飞流直下，气壮山河。朗诵者要顺应本篇演讲词的特点，用饱满的激情和多样的声音技巧去表达演讲词的内涵。

演讲开始，朗诵者要尽量控制好愤怒的情绪，用低沉的声音开始：

"这几天，大家晓得在昆明出现了历史上最卑劣最无耻的事情！"讲到"最卑劣、最无耻"时要加重语气，用咬牙切齿的声音效果来表达演讲者的愤怒与鄙夷；接下来是把对凶手的鄙薄，转向了对战友的沉痛悼念，要气粗声重，用郁愤满腔的反问语调质问——"李先生究竟犯了什么罪，竟遭此毒手？他只不过用笔写写文章，用嘴说说话，而他所写的，所说的，都无非是一个没有失掉良心的中国人的话！……为什么要打要杀，而且又不敢光明正大的来打来杀，而偷偷摸摸的来暗杀！这成什么话？"这些字字千钧的诘问，凝聚着演讲者内心的悲痛与愤怒，也是对惨案制造者强有力的控诉。

而面对那些以制造血腥为乐事的统治者及其爪牙，控诉并不解决问题，所以紧接着闻一多便以一个战斗者的姿态发难："今天，这里有没有特务？你站出来！是好汉的站出来！你出来讲！凭什么要杀死李先生？"一连三个感叹句，是情感的喷发，是心灵的怒吼，朗诵时声音短促而有力，语调可不断提升，也可用"升、再升、降"的方式表达问询、痛骂、请求等多种复杂情感；一头一尾两个问句，语气由轻到重，表达演讲者越讲越气愤的情绪，使感情表达更强烈、更震撼人心。反动派杀了人却不敢承认，而以什么"桃色新闻""共产党杀共产党"来诬陷李公朴，讲到这些无中生有的内容时，要少用气息，降低音量，拉升语调，拉长字距，用冷冷的、不屑的语气表现出嘲讽意味。接下来演讲者把斗争矛头直接指向了那时的最高统治当局："这是某集团的无耻，恰是李先生的光荣！"以统治者的无耻反衬李先生的高尚情怀。这里要气粗声重，表现满腔怒火。为鼓舞人民的斗志，闻一多又从历史回忆开始，指出"一二·一"惨案青年学生献出了他们的生命，而现在李先生又献出了生命，"这两桩事发生在昆明，这算是昆明无限的光荣！"希望昆明人民继承死难者的斗争传统，为民主与自由而战，而他自己可杀不可辱的一身凛然正气也为昆明乃至全国人民树立起一个光辉的榜样，因此在朗诵"无限的光荣"时要将语调扬上去，五个字要拉开字距，将情绪推上来，唤起听众强烈的自豪感。

为增强人民斗争下去的信心，演讲者进一步抨击敌人，分析现状，指出人民必胜，真理永存，反人民的势力终将被人民毁灭。他一针见血地指出，统治者之所以这样疯狂地来制造恐怖，正是他们自己在慌，在害怕，在恐惧。他们没有人民的支持，是极其虚弱的，因此才采取如此残暴的手段，恐吓人民。但人民是打不尽，杀不完的，人民的力量是最强大的。"你们杀死一个李公朴，会有千百万个李公朴站起来！"在朗诵时要特别强调"一个"和"千百万个"的对比，"一"要读得轻而飘，"千百万"要读得沉而重。他以希特勒、墨索里尼的下场为例，警告敌人："翻开历史看看，你还站得住几天！"这铿锵有力的话，直击敌人的要害，文字标点虽为叹号，但要用问句语气，语调上扬，加强"没有几天"的内在语含义。闻一多以辩证的观点指出：最黑暗的时候也就是光明就要到来的时候，光明就在我们眼前。演讲者要满怀信心地宣布："我们有力量打破这黑暗，争到光明！我们的光明，就是反动派的末日！"在这句话中，要加强"我们—反对派""光明—末日"两词的重音对比。

最后几段，闻一多再一次号召昆明青年发扬"护国"运动、"一二·一"运动的光荣传统，为争取民主和平而战斗，完成历史赋予的使命，并再一次警告反动派，他们施行挑拨离间的卑鄙伎俩绝不会得逞，人民决不会任他们猖狂下去的。他表示，有李公朴的人格精神鼓舞着大家，"我们随时像李先生一样，前脚跨出大门，后脚就不准备再跨进大门！"。朗诵时注意强调"随时"一词和"前脚、后脚"两词的对比，表现闻一多为人民进步事业献出自己生命的决心。

本篇演讲词在朗诵时到了激昂之处，感情强烈，可以用适当的肢体语言来配合，例如挥手、捶击桌子，以表达愤怒到极点的情感。

话剧《茶馆》中王利发与唐铁嘴的对白

老舍

（唐铁嘴进来，还是那么瘦，那么脏，可是穿着绸子夹袍。）

唐铁嘴：王掌柜！我来给你道喜！

王利发：（还生着气）哟！唐先生？我可不再白送茶喝！（打量，有了笑容）你混的不错呀！穿上绸子啦！

唐铁嘴：比从前好了一点！我感谢这个年月！

王利发：这个年月还值得感谢！听着有点不搭调！

唐铁嘴：年头越乱，我的生意越好！这年月，谁活着谁死都碰运气，怎能不多算算命、相相面呢？你说对不对？

王利发：Yes，（原注："Yes"即"对"的意思。）也有这么一说！

唐铁嘴：听说后面改了公寓，租给我一间屋子，好不好？

王利发：唐先生，你那点嗜好，在我这儿恐怕……

唐铁嘴：我已经不吃大烟了！

王利发：真的？你可真要发财了！

唐铁嘴：我改抽"白面儿"啦。（指墙上的香烟广告）你看，哈德门烟是又长又松，（掏出烟来表演）一顿就空出一大块，正好放"白面儿"。大英帝国的烟，日本的"白面儿"，两个强国侍候着我一个人，这点福气还小吗？

王利发：福气不小！不小！可是，我这儿已经住满了人，什么时候有了空房，我准给你留着！

唐铁嘴：你呀，看不起我，怕我给不了房租！

王利发：没有的事！都是久在街面上混的人，谁能看不起谁呢？这是知心话吧？

唐铁嘴：你的嘴呀比我的还花哨！

王利发：我可不光耍嘴皮子，我的心放得正！这十多年了，你白喝过我多少碗茶？你自己算算！你现在混的不错，你想着还我茶钱没有？

唐铁嘴：赶明儿我一总还给你，那一总才几个钱呢！（搭讪着往外走）

朗诵指导：三幕话剧《茶馆》是人民艺术家老舍先生创作的一部不朽的名著，1957 年完成，1958 年由北京人民艺术剧院首排，上演后不但在国内引起强烈的反响，而且以浓郁的民族特色在国际上赢得了极大声誉。全剧出场的人物有五十多个，每个人物性格迥异、语言特色鲜明，从谦恭周到的茶馆老板王利发，到豪爽耿直的常四爷，傲慢无礼的宋恩子，到地痞无赖刘麻子，每个人物的台词稍作改编后都可以单独朗诵。本段台词选择的是跑江湖算命的唐铁嘴与王利发的一段对白，如果无人搭档，也可单选唐铁嘴一段改编后的独白：

（唐铁嘴进来，还是那么瘦，那么脏，可是穿着绸子夹袍。）

唐铁嘴：王掌柜！我来给你道喜！你看我最近混的不错吧？穿上绸子啦！比从前好了一点！我感谢这个年月！年头越乱，我的生意越好！这年月，谁活着谁死都碰运气，怎能不多算算命、相相面呢？你说对不对？听说后面改了公寓，租给我一间屋子，好不好？哦，你怕我那点嗜好，我已经不吃大烟了！我改抽"白面儿"啦。（指墙上的香烟广告）你看，哈德门烟是又长又松，（掏出烟来表演）一顿就空出一大块，正好放"白面儿"。大英帝国的烟，日本的"白面儿"，两个强国侍候着我一个人，这点福气还小吗？你呀，看不起我，怕我给不了房租！你的嘴呀比我的还花哨！这十多年了，我白喝过你多少碗茶？赶明儿我一总还给你，那一总才几个钱呢！（搭讪着往外走）

一、要朗诵好其中任何一个人物的台词，都需要对全剧有概括的了解。《茶馆》共三幕，分别选取"戊戌变法"后、北洋军阀统治时期、抗战后国民党统治时代的三个社会生活场景。第一幕是在清王朝即将灭亡的年代，北京的裕泰茶馆却依然一派"繁荣"景象：提笼架鸟、算命卜卦、卖古玩玉器、玩蝈蝈蟋蟀者无所不有。年轻精明的掌柜王利发，各方照顾，左右逢源。然而，在这个"繁荣"的背后隐藏着整个社会令人窒息的衰亡：洋货充斥市场、农村破产、太监买老婆、爱国者遭逮捕。第二幕到了民国初年，连年不断的内战使百姓深受苦难，北京城里的大茶馆都关了门，唯有王掌柜改良经营，把茶馆后院辟成租给大学生的公寓，正厅里摆上了留声机。尽管如此，社会上的动乱仍波及茶馆：逃难的百姓堵在门口，大兵抢夺掌柜的钱，侦缉队员不时前来敲诈。第三幕又过了三十年，已是风烛残年的王掌柜，仍在拼命支撑着茶馆。日本投降了，但国民党又使人民陷入了内战的灾难：吉普车横冲直撞，爱国人士惨遭镇压，流氓特务要霸占王掌柜苦心经营了一辈子的茶馆。王利发绝望了，他拿起腰带，寻找安然了结一生的地方。

唐铁嘴只在第一幕和第二幕中出现，是个小人物，一个算命看相的江湖骗子，但正因为这些小人物的存在，才构成了社会大背景，也使得全剧所展示的人物风情画更丰富，更细腻。

二、要把握个别人物的语言特点，需了解剧作的整体语言风格。话剧全凭台词塑造人物，台词到位了，人物就活了。《茶馆》的成功在于语言的成功，被誉为"语言艺术大师"的老舍的的确确将语言功力发挥到极致。首先是浓郁的老北京味，简洁凝练，意蕴深长，使得每个人物都有鲜明的北京地方烙印。其次是每个人物的台词都设计得非常生动传神、富于个性。另外《茶馆》的语言还具有幽默与讽刺、简练与流畅的特点。那种从生活中提炼出来的精粹语句，常常含有惊人之处，令人拍案叫绝。他能一笔两笔就勾勒出一个人物，也能入木三分地刻画出人物的灵魂。本剧中他用不多的笔墨，就把唐铁嘴这个江湖骗子的油滑、无耻和满身的奴性描绘得淋漓尽致。唐铁嘴是个大烟鬼，第二场出场时，王利发谈起他这个嗜好，他说："我已经不吃大烟了！""我改抽'白面儿'啦。你看……，大英帝国的烟，日本的'白面儿'，两大强国侍候着我一个人，这点福气还小吗？"几句对话，就把一个油嘴滑舌的江湖骗子，活脱脱地勾画出来了。

三、朗诵唐铁嘴的台词，先要找出其中富有北京地方风味的句子，根据北京语音的特点和老北京人的语言习惯，读出流畅、圆润的老北京腔来。另外，还要紧紧把握唐铁嘴油嘴滑舌的本性特点。

北京语言一大特点是"客气"，无论长幼尊卑，与人对话，一般不说"你"而称呼"您"，唐铁嘴是走江湖、摆地摊的算卦相面先生，为讨好主顾，应该是满嘴虚情假意的"您"，因此尽管剧本中写作"你"，朗诵时都要改为"您"。

1. 王掌柜！我来给您道喜！

2. 您看我最近混的不错吧！

3. 您说对不对？

4. 您看。

5. 您呢，看不起我……

6. 我白喝过您多少碗茶？

7. 赶明儿我一总还给您！

北京语言的另一大特点是儿化韵多，以下句子中加点的词最好都读成儿化音。

1. 王掌柜！我来给你道喜！

2. 比从前好了一点！我感谢这个年月！

3. 年头越乱，我的生意越好！

3. 听说后面改了公寓，租给我一间屋子，好不好？

4. 哦，你怕我那点嗜好，我已经不吃大烟了！我改抽"白面儿"啦。

5. （指墙上的香烟广告）你看，哈德门烟是又长又松，（掏出烟来表演）一顿就空出一大块，正好放"白面儿"。

6. 大英帝国的烟，日本的"白面儿"，两个强国侍候着我一个人，这点福气还小吗？

7. 这十多年了，我白喝过你多少碗茶？

8. 赶明儿我一总还给你，那一总才几个钱呢！（搭讪着往外走）

另外，北京话里的"自己"往往读成"自个儿"。

老北京话的第三个特点是含混与拖腔。

一上来唐铁嘴大声道喜："王掌柜！我来给你道喜！"这个"喜"字需要提高音量，拖长声音；"我感谢这个年月！"中的"年月"要用连音法读得顺溜含糊；"您说对不对？"这句问话最能体现北京人说话特色，征求对方意见显得客气、周到；"两个强国侍候着我一个人"这句中的"一个人"，北京话中一般不将中间的"个"字读出来，而是非常"溜"地带过去，读成"一人"；"赶明儿我一总还给你，那一总才几个钱呢！"，老北京人习惯在句子中间将语调提升上去，以提起听者注意，因此在朗诵"赶明儿"与"那一总"时，将语调抬高加重并拉长字音，然后将语调呈圆弧状滑下来，显出北京语音圆润、饱满的语流曲线。

四、充分表现唐铁嘴油嘴滑舌的无赖和小人得势的奴才腔调。在这段对话中，唐铁嘴进门就用江湖惯用的语言方式逢人道喜，因此朗诵时要用虚情假意的口吻高声招呼："王掌柜！我来给你道喜！"一个江湖算命先生只关心自己，对国家现状没有任何忧虑之情，反而感谢这个年月，述说原因时要用得意的语气。当人们听他说"已经不吃大烟了"，以为他改邪归正了，然而他出人意料地接一句"我改抽'白面儿'了"，人们不禁哄然大笑。在朗诵时要巧妙地吸收曲艺相声的语言技巧，不时地"甩包袱"，把一些合乎情理但出人意料的"笑料"甩出来，才会产生强烈的幽默效果。尤其是唐铁嘴描述抽白面的情景时，要用高高的调门、得意扬扬的语气把唐铁嘴神气活现的奴才相表现出来。"你看，哈德门烟是又长又松，一顿就空出一大块，正好放'白面儿'。大英帝国的烟，日本的'白面儿'，两个强国侍候着我一个人，这点福气还小吗？"在"大英帝国、日本""两个、一个"两组词上重点强调，对"大"字还要拉长，以表现唐铁嘴小人得志、极力炫耀的神气。结尾因为唐铁嘴一直不给茶钱，还对王老板催账心怀不满，随口给出一句承诺"赶明儿我一总还给你"，说完，要接上一句"那一总才几个钱呢！"，这句朗诵时要用讪讪的、不屑的语气，将"一总"语调提高，强调一下重音"几个"，如果能在"钱"字上再拖个长腔，就将唐铁嘴这个人物的奴才嘴脸用声音生动、形象地刻画出来了。

话剧《雷雨》第二幕（节选）

曹禺

午饭后，天气更阴沉，更郁热，低沉潮湿的空气，使人异常烦躁。

…………

周朴园　　（点着一枝吕宋烟，看见桌上的雨衣，向侍萍）这是太太找出来的雨衣么？

鲁侍萍　　（看着他）大概是的。

周朴园　　不对，不对，这都是新的。我要我的旧雨衣，你回头跟太太说。

鲁侍萍　　嗯。

周朴园　　（看她不走）你不知道这间房子底下人不准随便进来么？

鲁侍萍　　不知道，老爷。

周朴园　　你是新来的下人？

鲁侍萍　　不是的，我找我的女儿来的。

周朴园　　你的女儿？

鲁侍萍　　四凤是我的女儿。

周朴园　　那你走错屋子了。

鲁侍萍　　哦。——老爷没有事了？

周朴园　　（指窗）窗户谁叫打开的？

鲁侍萍　　哦。（很自然地走到窗前，关上窗户，慢慢地走向中门。）

周朴园　　（看她关好窗门，忽然觉得她很奇怪）你站一站。（侍萍停）

周朴园　　你——你贵姓？

鲁侍萍　　我姓鲁。

周朴园　　姓鲁。你的口音不像北方人。

鲁侍萍　　对了，我不是，我是江苏的。

周朴园　　你好像有点无锡口音。

鲁侍萍　　我自小就在无锡长大的。

周朴园　　（沉思）无锡？嗯，无锡，（忽而）你在无锡是什么时候？

鲁侍萍　　光绪二十年，离现在有三十多年了。

周朴园　　哦，三十年前你在无锡？

鲁侍萍　　是的，三十多年前呢，那时候我记得我们还没有用洋火呢。

周朴园　　（沉思）三十多年前，是的，很远啦，我想想，我大概是二十多岁的时候。那时候我还在无锡呢。

鲁侍萍　　老爷是那个地方的人？

周朴园　　嗯，（沉吟）无锡是个好地方。

鲁侍萍　　哦，好地方。

周朴园　　你三十年前在无锡么？

鲁侍萍　　是，老爷。

周朴园　　三十年前，在无锡有一件很出名的事情——

鲁侍萍　　哦。

周朴园　　你知道么？

鲁侍萍　　也许记得，不知道老爷说的是哪一件？

周朴园　　哦，很远的，提起来大家都忘了。

鲁侍萍　　说不定，也许记得的。

周朴园　　我问过许多那个时候到过无锡的人，我也派人到无锡打听过。可是那个时候在无锡的人，到现在不是老了就是死了，活着的多半是不知道的，或者忘了。不过也许你会知道。三十年前在无锡有一家姓梅的。

鲁侍萍　姓梅的？

周朴园　梅家的一个年轻小姐，很贤慧，也很规矩，有一天夜里，忽然地投水死了，后来，后来，——你知道么？

鲁侍萍　不敢说。

周朴园　哦。

鲁侍萍　我倒认识一个年轻的姑娘姓梅的。

周朴园　哦？你说说看。

鲁侍萍　可是她不是小姐，她也不贤慧，并且听说是不大规矩的。

周朴园　也许，也许你弄错了，不过你不妨说说看。

鲁侍萍　这个梅姑娘倒是有一天晚上跳的河，可是不是一个，她手里抱着一个刚生下三天的男孩。听人说她生前是不规矩的。

周朴园　（苦痛）哦！

鲁侍萍　这是个下等人，不很守本分的。听说她跟那时周公馆的少爷有点不清白，生了两个儿子。生了第二个，才过三天，忽然周少爷不要她了，大孩子就放在周公馆，刚生的孩子抱在怀里，在年三十夜里投河死的。

周朴园　（汗涔涔地）哦。

鲁侍萍　她不是小姐，她是无锡周公馆梅妈的女儿，她叫侍萍。

周朴园　（抬起头来）你姓什么？

鲁侍萍　我姓鲁，老爷。

周朴园　（喘出一口气，沉思地）侍萍，侍萍，对了。这个女孩子的尸首，说是有一个穷人见着埋了。你可以打听到她的坟在哪儿么？

鲁侍萍　老爷问这些闲事干什么？

周朴园　这个人跟我们有点亲戚。

鲁侍萍　亲戚？

周朴园　　嗯，——我们想把她的坟墓修一修。

鲁侍萍　　哦——那用不着了。

周朴园　　怎么？

鲁侍萍　　这个人现在还活着。

周朴园　　(惊愕)什么？

鲁侍萍　　她没有死。

周朴园　　她还在？不会吧？我看见她河边上的衣服，里面有她的
　　　　　绝命书。

鲁侍萍　　她被人救活了。

周朴园　　哦，救活啦？

鲁侍萍　　以后无锡的人是没见着她，以为她那夜晚死了。

周朴园　　那么，她呢？

鲁侍萍　　一个人在外乡活着。

周朴园　　那个小孩呢？

鲁侍萍　　也活着。

周朴园　　(忽然立起)你是谁？

鲁侍萍　　我是这儿四凤的妈，老爷。

周朴园　　哦。

鲁侍萍　　她现在老了，嫁给一个下等人，又生了个女孩，境况很不
　　　　　好。

周朴园　　你知道她现在在哪儿？

鲁侍萍　　我前几天还见着她！

周朴园　　什么？她就在这儿？此地？

鲁侍萍　　嗯，就在此地。

周朴园　　哦！

鲁侍萍　　老爷，你想见一见她么？

周朴园　　不，不，不用。

鲁侍萍　　她的命很苦。离开了周家，周家少爷就娶了一位有钱有
　　　　　门第的小姐。她一个单身人，无亲无故，带着一个孩子
　　　　　在外乡什么事都做，讨饭，缝衣服，当老妈，在学校里伺

候人。

周朴园	她为什么不再找到周家？
鲁侍萍	大概她是不愿意吧？为着她自己的孩子，她嫁过两次。
周朴园	嗯，以后她又嫁过两次？
鲁侍萍	嗯，都是很下等的人。她遇人都很不如意，老爷想帮一帮她么？
周朴园	好，你先下去吧。
鲁侍萍	老爷，没有事了？（望着朴园，泪要涌出）
周朴园	啊，你顺便去告诉四凤，叫她把我樟木箱子里那件旧雨衣拿出来，顺便把那箱子里的几件旧衬衣也捡出来。
鲁侍萍	旧衬衣？
周朴园	你告诉她在我那顶老的箱子里，纺绸的衬衣，没有领子的。
鲁侍萍	老爷那种纺绸衬衣不是一共有五件？您要哪一件？
周朴园	要哪一件？
鲁侍萍	不是有一件，在右袖襟上有个烧破的窟窿，后来用丝线绣成一朵梅花补上的？还有一件——
周朴园	（惊愕）梅花？
鲁侍萍	旁边还绣着一个"萍"字。
周朴园	（徐徐立起）哦，你，你，你是——
鲁侍萍	我是从前伺候过老爷的下人。
周朴园	哦，侍萍！（低声）怎么，是你？
鲁侍萍	你自然想不到，侍萍的相貌有一天也会老得连你都不认识了。

周朴园不觉地望望柜上的相片，又望侍萍。半晌。

周朴园	（忽然严厉地）你来干什么？
鲁侍萍	不是我要来的。
周朴园	谁指使你来的？
鲁侍萍	（悲愤）命！不公平的命指使我来的。
周朴园	（冷冷地）三十年的工夫你还是找到这儿来了。

鲁侍萍　（愤怒）我没有找你，我没有找你，我以为你早死了。我今天没想到到这儿来，这是天要我在这儿又碰见你。

周朴园　你可以冷静点。现在你我都是有子女的人，如果你觉得心里有委屈，这么大年纪，我们先可以不必哭哭啼啼的。

鲁侍萍　哼，我的眼泪早哭干了，我没有委屈，我有的是恨，是悔，是三十年一天一天我自己受的苦。你大概已经忘了你做的事了！三十年前，过年三十的晚上我生下你的第二个儿子才三天，你为了要赶紧娶那位有钱有门第的小姐，你们逼着我冒着大雪出去，要我离开你们周家的门。

周朴园　从前的恩怨，过了几十年，又何必再提呢？

鲁侍萍　那是因为周大少爷一帆风顺，现在也是社会上的好人物。可是自从我被你们家赶出来以后，我没有死成，我把我的母亲可给气死了，我亲生的两个孩子你们家里逼着我留在你们家里。

周朴园　你的第二个孩子你不是已经抱走了么？

鲁侍萍　那是你们老太太看着孩子快死了，才叫我抱走的。（自语）哦，天哪，我觉得我像在做梦。

周朴园　我看过去的事不必再提了吧。

鲁侍萍　我要提，我要提，我闷了三十年了！你结了婚，就搬了家，我以为这一辈子也见不着你了；谁知道我自己的孩子偏偏要跑到周家来，又做我从前在你们家做过的事。

周朴园　怪不得四凤这样像你。

鲁侍萍　我伺候你，我的孩子再伺候你生的少爷们。这是我的报应，我的报应。

朗诵指导：这是话剧《雷雨》中周朴园与鲁侍萍的一段经典对白。《雷雨》写于1933年，是曹禺艺术生命的开篇之作，也是中国现代话剧成熟的标志。《雷雨》在千百个舞台上曾以多种面貌出现，其中周朴园、鲁侍萍、繁漪、周萍、四凤等人的台词也被不同的人们饱含深情地演绎着，解读着，成为语言工作者的经典朗诵篇目。

《雷雨》中的故事情节众人皆知，这段台词是四幕剧第二幕中周朴园与鲁侍萍多年后重逢相认的一段戏。侍萍是一个旧中国劳动妇女，她正直、善良，但是在周公馆备受凌辱和压迫。大年三十的晚上，被周家赶出家门，她走投无路，痛不欲生，跳河自杀。遇救以后，一直在社会最底层，含着怨愤生活了三十年。生活磨炼了她，使她认清了周朴园的本性，勇敢地控诉了周朴园的罪行。

鲁侍萍的这段台词，感情是极其复杂的，因此朗诵时所使用的语气和音色也是富于变化的。

第一阶段是以第三者身份来叙述事件，感情平稳，语气平淡，语调上没有大的起伏变化，停顿与连接都比较规律："老爷，我倒认识一个年轻的姑娘姓梅的……这是个下等人，不很守本分的。听说她跟那时周公馆的少爷有点不清白，生了两个儿子。生了第二个，才过三天，忽然周少爷不要她了，大孩子就放在周公馆，刚生的孩子抱在怀里，在年三十夜里投河死的。"

第二阶段是揭开事实真相，鲁侍萍想起往事，情绪逐渐转为悲愤，语调开始上升，音量逐渐提高："她不是小姐，她是无锡周公馆梅妈的女儿，她叫侍萍。……这个人现在还活着。她没有死，她被人救活了。"接下来是回忆三十年来的坎坷经历，感情痛苦，语调低沉："一个人在外乡活着。（那个小孩）也活着。……她一个单身人，无亲无故，带着一个孩子在外乡什么事都做，讨饭，缝衣服，当老妈，在学校里伺候人。"

第三阶段就一句话："老爷想帮一帮她么？"这句是试探性的问句，可以在称呼后稍作停顿，然后降低音量，微微上扬语调，读出"想帮一帮她么"来试探周朴园内心是否还对自己存在一丝怀恋，明知可能失望，但还怀有一点梦想，因此感情是热烈期待的，但声音是怯怯的，要将一个饱经风霜的女人的微妙心理读出来。

第四阶段是得到答复后的巨大失落，情感上是辛酸的，声音是有克制的冷漠——"老爷，没有事了？"。

第五个阶段继续回到平静状态，情感仍然冷漠，语调继续保持平淡："老爷那种纺绸衬衣不是一共有五件？您要哪一件？不是有一件，在右袖襟上有个烧破的窟窿，后来用丝线绣成一朵梅花补上的？还有一件——，旁边还绣着一个萍字。"

第六阶段是揭开真相后的愤怒，是一直隐忍着的情感的大爆发，因此气粗声重，声音悲愤："我是从前伺候过老爷的下人。你自然想不到，侍萍的相貌有一天也会老得连你都不认识了。不是我要来的！是（悲愤）命！不公平的命指使我来的。"

第七个阶段是鲁侍萍愤怒的辩解，语气中要满含怨气与憎恨："（愤怨）我没有找你，我没有找你，我以为你早死了。我今天没想到到这儿来，这是天要我在这儿又碰见你。"

第八个阶段是对周朴园的憎恨和对自己行为的悔恨，声音可以由高转低，"哼"字可用冷笑替代，表达对周朴园的愤怒与不屑；接下来是声色俱厉的控诉："我没有委屈，我有的是恨，是悔，是三十年一天一天我自己受的苦。"这句当中重点强调"恨、悔"两字，可以用咬牙切齿的方式来读；然后又转入回忆："你大概已经忘了你做的事了！三十年前，过年三十的晚上我生下你的第二个儿子才三天，你为了要赶紧娶那位有钱有门第的小姐，你们逼着我冒着大雪出去，要我离开你们周家的门。"这段是鲁侍萍最伤心、最愤怒的原因所在，因此可以放开声音采用悲愤哭诉的语气，然后陡然降下语调，转为无奈与慨叹："我没有死成，我把我的母亲可给气死了，我亲生的两个孩子你们家里逼着我留在你们家里。"因为此段比较集中地讲述鲁侍萍遭遇的根源，感情变化多，语调起伏大，但是音量收放还是需要控制住，为最后一段朗诵留些情感与声音的余地。

第九个阶段是鲁侍萍的自语，这次的感叹要在"哦"前停顿一下，给听者以时空转换感，在读"天哪"时可以在"天"字上采用颤音，以表现人物内心经历的巨大震撼。

第十个阶段是鲁侍萍愤怒情感的最大爆发，两个"我要提"一句要比一句高，"我以为这一辈子也见不着你了"这句稍微降低音量，语气中略带些鄙夷、不屑与冷漠，但是后面要猛然提高音量。"谁知道我自己的孩子偏偏要跑到周家来，又做我从前在你们家做过的事。我伺候你，我的孩子再伺候你生的少爷们。"这句将鲁侍萍的愤怒推向最高点。最后鲁侍萍要悲愤地哭喊"这是我的报应，我的报应！"，第一个"报应"可以读得高亢、悲愤，第二个"报应"可用低声读出痛苦与无奈。

话剧《恋爱中的犀牛》中马路的独白
廖一梅

马路：黄昏是我一天中视力最差的时候，一眼望去满街都是美女，高楼和街道也变幻了通常的形状，像在电影里……你就站在楼梯的拐角，带着某种清香的味道，有点湿乎乎的，奇怪的气息。擦身而过的时候，才知道你在哭。事情就在那时候发生了。我有个朋友"牙刷"，他要我相信我只是处在发情期，像图拉在非洲草原时那样，但我知道不是。你是不同的，惟一的，柔软的，干净的，天空一样的，我的明明，我怎么样才能让你明白？你是我温暖的手套，冰冷的啤酒，带着阳光味道的衬衫，日复一日的梦想。你是甜蜜的，忧伤的，嘴唇上涂抹着新鲜的欲望，你的新鲜和你的欲望把你变得像动物一样的不可捉摸，像阳光一样无法逃避，像戏子一般的毫无廉耻，像饥饿一样冷酷无情。我想给你一个家，做你孩子的父亲，给你所有你想要的东西，我想让你醒来时看见阳光，我想抚摸你的后背，让你在天空里的翅膀重新长出。你感觉不到我的渴望是怎样的向你涌来，爬上你的脚背，淹没你的双腿，要把你彻底地吞没吗？我在想你呢，我在张着大嘴，厚颜无耻地渴望你，渴望你的头发，渴望你的眼睛，渴望你的下巴，你的双乳，你美妙的腰和肚子，你毛孔散发的气息，你伤心时绞动的双手。你有一张天使的脸和婊子的心肠。我爱你，我真心爱你，我疯狂地爱你，我向你献媚，我向你许诺，我海誓山盟，我能怎么办！我怎样才能让你明白我是如何爱你？我默默忍受，饮泣而眠？我高声喊叫，声嘶力竭？我对着镜子痛骂自己？我冲进你的办公室把你推倒在地？我上大学，我读博士，当一个作家？我为你自暴自弃，从此被人怜悯？我走入精神病院，我爱你爱崩溃了？爱疯了？还是我在你窗下自杀？明明，告诉我该怎么办？你是聪明的，灵巧的，伶牙俐齿的，愚不可及的，我心爱的，我的明明……人们说，忘掉她吧。忘掉是一般人能做的惟一的事，但我决定不忘掉她。

朗诵指导：这是小剧场话剧《恋爱中的犀牛》中的经典台词。《恋爱中的犀牛》是由廖一梅编剧、孟京辉导演的具有强烈创新意识与探索精神的先锋话剧。自 1999 年首演以来，一直受到年青一代的热烈追捧，被人们誉为"当代中国戏剧旗帜性作品"，是"年青一代的爱情圣经"。剧中的台词带有浓重的复古色彩，且富含诗意，其中马路、明明、恋爱教授、牙刷推销员等众多人物的台词都可以单独拿出来朗诵。以上选择的是最后结尾的二十四场，绝望的马路在绑架明明、射杀心爱的犀牛后的一段独白。

要朗诵好此段台词，须先了解整个剧作故事梗概，理清主人公的情感走向。《恋爱中的犀牛》讲的是动物园犀牛饲养员马路爱上了他的女邻居明明，他疯狂地爱着她，喜欢她所有的一切。他为了得到明明想尽了各种办法：学英语、学电脑、学开车，上恋爱训练课。但是明明依旧不爱马路，因为她的心里一直被一个叫陈飞的男人填满，而这个陈飞从来也没爱过明明。最后马路以爱情的名义绑架了明明，将他饲养的犀牛杀死。他为了她做了能做的一切，但依然没有得到她的爱。但他相信爱情，而且决心永不放弃。

根据人物个性特点，设计情感声音基调。剧作中马路是个理想主义者，只有一只犀牛做伴，也许现实中并不存在这样的人物，可是这个男人的思维和想法非常普遍。他喜欢上一个女孩，并把这个女孩幻化为自己的女神，甚至绑架了她，为了表明他的真心，他用枪杀了心爱的犀牛，他放弃了曾经的许诺：给自己的犀牛买一只非洲母犀牛做伴，这一切就是为了得到所爱的人的心。在现实中，这样痴情的男人也很多，"犀牛"就是他们心中最后的依靠和筹码，可是这些情痴为了爱情，甚至放弃生命，来追求自己的理想爱情，他旁若无人的坚持与无望的挣扎形成了鲜明的对比。这段台词是他捧着犀牛图拉的心，在倾泻而下的"暴雨"中，不顾一切的热烈表白，因此整体感情基调是炽热与奔放交织着祈求与绝望，复杂的心理要用多变的语气语调与声音技巧才能朗诵出摄人心魄的效果。

台词开头"黄昏是我一天中视力最差的时候"，是整个剧作的点睛之处，犀牛因视力低下在剧中被赋予了象征意义，而又在黄昏这一特殊时刻，因此朗诵时要重点强调"黄昏"一词。接下来，是描述马路看到的模糊景色，可用虚声、低音、慢速缓缓述说"一眼望去满街都是美女，高楼和街道也变幻了通常的形状，像在电影里……"，然后声音稍微提高，语气转为惊喜——"你就站在楼梯的拐角，带着某种清香的味道，有点湿乎乎的，奇怪的气息。擦身而过的时候，才知道你在哭。"读到"事情就在那时候发生了"把速度再变慢，语气沉稳下来。但是说到明明的美好要转为热烈的语气，语速加快，语调不断攀升："你是不同的，惟一的，柔软的，干净的，天空一样的。"接下来的四个比喻"你是我温暖的手套，冰冷的啤酒，带着阳光味道的衬衫，日复一日的梦想"要用不同的语调。在寒冷的冬天，手套是最体贴的温暖，炎热的夏天，冰镇啤酒是最爽心的慰藉，新洗过的能闻到阳光味道的衬衣给人最舒服、最美好的感觉，每天都增加的思念与梦想是一个人最好的精神寄托。这四个内容情感相近的排比句可以用连续升高语调的方式来表现马路情绪的堆积，也可用语调升降变化方式来表现内容的丰富；而接下来的四个排比："你的新鲜和你的欲望把你变得像动物一样的不可捉摸，像阳光一样无法逃避，像戏子一般的毫无廉耻，像饥饿一样冷酷无情。"因内容情感各异，"不可捉摸"是疑惑，"无法逃避"是坚定，"毫无廉耻"是憎恶，"冷酷无情"是漠然，因此在朗诵时必须采用升降方式加以区别；"我想给你一个家，做你孩子的父亲，给你所有你想要的东西，我想让你醒来时看见阳光，我想抚摸你的后背，让你在天空里的翅膀重新长出"，这一段内容非常朴实、诚恳，朗诵时可以采用真诚倾吐的方式；但接下来随着马路情感的宣泄，朗诵语气逐渐转为热烈、疯狂，从"你感觉不到我的渴望是怎样的向你涌来，爬上你的脚背，淹没你的双腿，要把你彻底的吞没吗？"到"我能怎么办！我怎样才能让你明白我是如何爱你？我默默忍受，饮泣而眠？我高声喊叫，声嘶力竭？我对着镜子痛骂自己？我冲进你的办公室把你推倒在地？我上大学，我读博士，当一个作家？我为你自暴自弃，从此被人怜悯？我走入精神病院，我爱你爱崩溃了？爱疯了？还是我在你窗下自杀？明明，告诉我该怎么办？"，这一连串的问话是马路狂妄、偏执情绪的大爆发，语调要高低起伏，打破正常思维规律，语速要快慢不均，表现人物情绪的失控，音量高低大小变化无常，表现人物的歇斯底里；问句结束后根据内容变换，又需要转换为爱怜和祈求的语气："你是聪明的，灵巧的，伶牙俐齿的，愚不可及的，我心爱的，我的明明……"；结尾句要回到现实，转为冷静的语气、平稳的语调："人们说，忘掉她吧。忘掉是一般人能做的惟一的事，但我决定不忘掉她。"这里重音强调"一般人"与"我"，突出主人公与一般人的不同，才把普通人中的另类——马路的犀牛性格表现到极致。

电影《简·爱》中的人物独白（改编）

罗切斯特：你忍耐一会儿，别逼着我回答。我……我现在多么依赖你。……该怎么办，简·爱，有这样一个例子：有个年轻人，他从小就被宠爱坏了。他犯下个极大的错误……不是罪恶……是错误。它的后果是可怕的，唯一的逃避是逍遥在外，寻欢作乐。后来他遇见个女人，一个二十年里他从未见过的高尚女人，他重新找到了生活的机会。可是世故人情阻碍了他。那个女人能无视这些吗？嗯，你认为我娶了英格拉姆小姐，她可以使我获得完全的新生？你不喜欢她？说实话。哦！你认为她对我不合适。啊哈，你那么自信？那么谁合适？你有没有什么人可以推荐？嗯……你在这儿已经住惯了。你舍得离开这儿吗？结婚以后我不住这儿了。简·爱，别走，我不让你走，我爱你，我爱你。我要你。布兰齐奥有什么，我对她不过是她父亲用于开垦土地的本钱。嫁给我，简·爱，说你嫁我。唉——你呀，你的怀疑折磨着我。答应吧，答应吧。（两人相拥而吻）上帝啊，别让任何人干扰我，她是我的，我的！

简·爱：每个人以自己的行为向上帝负责。不能要求别人承担自己的命运，更不能要求英格拉姆小姐。既然你问我，我想不会。我想她对你不合适。我在这儿很快活。你结婚以后不住这儿了。当然……阿黛尔可以上学，我可以另找个事儿。（站起）我要进去了，我冷……让我走吧……让我走。你为什么要给我讲这些，她跟你与我无关。你以为我穷、不好看，就没有感情吗？我也会的。如果上帝赋予我财富和美貌，我一定要使你难以离开我，就像现在我难以离开你。上帝没有

这样，我们的精神是同等的，就如同你跟我经过坟墓，将同样地站在
上帝面前。

　　朗诵指导：这两段独白是根据电影《简·爱》中的精彩对话改编而
成的人物独白。《简·爱》是一部世界文学名著，它成功地塑造了英国文
学史中第一个对爱情、生活、社会以及宗教都采取了独立自主的积极
进取态度和敢于斗争、敢于争取自由与平等地位的女性形象。《简·爱》
的问世曾经轰动了 19 世纪的文坛。在英国文学史上，它被称为一部经
典传世之作，它以一种不可抗拒的美感吸引了成千上万的读者。多年
来被改编成多个电影版本，1970 年 George C. Scott 饰演的版本由上海
电影译制厂译制，从台词翻译到演员表演，无不成就了一种新的典范。
配音艺术家邱岳峰和李梓用传神的声音拓展了新的表现空间，也在更
深层次上丰富了简·爱人物的形象，其中的多段对白成为朗诵爱好者心
中的经典之作。

　　电影内容与小说接近，讲述的是简·爱成长经历与她的爱情故事。
父母早亡的简·爱寄居在舅舅家，舅舅病逝后，舅母把她送进孤儿院，
成年后她应聘去桑费尔德当家庭教师。男主人罗切斯特生活颓废，脾
气古怪，经过几次接触，简·爱爱上了他，而简·爱的到来也使他的生活
有了希望。在他们举行婚礼时，罗切斯特的内弟梅森闯进来指出古堡顶
楼小屋里的疯女人是罗切斯特先生的妻子。由于这个疯女人的存在，
他们无法结合，简·爱也不愿做别人的情妇，毅然离开了桑费尔德，去
了偏远的地方。在牧师圣·约翰的帮助下，简·爱找到了一个乡村教师的
职业。在圣·约翰向简·爱提出结婚时，她想起了罗切斯特先生。当简·爱
赶回桑费尔德时，古堡已成废墟，罗切斯特双目失明，简·爱决定留下
来和相爱的人厮守一生……

　　朗诵这两个人的独白，先要深入、透彻地理解人物的内心世界，准
确把握好两人的性格特点。罗切斯特是个中年男人，深夜归来，疲惫
不堪，简·爱关心惦记的一连串问话，使罗切斯特内心感动，但难掩身
体上的倦怠，语气中还要有些霸道："你忍耐一会儿，别逼着我回答。"
"我……我现在多么依赖你"，这一句是罗切斯特内心真实情感的流露，
因此音量要放低，语速放缓，把一个男人的脆弱和柔情在不经意间流

露出来；接下来，是罗切斯特向简·爱暗示情怀，他以举别人例子的方式来讲述，因此语气要变淡，用试探的口吻，感觉漫不经心，但是气息不足，声音发怯，"他犯下个极大的错误……不是罪恶……是错误"这里词语连接上不要太顺畅，以表现罗切斯特内心不稳定，一边斟酌考虑、一边述说的情态。其中第一个"错误"可以顺语势快速带出，然后突然停顿，提高音量，强调"不是"罪恶，再拉长声音，稍加停顿，然后用肯定的语气读出第二个"错误"。"后来他遇见个女人，一个二十年里他从未见过的高尚女人，他重新找到了生活的机会。可是世故人情阻碍了他。那个女人能无视这些吗？"这一段要满含炽热的情感，用火辣辣的语气，提高音量，侧面表白，最后一句继续回到试探问询的语气语调上。"嗯，你认为我娶了英格拉姆小姐，她可以使我获得完全的新生？你不喜欢她？说实话。哦！你认为她对我不合适。啊哈，你那么自信？那么谁合适？你有没有什么人可以推荐？"这一段可以采用闲聊的平淡语气，一个"啊哈"还要略带些玩世不恭的戏谑口吻，"你那么自信？那么谁合适？"两句要紧密连在一起，形成连续逼近的压力。"嗯……你在这儿已经住惯了。你舍得离开这儿吗？结婚以后我不住这儿了。"继续用冷漠的语气、平淡的语调；但是到情感喷发处："简·爱，别走，我不让你走，（抓住简·爱的双臂）我爱你，我爱你！我要你！"，要提高音量，加快语速，将语调推至最高处，把人物内心积蓄已久的情感像岩浆一样喷发出来；"布兰齐奥有什么，我对她不过是她父亲用于开垦土地的本钱"，第一句话满含不屑，可以用下降语调，第二句要提高音量，气息粗重表现愤怒；"嫁给我，简·爱，说你嫁我。唉——你呀，你的怀疑折磨着我。答应吧，答应吧。（两人相拥而吻）上帝啊，别让任何人干扰我，她是我的，我的！"这一段充满真挚的情感，虽是请求，充满柔情，但是语气坚决肯定，含有不容回绝的霸气。

简·爱的台词，表面温婉平静，但内在语丰富细腻。"每个人以自己的行为向上帝负责。不能要求别人承担自己的命运，更不能要求英格拉姆小姐。"这一句要用非常平和的语调和冷静的语气来读，以显示简·爱内心的理智；"既然你问我，我想不会。我想她对你不合适"是回答罗切斯特的问话，用下降语调表达肯定语义，加快语速表现简·爱的坦白直率；"我在这儿很快活"要转换语气，改换音色，用虚声慢速充满感情地自言自语；"你结婚以后不住这儿了。当然……阿黛尔可以上学，我可以另找个事儿"这句要用伤感语气，降低语调，表现简·爱的痛苦与失落；"我要进去了，我冷……让我走吧……让我走"是简·爱不甘受辱，愤怒地抗争，要提高音量，加重语气，表达简·爱隐忍的愤怒；接下来是简·爱的大段独白，她再也控制不住自己的情绪，因此放大音量，愤怒地发出"你为什么要给我讲这些，她跟你与我无关"，在说出"你以为我穷、不好看，就没有感情吗？"这句话时，不要受文字标点符号限制，要连续起来，一气呵成。"我也会的"一句重点强调"我"字，充分展示简·爱的自尊；"如果上帝赋予我财富和美貌，我一定要使你难以离开我，就像现在我难以离开你"这句要从愤怒的情绪中缓和下来，略带伤感与无奈；"上帝没有这样，我们的精神是同等的，就如同你跟我经过坟墓，将同样地站在上帝面前"这句是整部小说和电影中的名句，是一个平凡心灵的坦诚倾诉，一个小写的人成为一个大写的人的渴望，因此朗诵时要放开声音，以"宣言"般的语气大声读出，重点强调重音"同等"和"同样"，充分展现简·爱品性的高尚与人格的独立。但是注意根据简·爱多年的成长环境和性格特点，即使再激烈的愤怒，在朗诵时也不可大喊大叫，尽量保持克制隐忍，尽量在不瘟不火的声调里展现出细腻的情感变化。

话剧《哈姆雷特》中哈姆雷特的内心独白（节选）

（英）莎士比亚

　　生存还是毁灭，这是个问题。到底哪样算高贵？忍在心中，容受那欺人命运的剑伤枪挑，还是拔起刀，向无边大海般的磨难搏斗去，一了百了？死去，睡去，就此了事。一睡去，也就是说，结束了这心头的苦痛，这肉体所必然要承受的千百种惊骇震动。这倒是焚香乞求的好归宿啊！死去，睡去。睡去，也许梦去，哎……难处就在这儿了。因为，摆脱了人生的骚乱和纠缠，在那死的睡中，又会闯来什么梦？这不能不令人犹豫了。正是这考虑，才使这苦难如此长拖下去呀！

　　因为，谁还肯忍受这世间的鞭笞、嘲弄？压迫者的横暴、傲慢者的欺侮、真情被鄙视、国法被挠阻、官僚们的以势凌人、劳苦功高反而遭到小丑们的咒诅！如果仅仅自己一刺刀，就能把这孽债永消除，谁还肯肩挑重担、苦熬一辈子喘气流汗？如果不是心害怕那死后，害怕那死后茫茫莫辨的彼岸，行可渡过去，从不见转回头，因而使我们心乱意浮。宁可忍受这当前的灾祸，不敢向未知之数奔投。这样，生死竟就把我们全变成了懦夫。果断力的本然灵光，也就蒙上了忧虑的黯淡迷雾。声势浩大的事业，为了这踌躇一顾，也就背离了原有的航道，失去了行动的光辉。

朗诵指导：《哈姆雷特》一直被人们誉为莎士比亚的巅峰之作。主人公哈姆雷特是古代丹麦的王子，莎士比亚借哈姆雷特之口，揭露了资本主义原始积累时期的社会矛盾，反映了当时社会的黑暗与不平，充分表现了他的人文主义思想。这段"生存还是毁灭"是莎翁戏剧中经典的哲理性独白，既能表现人物激烈的内心矛盾冲突、展示人物性格，又能推动情节的发展，词句优美且富含哲理，成为朗诵爱好者经常选用的经典片段。

朗诵这段台词不能断章取义，一定要对整部剧作有全面的了解。《哈姆雷特》讲述的是古代丹麦王子复仇的故事。丹麦王突然驾崩，皇后在丈夫死后不久就与继承王位的小叔克洛帝阿斯结婚，这对王子哈姆雷特来说是一个无比巨大的打击。就在王子痛苦难耐时，他父亲的灵魂出现了，道出了克洛帝阿斯谋害他的过程。感性、敏锐的哈姆雷特揣测这个奇遇可能是魔鬼意图蛊惑他，所以对是否复仇一直犹豫不决。为了躲避叔父对他的怀疑，他借故失恋开始装疯，连心爱的欧菲丽亚也不认了。他授意一个剧团演出有谋杀内容的戏剧，克洛帝阿斯看了戏后反应异常，哈姆雷特心中的疑惑一扫而空，确信了父亲的灵魂所言属实。王后奉国王旨意叫他进宫，他伤心地责备母亲，误杀了布帘后偷听的欧菲丽亚的父亲。克洛帝阿斯把哈姆雷特送到了英国，暗中拜托英皇杀了他。欧菲丽亚遭失恋之苦加上父亲无辜死去，终于精神崩溃，坠入湖中溺死。而她的哥哥雷阿地斯想为父报仇，正好被克洛帝阿斯利用。他安排了一个剑术比赛，雷阿地斯用一把尖端没有皮套的毒剑刺伤了哈姆雷特，哈姆雷特忍住伤痛，击败雷阿地斯，雷阿地斯在临死前道出了克洛帝阿斯的阴谋。事实揭穿后，皇后慌乱中喝下克洛帝阿斯为哈姆雷特准备的毒酒后身亡。哈姆雷特终于杀了克洛帝阿斯，他自己却因中了雷阿地斯的剑毒发作身亡，形成主要人物全部死亡的大悲剧。

本段是第三幕中哈姆雷特的内心独白，因为话剧与电影译本不同，词汇有较大差别，本段采用林同济译本，根据孙道临朗诵材料整理，并根据朗诵语言习惯进行了文字改动。

朗诵前要充分理解这段话的内涵和情感层次变化。这段独白可分为两个层次，第一层次是哈姆雷特对生死问题的思考，第二层次是他对思想和行动之间关系的思索。这之前，他已决定复仇，但他毕竟置身于种种矛盾漩涡中，难以立即付诸行动，这段独白正是他思想转变期激烈的矛盾斗争的产物。面对邪恶，是坚强还是软弱，是拼死作战还是消极忍受，在哈姆雷特看来，这是生死选择，或挺身反抗，或自杀了之。而即使选择拿起武器挺身反抗，也可能要付出生命的代价。哈姆雷特历数资产阶级社会种种不平等和非正义现象，表现"活"也并不容易，但由于惧怕不可知的死后世界，人们并不情愿结束自己的生命，顾虑使人们变成懦夫。哈姆雷特在经历了一场灵魂的对决后转而思索决心和行动的关系。

朗诵前要酝酿好情绪，因为第一句便是"生存还是毁灭"的疑问，重点强调"生存"和"毁灭"两个重音词；"忍在心中，容受那欺人命运的剑伤枪挑，还是拔起刀，向那无边大海般的磨难搏斗去，一了百了？"是第二个问句，"忍在心中"句声音要低，语气要软，"拔起刀"句语速要快，语气加重，语调逐渐上扬，然后变为虚声，语气转为无奈的慨叹，在"一了"之后稍作停顿，然后再放松语气读出"百了"一词；"死去，睡去。睡去，也许梦去"，这几个词要降低音量，语调逐渐降低，音色在"睡"和"梦"字上变虚，表现"逃避"的轻松（也可采用下降、上升、再升、拉平四种语调变换方法）。一个叹气"哎"将语调降到最低点，"难处就在这儿了"；接着逐渐提升语调、加快语速，发出新的疑问："因为，摆脱了人生的骚乱和纠缠，在那死的睡中，又会闯来什么梦？"几个疑问已经将情绪推向高潮，接着要将语调降下来，在"这"字后适当停顿，然后再开始"不能不令人犹豫了。正是这考虑，才使这苦难如此长拖下去呀！"，可用提高音量、拖长语音的方式重点强调"如此"一词，以呼应前面"这"字的语义总结与语气提示。

第二部分朗诵内容，是揭露现实社会的黑暗与丑陋。"谁还肯忍受这世间的鞭笞、嘲弄？"用反问的语气读出来后，后面的语气要变得激昂，加快语速历数"压迫者的横暴、傲慢者的欺侮、真情被鄙视、国法被挠阻、官僚们的以势凌人、劳苦功高反而遭到小丑们的咒诅"，句子中间虽然有顿号，朗诵时语气不能断裂，最好能一气贯穿，但是语调要注意起伏变化，使内容有所区别。"如果仅仅自己一刺刀，就能把这孽债永消除，谁还肯肩挑重担、苦熬一辈子喘气流汗？"这句在朗诵时要逐渐提升语调，在"肩挑重担"上达到高峰，然后在"喘气流汗"上降落下来。在"心浮意乱"段，继续沿用快速、激昂的节奏，从"如果不是心害怕那死后"一直到"宁可忍受这当前的灾祸，不敢向未知之数奔投"，接下来短暂停顿，降下语调总结"这样"，最后重点强调犹豫不决的原因是"生死"；"声势浩大的事业，为了这踌躇一顾，也就背离了原有的航道，失却了行动的光辉"，最后两个并列句"背离了原有的航道"与"失却了行动的光辉"语意相近，可用语调的一升一降来区别，也提示听众到了本段朗诵的尾声。

第五章　朗诵体态语运用

　　朗诵者在朗诵中，除了以自己的有声语言来完成朗诵任务外，还必须通过得体的服饰与合适的体态来配合，以加强有声语言的感染力，达到更好的朗诵效果。

　　体态就是人的身体姿态，它是交际过程中伴随着语言或非语言交流，通过身体的动作姿势以及面部表情变化而完成交际的一种工具。美国心理学家艾帕尔·拉别思经过试验得出结论，在信息的传递中，信息的总效果＝7％的文字＋38％的音调＋55％的面部表情，可见人的身姿体态、表情动作在交流中的巨大作用。体态在朗诵这种特殊的艺术形式中，更起着补充朗诵信息、增强表达效果和艺术感染力的巨大作用。

　　首先，体态是朗诵者内心意识信号的一种自然流露。在朗诵中，朗诵者对朗诵内容的认识、理解，朗诵者的情感、意志等个性心理活动，都凝成一种意识信号，通过体态表现出来，给朗诵带来巨大的能量。因此，体态是朗诵者知识功底、思想观点、艺术修养和整个身心能量的体现，它作为一种"无声语言"融化在朗诵口语中，形成独特的、富有个性色彩的特殊语言，赋予朗诵生命和精髓，使朗诵主题升华到一种理想境界，收到"此时无声胜有声"的艺术效果。朗诵者现场朗诵效果比听录音、看视频效果好得多，其中很大一部分在于听众能直接看到朗诵者的表情、手势和体态，能加深、加快对朗诵内容的理解和感受。

其次，朗诵者的体态对受众的心理有着重要影响，它直接作用于听众的心灵，影响着朗诵表达效果。因为朗诵中，朗诵者不但要通过大量的有声语言传播朗诵内容，还要通过各种身体动作与面部表情传递朗诵情感。这种传递出来的信息会参与朗诵者的整个朗诵过程，与所朗诵的文字内容组合成一个有机的整体，综合地影响着听众。

第三，听众具有一定的鉴赏美的能力，美的东西对他们具有强烈的吸引力、感染力。当朗诵者的一举一动、一颦一笑为听众或考官所欣赏时，他们会自觉或不自觉地受其感染，并由此产生"爱屋及乌"的移情作用。例如张家声先生朗诵《人民万岁》这首诗时，头戴回族标志的白色布帽，脸上呈现出一位七十岁长者饱经人世沧桑后的睿智与淡定，但是随着朗诵内容的发展，深情的怀恋、热烈的颂扬与沉痛不舍等丰富多彩的表情在朗诵者脸上细腻地变化着。朗诵到最后一节"永放光辉"与"万古永垂"的词句时，已经将这首诗的主题与情感推向高潮，朗诵者热烈颂扬的情感也已经达到极致。在朗诵完这两组充满哲理光辉的诗句之后，一句"呼人民万岁的人，他死了"，朗诵者的表情却复杂地变换开来。作为一生中最重要的中青年时光都是在毛泽东时代度过的人，朗诵者对毛泽东怀有深刻的感情，内心的情感像暗流一样无声地、汹涌地流动着，脸上的表情像中国水墨画一样在缓慢克制地变换着：先是慢慢平静下来陷入沉思，然后是饱含深情的思念，接下来是巨大的失落和难以克制的悲伤……听众感受到朗诵者情绪的变换，也被带进情境，随朗诵者的情感脉搏一起跳动，与朗诵者的情感旋律合二为一，深深沉醉其中不能自拔。这里朗诵者虽然采用大段的声音"空白"技巧，但是听众由朗诵者的表情变化感受到朗诵者情感的流动，声音虽空，感情不"白"，并且受到更深的感染。如果只听录音，看不到朗诵者的表情，会对其中的这段"空白"理解较浅，甚至还会产生误解，感到莫名其妙。

朗诵者在朗诵过程中运用体态语言的艺术，是朗诵者思想素养、道德修养、文化内涵、审美能力和经验积累的综合反映，也是各种态势语言的综合性运用，因此朗诵者的体态必须符合朗诵要求。

一、目的明确

这是朗诵体态的出发点。朗诵者在朗诵过程中运用态势语必须以实现朗诵目的为出发点，为完成朗诵任务服务。创设良好的朗诵氛围，使朗诵变得生动形象，集中听众的注意力，引起听众的兴趣，使听众的情绪处于活跃状态，以饱满的精神参与朗诵活动，从而提高朗诵效果。离开了朗诵目的的体态，随便、随意，兴之所至，对朗诵会产生负面作用。

二、准确、形象

这是朗诵体态的生命力。朗诵者运用体态要准确、明白，以严谨的态度准确表达其思想、要求或愿望，表达方式要准确，表达要符合人们公认的习惯和适合听众的认知程度。

三、简洁、适度

这是朗诵体态的重要构成因素，朗诵者运用体态要繁简适度，恰如其分，恰到好处，不能过多、过滥或喧宾夺主，更不能矫揉造作，牵强附会，装腔作势，滑稽可笑，否则起不到表情达意的作用。

四、自然得体

这是对朗诵体态的一个基本要求。朗诵者运用体态要发自内心，自然流露，是一种真、善、美的结合，充分体现自己的个人风格，使听者获得美的艺术享受。

五、协调一致

这是对朗诵体态的综合要求。朗诵者运用体态，一是要与有声语言巧妙结合，相辅相成，起到各自单独运用时所达不到的效果；二是各种态势语形式综合开发，协调一致，形成最佳合力，以获得最佳效果。

第一节　朗诵服饰语

朗诵者在朗诵时，要进行精心的外部包装，尤其在服装与饰品的选择与佩戴上，要特别注意。

一、与朗诵场合相适应

"TPO"（三个字母分别代表 Time［时间］、Place［地点］和 Occasion［场合］——编者注）是国际上公认的应遵循的着装规则，即着装要符合不同的时间、地点和场合要求。朗诵时首先要考虑"场合"这一要素。如果是大型、隆重的朗诵会，朗诵者就要着礼仪服装；如果是考生参加面试，就要穿比较正式的服装；如果只是参加班会、联欢会或普通活动，选择颜色稍微鲜亮一些的生活装即可。根据场合的隆重程度，女生可选择短裙套装、衬衣或简洁的毛衫外套。男生可穿西装、中山装、衬衣、衬衣套西服背心或毛背心等。

朗诵时还要考虑朗诵形式。如果是参加普通话比赛或考试，朗诵者穿稍微正式一些的服装即可；如果参加播音主持考试，就要穿得端庄大方，尽量着正装；如果是参加戏剧表演考试或是进行舞台台词朗诵表演，还可以穿戏装，以增加角色感。如朗诵郭沫若的《雷电颂》可以穿古装长袍，朗诵现代诗歌《雨巷》可以着灰布长衫，朗诵哈姆雷特的内心独白还可以穿王子服装，披上斗篷。

如果电视录像，要考虑到电视画面的特点，不宜选择颜色过暗的服装，以免画面色彩单调，但是要避开颜色过亮的服装，以免反光过强影响整个画面的清晰度。上镜效果最好的颜色依次是黄、红、紫、蓝、绿、白、黑。黄颜色中的明黄、橘黄都比较引人注目，红颜色中的玫红、橘红、葡萄酒红也比较喜气，但尽量不选大红，以免显得土气，不选高梁红色，以免显得脸色暗淡。为了避免颜色单一，可在领口、胸口或袖口加上配色或亮色条形边饰。搭配颜色可用对比色，如穿黄色或红色小西装可搭配黑色抹胸。也可在领口用质地轻薄的丝巾作贴边点缀，或者用闪亮的胸针作装饰，无论如何，全身颜色不要超过三种。尤其要避开小圆点、小碎花、小方格和小窄条图案的服装，以免增加画面的杂乱和不稳定感。

二、与年龄、身份相一致

朗诵者的服装一定要与年龄、身份相一致，如果是十八九岁的考生，一定不能穿得过于成人化。特别成熟的拖地晚礼服、款式老旧的成人款西服、比较包身或暴露身材缺点的紧身毛衣等，都不适合在朗诵活动中穿着。一些少年朗诵者就更不能朝成人化打扮，一袭简单、大方的连衣裙或衬衣长裤，更能显示少男少女的清新、淳朴。

三、与外形、气质相协调

朗诵者不仅用声音来塑造形象、传递情感，还要用自身得体的服饰来传递美的信息，增强听众的好感与认同度。因此朗诵者在着装时要考虑用服装的颜色、款式来遮蔽自身的缺点和不足，放大优点和长处。

（一）服装与体型的配合

服装设计专家依据人体曲线的变化，归纳出六种基本的体型。标准型指的是女性身高 164~172 厘米，男性 175~185 厘米。颈部、肩膀、躯干、胸部、腰部、臀部、大腿、臀边肉和小腿等，都要有完美的比例。这种标准体型，穿什么衣服都好看。葫芦型指的是身材就像葫芦一样，胸部、臀部丰满圆滑，腰部纤细，曲线玲珑。这种身材的女性适宜穿低领、紧腰身的窄裙或八字裙，质料以柔软贴身为佳。"运动员"型指的是身材苗条、胸部中等或较小、臀部瘦削扁平，没有腹部及大腿的赘肉。这种体型，要避免紧身衣裤或低腰长裤。适合的穿着有舒适飘逸的罩衫、打褶的裙子、宽松的洋装、宽松打褶的长裤等。"梨子"型指的是上身肩部、胸部瘦小，下身腹部、臀部肥大的体型，宽松的洋装和伞装是适合的衣着，目的是要转移别人对腰部的注意力。上衣要宽松，长度以遮住臀部为宜，打褶的长裤配上宽大的夹克，也能美化这种体型。最好避免紧身衣裤、宽皮带、褶裙或抽细褶的裙子。"腿袋"型指的是臀部和大腿边有许多赘肉的体型，这种体型要绝对避免穿紧身裤子，那样只会暴露缺点。穿样式简单的打褶裙子或长裤，颜色应选择明度和彩度较低的暗色。尽量把注意力放在上身，佩戴色彩鲜艳的丝巾作装饰物，不适合的服装是及膝靴子、紧衬衫、大花格子、粗横条纹或背后有口袋的长裤。"娇小"型指的是身高在155公分以下的娇小型女性，最佳的穿着是朝向整洁、简明、直线条的设计。垂直线条的褶裙、直筒长裤、从头到脚穿同色系列或素色的衣服、合身的夹克都会使得娇小型的人显得轻松自然。大型印花布料、厚布料、太多的色彩、松垮垮的衣服、大荷叶边、紧身裤等都应避免。

（二）脸型与衣领的配合

五官可借着化妆来修饰，但是"脸型"的长短宽窄，不容易用化妆来改变。最好的办法，就是用衣领来美化。领子对脸型的影响最大。椭圆形是最完美、理想的脸型，通常称为瓜子脸或蛋形脸，因为没有什么缺陷，不需加以掩饰，所以任何领子都适合。逆三角形脸类似心形，上额宽大、下颚狭小，属于理想的短形脸之一，也是比较上镜的脸型，是目前影视表演专业和播音主持专业招生考试中比较受欢迎的脸型，穿衣时所有的领子都适合。三角形脸型穿O字形的领子看起来脸型柔和些。

四方形脸型给人很强的角度感，如穿圆形衣领，反而突出了宽大的感觉。用U字形领口可缓和这种脸型。长方形脸型梳刘海可减少其长度感，船形领、方领、水平领都适合。菱形脸型尖锐狭长，其下颚上额皆显狭小，利用刘海将上额遮盖住，而且两鬓的头发要梳得较蓬松，如此可增加上额的宽度，使脸型形成逆三角形，衣领的选择也就没有限制了。圆形脸，显得宽大、饱满，宜增加长度感，减少圆的感觉。以V字形的领口来缓和最为恰当。大的方型脸、大圆脸一定避免穿紧贴颈子的衣领，领子要低些，且不能太狭小。矮瘦娇小的人，衣领不能太过于宽大，衣领大小与脸型比例务必协调。

四、与朗诵内容相呼应

朗诵者除了要考虑自身的美感以外，还要考虑朗诵作品的内容，整个服饰要与作品内容相呼应。

（一）与朗诵内容的年代特征相接近

在朗诵时，朗诵者的着装尽量与作品年代、朗诵内容靠拢接近。这样朗诵者一出场，未发声前先用服饰把受众带入意境，省却许多时间，也为受众理解作品内容提供铺垫。例如朗诵古诗《春江花月夜》，选择中国风味浓郁的旗袍会相得益彰；而要朗诵现代诗《致橡树》，就要选择比较时尚、新潮的服装，更能表现当代人坚强、独立的人格意识。当然，如果只是朗诵而不是舞台戏剧表演，没有必要刻意追求服装与内容完全一致。

（二）与朗诵内容的情感特色相协调

在朗诵着装时，要考虑到服饰与朗诵情感是否相协调。朗诵作品蕴涵的思想内容丰富多彩，朗诵者选择的服饰风格也要尽量与之相协调。例如朗诵《一月的哀思》时选择肃静的黑白单色正装，会加深情感，更深切表现朗诵者对内容的理解和对周总理的怀念之情；如果朗诵《我为少男少女们歌唱》就可选择颜色鲜艳的青春装束，与诗中"我重新变得年轻了"的内容相呼应。

（三）与朗诵内容的文体特点相呼应

朗诵时还要考虑到所选择朗诵作品的文体特点，如庄重典雅、轻松愉快、诙谐幽默、滑稽讽刺……作品文体形式不同，选择的服饰也要随之变化。朗诵比较庄重的作品如《我爱这土地》《回答》等，就要选择深颜色的正装；如果朗诵寓言故事或讽刺作品，就可以选择颜色鲜艳、款式前卫的服装。

（四）与朗诵内容所表现的意境相映衬

朗诵时要考虑朗诵作品所表现的意境，穿着尽量与之互相映衬，以达到烘托渲染的功效。例如朗诵《雪花的快乐》可以穿一袭纯白色纱质短裙，把雪花的轻盈、妩媚、娇俏和快乐的感觉表现出来。

另外，选择朗诵服饰时，要考虑受众的感受和接受程度。如果是面对低、幼年龄段受众，颜色、款式都可鲜艳、新颖些；如受众年龄较大，选择服饰要沉稳、大方。但是，无论给哪一阶层受众朗诵，都不能选择过多的装饰物，颜色鲜艳的发夹、耳环、项链、手链、胸针或其他挂饰都不适合佩戴太多，要注意简洁明快，选择一件饰品起点染作用即可。例如电视节目主持人海霞在新年诗会上选择简洁的裙套装，一枚精巧的胸针将服装点亮，没有其他饰品，但突出了精干利落的短发、端庄大方的表情和漆黑闪亮的明眸，把朗诵者的精、气、神全部衬托出来了。

第二节　朗诵身姿语

朗诵身姿语包括站姿、行姿、手势动作三个部分。朗诵者要充分了解身姿所蕴涵的语言信息，利用不同的身姿帮助传达有声语言的内在含义，增强朗诵效果。

一、站姿

朗诵中最常使用的姿态是站姿。站姿是人最基本的姿势，同时也是其他一切姿势的基础。朗诵者在站立时，应当保持端庄稳健、挺拔笔直、舒展大方、精力充沛、积极向上的状态。

站姿在一定程度上反映了一个朗诵者的精神面貌和对朗诵内容的投入程度。朗诵者的站姿在稳重之中还要显出活力，不要过于拘谨和呆板，可随时根据朗诵内容的变化来调整站姿。

（一）基本站姿

朗诵者站到台上，是接受受众全方位的检验，因此在站立时首先要遵守公众礼仪。尊重受众，才能得到受众良好的回应。

1. 上体正直，挺胸、收腹、提臀。

2. 双眼平视前方，面带轻松、自然的微笑。

3. 双脚位置：

并立式：两脚并拢，两膝贴紧。

平行式（男）：两脚打开，宽度不超过两肩，脚尖对正前方。

前进式（女）：两脚一前一后，前脚尖对正前方，后脚与之成45度—135度夹角。

4. 双手位置：

垂立式：双手垂立在身体两侧，中指对裤或裙的中纵线，虎口向前。

后背式：双手或单手背于身后，大臂与小臂成90度夹角。

交叉式（女）：双手在体前交叉，高度位于脐部，双手成覆盖式或交握式。

5. 重心位置：

朗诵者进入朗诵状态，如果没有特殊表达需要，身体重心都应该落在前脚掌上，上身略向前倾，保持亲切、振作、进取的形象。

（二）男女朗诵者的不同站姿

朗诵时，除了遵守站立的基本规则之外，还要做到美观大方，符合上镜或其他审美要求：男性朗诵者挺拔稳健，女性朗诵者端庄优雅。

男性朗诵者在站立时，一般应双脚平行，并要注意分开的幅度，应当以不超过双肩宽度为宜，最好间距为一脚之宽。全身正直，双肩展开，头部抬起，双臂自然下垂伸直，双手贴放于大腿两侧，双脚不能随便移动。如果站立时间过久，可以将左脚或右脚交替后撤一步，使得身体的重心分别落在另一只脚上。但是上身仍须挺直，脚不可伸得太远，双腿不可叉开过大，变换不可过于频繁。

女性朗诵者在站立时，则应当挺胸，收颌，目视前方，双手自然下垂，叠放或相握于腹前，双腿基本并拢，不宜叉开。站立之时，女士要将重心放在前脚掌上，双脚并立，也可以一前一后，前脚尖对正前方，后脚分别以脚跟、中间部位和脚尖贴紧前脚跟，其张角分别为45度、90度、135度，呈现"前进"、"丁"字或倒"7"字形状。45度角站立轻松自然，90度角站立严肃庄重，135度角站立优雅美观。

（三）朗诵站姿的禁忌

许多朗诵者在朗诵时出现身躯歪斜、弯腰驼背、双腿大开、浑身抖动等不雅姿态，严重损害了形象。因此朗诵者要特别注意避免以下几种不正确的站姿：

1. 忌身体不稳。朗诵者的站立要稳，不能全身猛烈抖动，左右摇晃，此举会破坏朗诵者的整体形象。

2. 忌侧身而站。心理学研究表明，侧身而站说明朗诵者的心理是封闭的，不利于朗诵内容的传达，而且给听众或考官留下缺乏修养的印象。

3. 忌站立时重心移动太快。朗诵者站立时重心忽左忽右，显得信心不足、情绪紧张或焦虑不安。面对听众或考官站稳，表明朗诵者准备充足，有信心朗诵好，有能力控制整个朗诵局面。

4. 忌朗诵者把双手交叉抱在胸前或背在身后，这些动作会给听众或考官一种傲慢无礼的感觉。

5. 双腿过度叉开。面对别人时，双腿过度叉开，是极不文明的。尤其是面对摄像机时，此缺点会被放大，让受众产生反感和排斥心理。

二、行姿

行姿包括朗诵者上下台的行动姿势和在台上的小幅度活动姿势。

（一）朗诵者上台时要保持稳重、振作、精神奕奕的步态，男士可走双平行线，女士着裙装时走贴近的一字线，注意不能像模特表演那样夸张。

在走动过程中要精神饱满，抬头挺胸，步履稳健，面部侧向观众或评委，双眼平视前方，面带亲切自然的微笑；这样一出场就和受众或评委有了情感沟通与交流，拉近了彼此的距离，增添了好感。

进入朗诵位置时要走直线或直角线，更不能左右歪斜，线路弯曲，指向模糊。

朗诵完毕之后，不要急着退场，要稳稳当当地先后退一步，稍作停顿，向观众或评委鞠躬致谢，然后再转身离开。退场时要步态稳重，不能如释重负，急促地转身离去，更不能慌里慌张地跑下台。

（二）朗诵者在朗诵时可以根据内容适当活动，但必须控制走动的次数和速度，走动的姿势也要大方自然，不宜过大、过快。例如朗诵戴望舒的《雨巷》，在小节之间可以适当走动，但走动要以缓慢的速度、小步幅为宜；如果朗诵戏剧台词《雷电颂》可以根据剧情要求和内容情感变化，进行幅度较大的走动，但是要控制走动频率，不能在台上没有中心，左右移动，飘忽不定，尽量避免给受众心神不稳、眼花缭乱的感觉。

三、手势动作

手势，即手的动作与姿势，是一种极其复杂的符号，能够表达丰富的信息和感情。法国大画家德拉克洛瓦曾指出："手像脸一样富有表情。"现场朗诵时，朗诵者的举手投足都在受众的目光注视之下，对手势动作的要求比实际生活要高出许多；而且朗诵中还需要用适度的手势来表情达意。朗诵者一定要掌握手势的作用、含义和运用方法，才能正确得体地使用手势。

（一）明确手势作用，丰富朗诵效果

朗诵手势，即朗诵者利用手的动作与姿势，传递作品的思想感情，帮助有声语言表情达意。

通常情况下，人们通过手的接触或手的动作可以解读对方的心理活动或心理状态，同时还可将自己的意图传达给对方。手势在朗诵中的作用有三个方面：一是澄清和描述事实，二是表达、传递情感，三是吸引受众注意。

朗诵中恰当的手势往往是在内心情感的催动下瞬间自然做出来的，对增强朗诵效果具有十分重要的作用，所以朗诵者要掌握手势语言的运用幅度、次数、力度等技巧。在朗诵实践中，以各种不同形态的造型，表现朗诵者的优雅举止，描摹作品中的形象状态，传递作品潜在的心声，显露朗诵者心灵深处的情感，辅助丰富朗诵内容，增强表达效果和现场感染力。

（二）了解手势含义，选用恰当动作

朗诵者的手势要得体、自然、恰如其分，不仅要体现出对他人的尊重，还要随着朗诵内容的变化而变化。朗诵者要了解不同区域、不同指向、不同类型的手势含义，要根据朗诵内容选用适当的手势，配合声音灵活运用。

手势按手的部位、手势性质和区域及单双手使用方法可以划分不同的类型。

1. 手的部位含义

手指的不同造型可以表示不同意思。比如跷起大拇指，可表示了不起、佩服、称赞等；伸出小拇指，可表示卑贱、低劣、轻视等；手指逐一屈伸，可表示数目、次序；用食指或中指加食指指点，表示特指某人、某事物，也可表示斥责之意等。

手掌挺直，用力劈下，可以加强语气的力量；手掌从胸前向外推出，可表示拒绝或不赞成；手臂微曲，手掌向下压，可表示制止、否定；手掌向前上方冲击，可表示勇往直前、冲锋、进攻等。

拳头动作在朗诵中的运用形式主要有：举拳过头，前后摇摆，表示坚定的信心；拳头向上方有力挥出、收回，再伸出，可以表示义愤、仇恨、抗议；右臂在体侧曲肘举起，紧握拳头（即宣誓动作），表示决心坚定。

在朗诵表达中，细致的描述、轻声的漫谈、周密的分析，或在听众比较少的场合，宜用一只手完成；在表示号召、前进、鼓励、希望等激昂的感情，或在大型活动场合中，宜用双手完成。

2. 手势的动作含义

象形手势，是一种模拟人或事物的形状，从而给听众比较形象、具体的感受的手势。这种手势只求神似，不苛求形似，往往带有明显的夸张意味。

指示手势，即指示具体对象的手势。这种手势有实指和虚指之分。指明现场的人或事物为实指。比如，讲到与"我"有关的事物，用手指向自己的胸口；朗诵到与某一听众或某些听众有关的事情，把手指向那里。虚指是用以指示现场以外的人或事物。例如朗诵到"生活中，我快乐地向前"，单手向身体侧前方伸开，就是虚指。

象征手势是一种用于表示抽象意念、引起人们联想的手势。例如，朗诵流沙河的《理想》中结尾一句"天上太阳正好，路上春色正晴"的时候，可以向斜上方抬起手臂，伸出双手。这个手势能启发受众联想，鼓舞现场受众情绪。

情意手势是一种用来表达思想感情的手势。这种手势可以使抽象的感情具体化，使无影无形的感情形象化。例如，当否定一种观念时，伴随着响亮的"不"字，右手与手腕垂直，从胸前向外坚决、果断地推出。

3. 手的区域含义

上区手势：手势在肩部以上，称为上区。上区手势一般表示兴奋、鼓励、积极、振奋、肯定、张扬之意。例如朗诵岳飞的《满江红》结尾一句"待从头、收拾旧山河，朝天阙"，可单手或双手向上张开，举过头顶，表现杀敌的决心与凯旋的信心。

中区手势：这种手势在肩部以下到腰部的范围内活动，多给人以平等、亲近、诚恳、心平气和的感觉，多用在叙事性的表达中。例如朗诵小说《军礼》开头"狂风呼啸，大雪纷飞"，可以运用中区手势，单手或双手在胸前平伸，表示风雪弥漫、天地茫然的意境。

下区手势：腰部以下的手势称为下区手势，这种手势最后完成时是在腰部以下的区域里，一般表示反对、否定、厌恶、鄙视等情感。例如朗诵臧克家的《有的人》中"骑在人民头上的，人民把他摔垮"一句，可以用单手手背由胸部向斜下方劈去，表示厌恶、愤怒与不屑。

（三）强化心理素质，摒弃不良手势

一些初学朗诵者，上场时由于情绪紧张，心理不稳定，出现一些可笑甚至令人反感的手势动作，如抓耳挠腮、抠鼻子、摸胡子、捋头发、搓衣角、揣口袋等；或是不了解手势含义，错误地运用一些手势动作，如朗诵"生活中，我快乐地向前"本来是表达积极向上的情绪，却低低地摊开双手表示无奈，又如有人朗诵到"我的心，很痛！我不要这颗心了"一直用左手按住右胸位置，让稍有生活常识的人感到好笑；或是在情绪激动时难以自控，出现一些幅度较大、过于夸张的手势动作，如有的朗诵者在朗诵《雷电颂》时，本来想表现屈原内心情感的波澜，但是进入朗诵高潮境地，一直高举双手，剧烈地抖动，左右上下大幅度摇晃，令人眼花缭乱。朗诵者的手势运用不当直接影响朗诵者本人形象和所塑造的人物形象，影响到整体朗诵效果。

（四）遵循手势原则，配合有声语言

朗诵时手势要和有声语言有机配合，相辅相成，恰到好处。

1. 自然得体

朗诵中的手势是为朗诵内容服务的，是配合有声语言来传情达意的，是朗诵者个性情感的自然流露，因此，手势的运用应符合朗诵内容要求和朗诵者年龄、身份特征。任何不顾朗诵内容，只注意形式美感的手势都会令人觉得突兀生硬或矫揉造作。

2. 协调合作

态势语言丰富多彩，眼神、表情、手势、姿态，各有各的作用，但在朗诵中不能各自为政，应该和谐统一，综合运用。手势要和朗诵节奏相协调，出势不可过早或过晚，更要和身体其他部位，如头、胸等相配合，共同表情达意。

3. 恰到好处

手势运用的幅度、力度和频率等受到有声语言和朗诵环境等因素的制约，动作幅度不能过分夸张，形式不宜过于复杂；力度与频度要适中，不可过多或过少。过多，易给人眼花缭乱之感；不用或过少，易给人死板呆滞的印象。手势幅度大小要根据听众的多少和会场的大小来确定，不可过大或过小。幅度过大，会使自己显得太夸张；幅度过小，会使听众感到缩手缩脚。

4. 优雅大方

朗诵者打出来的手势要优雅大方，给人以美感。出手时可采用由低到高、由里到外两种方式。伸手前先将手展开，掌心向外，然后大臂带动小臂，中间运动过程温和不突兀，一般在句子的最后四字或两字固定手势；手势指向明确，停势稳定，眼睛随手，手随心动；收回手势时不能太过仓促，可以继续朗诵下面内容，但手势要沿着伸出的路线原路返回，不能因朗诵内容变化，心里毛躁就慌乱中随便地将手收回。

朗诵者的整体手势除了端庄、优雅之外，还要做到朴实、大方，不能像舞蹈表演那样花样繁多。如果朗诵者手势变化频繁，动作花样迭出，会让受众忽略朗诵内容或产生反感情绪。

另外，有的手势是在朗诵前设计好的，也有的是在朗诵过程中情不自禁即兴发挥的，那是表达者内在情感的自然流露。初学朗诵者要努力学习，坚持训练，勇于实践。熟练掌握各种动作技巧后，到朗诵现场，根据情绪变化，情之所至，有感而发，自然而出，这时的手势才是朗诵配合的最高境界。

下面以朗诵《中国，我的钥匙丢了》为例，具体说明手势动作运用的基本原则。

中国，我的钥匙丢了

梁小斌

中国，我的钥匙丢了。
那是十多年前，
我沿着红色大街疯狂地奔跑，
我跑到了郊外的荒野上欢叫，
后来，
我的钥匙丢了。

心灵，苦难的心灵，
不愿再流浪了，
我想回家，
打开抽屉、翻一翻我儿童时代的画片，
还看一看那夹在书页里的
翠绿的三叶草。

而且，
我还想打开书橱，

取出一本《海涅歌谣》，
我要去约会，
我向她举起这本书，
作为我向蓝天发出的
爱情的信号。
这一切，
这美好的一切都无法办到，
中国，我的钥匙丢了。

天，又开始下雨，
我的钥匙啊，
你躺在哪里？
我想风雨腐蚀了你，
你已经锈迹斑斑了。
不，我不那样认为，
我要顽强地寻找，
希望能把你重新找到。

太阳啊，
你看见了我的钥匙了吗？
愿你的光芒，
为它热烈地照耀。

我在这广大的田野上行走，
我沿着心灵的足迹寻找，
那一切丢失了的，
我都在认真思考。

（选自《朦胧诗选》，春风文艺出版社 1985 年版）

朗诵指导与手势建议：本诗作者梁小斌，因其诗大多隐约、含蓄，成为朦胧诗派的主要代表。要朗诵好这首诗，并为其设计适宜的手势，首先要充分理解作品的写作背景和诗中"钥匙、红色大街、三叶草"等词的象征意味。这首诗的核心意象是"钥匙"，丢失在"红色大街"上，暗示给我们这首诗产生的大人文环境。经历过十年动乱的人，不难体会出"红色大街"的象征性内涵。这样，我们就将遗失的钥匙与"红色大街"联系起来，整首诗的精神内核便豁然明朗了。诗人通过对一把钥匙的寻找，表现了内心巨大的失落，体现了一代青年的觉醒和思考，对历史真实的寻找与探索，对健康的精神、彩色的理想、甜蜜的爱情、幸福的生活的向往。

第二，要运用声音节奏体现出该诗蕴涵的情感层次变化，形成"喃喃低语、独自沉吟、大声呼唤、倾诉衷肠"的朗诵效果。该诗语境简洁、隽永、明晰，全诗沿着"疯狂→失落→怅惘→焦虑→寻找→思考"的情感流程，线索非常明晰。因此，在声音表现方式上第一节可以用高声、快速来表现年幼无知的"疯狂"，而到结尾"后来，我的钥匙丢了"转入"吃惊、迷惘和失落"。第二节开始寻找童年、爱情、理想，要控制好语速和音量。虽然整体语势是低沉和舒缓的，但读到童年的纯真、爱情的真挚、理想的美好时可以用高调、虚声形成跳跃和对比感，衬托丢失"钥匙"后的失落与茫然。在"太阳啊，/你看见了我的钥匙了吗？/愿你的光芒，/为它热烈地照耀"一节，要蓄足气息，饱含感情，将寻找的焦虑和热烈的心愿传达出来；进入最后一节，要转入"深沉的思考"意境，可以用缓慢的语速、深沉的语调，将作者的深意传递出来。

第三，本诗共五节，可以设置三到七个手势。

1. 第一节最后一句"后来，/我的钥匙丢了"，可以在腰部高度，平摊开双手，掌心向上，表示失落、沮丧、遗憾之意。

2. 第二节"我想回家"一句，可以用右手轻摁左胸上部心脏位置，以祈求、孤苦的表情相配合，表达诗人内心的孤独与渴望。

3. 第二节中，"还看一看那夹在书页里的/翠绿的三叶草"，在"翠绿的三叶草"一句可以单手伸开，掌心斜侧，指尖与眉毛齐平，眼睛带着孩童般的欣喜与好奇，表达对过去纯真美好时代的怀念与向往。

4. 第三节中，"我还想打开书橱/取出一本《海涅歌谣》，/我要去约会，/我向她举起这本书，/作为我向蓝天发出的/爱情的信号。"在"取出一本《海涅歌谣》"一句，可以双手伸出，捧在胸前，表达对这本诗集的珍爱，然后在"爱情的信号"双手伸开，向头上高举，脸上配合幸福、骄傲的表情，表达青年人能够在自由的天空下，读自己热爱的书籍，并且敢于大胆地用此书向心爱的人表明心迹时的情感。

5. 第四节中"天，又开始下雨，/我的钥匙啊，/你躺在哪里？"可以在最后一句"你躺在哪里"，伸出单手，掌心向上，身体前倾，目光追随，表现寻找的焦灼。

6. 第五节"太阳啊/你看见了我的钥匙了吗？/愿你的光芒，/为它热烈地照耀"这句中，既可以单伸一只手，表现四处寻找的痛苦，也可以在"热烈地照耀"一句，双手伸开，高高举起，头部扬起，眼睛向上，表现对太阳照耀的热烈企盼。

7. 最后一节"那一切丢失了的，/我都在认真思考"，如果把重点放在"认真思考"四个字上，可采用右手按住心脏部位，头部微垂，表示用心深入思考之意；也可单手或双手向外伸开，头部抬起表示对"那一切丢失了的"美好进行广泛探寻、用心思索之意。

第三节　朗诵表情语

罗曼·罗兰曾说过，"面部表情是多少世纪培养成功的语言，比嘴里讲的更复杂到千百倍的语言"。因此脸是心灵的镜子，是情绪的晴雨表，最能反映出人的复杂多样的内心世界和人的多重心理品格。朗诵者在朗诵时的表情，不仅能加深受众对作品内容的理解，还对提振受众情绪、激发受众的情感有着特殊的、重要的作用，是创造朗诵现场气氛不可或缺的因素。

面部表情最主要集中在眉、眼、嘴、鼻等器官的变化上。朗诵过程是朗诵者在受众的监督注视中度过的，因此朗诵者要特别注意表情的运用。

一、眼睛

意大利艺术家达·芬奇说"眼睛是心灵的窗户",德国古典哲学家黑格尔也认为"人们从这眼睛里可以认识到内在的无限自由的心灵",所以眼睛是人与人沟通中最清楚、最正确的讯号。眼睛的明亮与否,视线的不同变化,眼睑的开闭程度,都反映出不同的感情,有着极强的表现力和感染力。

朗诵中,受众可以从朗诵者的目光中体会到一种良好的情感沟通关系。亲切、柔和的目光能营造一种和谐、温馨的交流氛围;精神、闪亮的目光能振奋听众的情感;倦怠、呆板的目光会使受众情绪低落;高傲、冷漠的目光会挫伤受众的热情;凶狠、尖锐的目光会使受众望而生畏,产生逆反心理。因此,朗诵者无论对待什么样的受众,眼神的运用都要做到勿倦、勿呆、勿傲、勿冷、勿凶,还要学会运用不同的注视方法来增强朗诵效果:

1. 注视听众或考官:朗诵者在朗诵中用 80% 以上的时间注视听众或考官,会增加听众或考官对朗诵的兴趣,有助于取得较好的朗诵效果。

2. 环视听众或考官:朗诵者在台上要尽量扩大目光区域,可以采用"扇形环视法"扫视整个现场或评委席,也要对前排两边角落里的听众或考官予以关照。

3. 目光交流:朗诵中运用目光交流,朗诵者可以将自己的情感传递给观众,也能从观众目光中了解他们对朗诵内容的认知与感受程度,发现听众或考官情绪的变化。

4. 含义丰富:朗诵者在朗诵中采用含义丰富的目光,才能创造良好的交流效果。朗诵者丰富多彩的眼神变化,会使听众或考官受到感染。朗诵者目光和蔼可亲,会使听众或考官产生一种亲切感和信任感。朗诵者在朗诵时还可采用特殊含义的目光控制全场气氛。

二、嘴部表情

嘴部表情，是指口部及周围区域。这部分器官不仅是人身上最忙碌的部位，同时也富有多种含义。嘴角上扬呈微笑状，显示出愉快谦和，嘴角下收显得坚定刚毅，嘴唇微启表示专注凝神，嘴大开表示惊愕、恐惧，撇嘴表示小看或不屑，牙齿咬下唇大多是情绪紧张，竭力自控。嘴部表情语中，以微笑最美，微笑通常是通过嘴部和眼神流露的，而嘴部肌肉的变化是笑容产生的重要因素。微笑可以传达丰富的表情含义，有人说它是世界通用语，是永远受欢迎的表情语。

三、面部表情综合要求

1. 朗诵者在朗诵时的常规表情应该是饱满、振作、端正、自然。

2. 经常保持微笑。朗诵中，与听众交流情感时，微笑的表情是最受欢迎的，朗诵者在朗诵中的笑，是一个人乐观自信、积极向上的心理状态的反应，听众或考官也会看到朗诵者展露出的乐观、积极、自信、向上的精神面貌，这必将大大提高听众对朗诵者的好感，提升考官给朗诵者的印象分。

3. 根据朗诵内容的变化而变化。朗诵者在朗诵中，除了要以声音变化来表达情感的变化之外，表情的配合也是一个重要的方面。在台词朗诵或表演考试中，表情的丰富还是考核的一个重点项目。常用的表情有以下几类：

（1）欣喜、振奋表情。眉毛微微上扬，双眼略略张大，一般口部微张，同时嘴角略上翘，呈现微微的笑意，以示欣喜、振奋，且含有鼓励、号召、褒扬成分。

（2）满意、赞美表情。眼睛略闭，嘴角上翘浮出微笑，以示满意和鼓励。

（3）甜蜜、温和表情。双眼微眯，嘴角微翘，面露微笑。

（4）疑惑、探寻表情。眉毛上扬或向眉心聚集拧起，眼睛略睁大，嘴微微张开。

（5）沉思、严肃表情。眉毛微皱，双唇较紧地抿在一起，眼睛微微眯起。

（6）吃惊、不解表情。眉毛上扬，睁大双眼，嘴圆张。

（7）憎恨、愤怒表情。眉紧皱，眼圆睁，牙关紧咬或使双唇紧抿。

（8）轻蔑、不屑表情。眼微眯，嘴角下垂，嘴向一边撇去。

例如散文《听潮》的朗诵表情提示：

（1）"现在这海就完全属于我们的了！"

这句话是在夜晚观赏海景时说的，心情是愉快的，朗诵时可以眉毛微微上扬，双眼略略睁大，嘴角略上翘，呈现微微的笑意，以示欣喜之意。

（2）"这时候，妻心中的喜悦正和我一样，我俩一句话都没有说。"

这句话是在大海一片静寂、朦胧欲睡的夜晚说的，朗诵时眼睛略闭，嘴角上翘浮出微笑，以示满意和甜蜜。

（3）"因为岛屿挡住了它的转动，它狠狠地用脚踢着，用手推着，用牙咬着。"

这是在大海发怒的语境中说的，朗诵时可以紧皱眉毛，眼圆睁，牙关紧咬，以示凶狠与愤怒之意。

（4）"音响就越大了。战鼓声、金锣声、呐喊声、叫号声、啼哭声、马蹄声、车轮声、机翼声，掺杂在一起，像千军万马混战了起来。"

这段话是在大海咆哮的语境下说的，朗诵时可以根据内容来调整表情；既有战鼓、金锣敲响时惊喜和振奋的表情，有呐喊、叫号时凄厉的表情，有啼哭时悲伤与可怜的表情，有马蹄紧追、车轮碾轧、机翼掠过的恐惧表情，最后朗诵到"混战"起来时，眼睛微闭，眉头紧蹙，面部紧张，以示声音的混乱与场面的嘈杂。

第六章　朗诵作品的选择与改编

　　朗诵效果与朗诵作品的选择有很大关系。一些朗诵者选择的作品内容与风格都与朗诵场合不匹配，有的朗诵者声音条件与作品基调节奏不适宜，有的作品长度与朗诵时间要求不相符，这些不合适的选择都会影响朗诵的效果。目前，各大高校的播音主持、影视编导、戏剧表演艺术类高考专业面试，都将文学作品的诵读放在初试环节；不仅考查朗诵者的嗓音条件、语音面貌、情感运用能力和语言感染力，而且考查朗诵者的文学鉴赏水平以及对文学作品的理解能力。因此，对于朗诵者来说，必须高度重视本环节的准备工作。

　　文学作品是一个有着较大涵盖面的类别，包含诗歌、童话、散文、小说、故事等众多体裁；但是，并不是所有文学作品都可以作为朗诵稿件。朗诵者一定要根据自己的实际情况，选择或改编适合自己朗诵的作品。

第一节　朗诵作品的选择

一、长短控制

　　朗诵者要根据场合要求控制朗诵时间。如果是朗诵欣赏会，长短可在十分钟左右；如果是在晚会或比赛中，长短控制在五分钟左右；如果是艺术专业考试，文学作品朗诵时间大多限制在三分钟以内，大约五六百字的篇幅即可；如考试时间紧张，还可能要求在一分钟之内。朗诵者可以根据字数要求，选择一篇完整的作品，例如有人选择艾青的《我爱这土地》：

> 假如我是一只鸟，
> 我也应该用嘶哑的喉咙歌唱：
> 这被暴风雨所打击着的土地，
> 这永远汹涌着我们的悲愤的河流，
> 这无止息地吹刮着的激怒的风，
> 和那来自林间的无比温柔的黎明……
> ——然后我死了，
> 连羽毛也腐烂在土地里面。
>
> 为什么我的眼里常含泪水？
> 因为我对这土地爱得深沉……

因为该诗较短，只有一百多字，可以通读全篇。如果文章篇幅较长，也可以选取其中内容比较完整的一个片段。

二、选择自己喜欢的作品

朗诵者选择本人喜欢的作品，利于朗诵者调动自己的情感，积极、投入地进行创作。有的喜欢古诗，有的喜欢现代诗；有的喜欢豪放派的，有的喜欢婉约派的；有的喜欢经典的传世作品，有的则喜欢朗诵自己创作的诗歌……在这种情况下，朗诵者应在一定程度上遵从自己的兴趣，选择自己喜欢的作品，尤其是那些与之在内容和情感上能够发生共鸣，并能被深深打动的作品。这样的作品容易激发最真实、最淳朴的与他人共享的诉说愿望，而且自己喜欢的作品一般与自身的水平和能力相符，利于充分理解和调动思想感情。例如史铁生的《秋天的怀念》，文章写的虽然是日常琐事，但蕴涵的母爱之情震撼人心。如果阅读后被文章深深打动，爱不释手，就可以选择它来读。如果朗诵者缺乏对母爱以及困顿、失意的深刻感受，对该文没有喜爱之情、共鸣之感，那么就很难读好。所以朗诵作品必须选择自己喜欢的、感兴趣的作品。别人极力推荐的优秀作品，如果自己不喜欢、不感兴趣，即使再好，也不能作为自己的朗诵篇目。

三、选择适合自己声音、年龄、身份和文化水平的作品

选择适合自己的作品，有利于发挥朗诵者的优势，使朗诵取得成功。

首先，应尽可能选择适合自己音域的作品，自己的嗓音状态要能适合作品高低起伏、抑扬顿挫的需要。例如，有的朗诵者音域比较窄，声音也比较纤细，朗诵豪放派的诗歌就不合适，那样容易造成声嘶力竭。即使勉强达到了音高的要求，也因为注意力过度分散而影响作品内容的表达和情感的抒发。

其次，要选择适合自己年龄、身份的作品。例如诗歌朗诵，因为诗歌的内容非常广泛，有爱情诗、送别诗、政治抒情诗等，如果朗诵者选择了不适合自己年龄、身份的诗歌，一方面会由于自己缺乏阅历而不能很好地驾驭，另一方面也会使自己的身份与诗歌的内容彼此不协调，最终影响了朗诵的效果。例如有的朗诵者在专业考试时选择匈牙利诗人裴多菲的政治抒情诗，充满感情地朗诵完毕，考官问及这首诗歌的意蕴内涵，朗诵者支支吾吾讲不清楚，这势必会影响朗诵者的综合成绩。如果选择一篇浅显易懂而文辞优美的校园朗诵诗，效果可能更好。如王蒙的小说《青春万岁》序诗，这首诗歌描绘的踏青、行军、争论和探讨都是校园学生曾经经历过的场景，读起来比较亲切；诗中所表达的对过去美好时光的怀念、留恋以及对未来生活的憧憬、向往，也易于为朗诵者所驾驭，而且诗歌小节清楚，音韵简单，节奏明快，非常适合高中学生朗诵。

四、选择节奏变化多样、有高潮起伏的作品

朗诵时尽量避免选择温和、平淡、缺乏高潮的文章。"文似看山不喜平"，朗诵也是如此。有些作品全文内容比较感人，朗诵者本人也比较喜欢，但是语言平和，节奏单调，缺乏变化，需要细腻的理解与高超的声音技巧来表现，驾驭难度较大，即使是好诗文也读不出好效果。例如同是朗诵朱自清的散文，读《春》就要比《桨声灯影里的秦淮河》容易得多。例如，像臧克家的诗《有的人》通篇在对比的节奏中，一抑一扬，声音高低富于变化，内在情感蕴涵明显，其中还有些反语、讽刺，可以用不同音色来表现，能够把朗诵者的内部心理感受与外部表达技巧充分展现出来。

五、选择故事性强的作品更容易把握

兼有叙述、描写、抒情、议论的作品，或者具备两种以上写作手法的作品可以纳入朗诵者的挑选范围；但是作品最好能有一个相对集中的情节，而且最好是感人的情节，比如表现母爱、父爱、兄弟情、师生情、纯洁的友谊、高尚的品行、难忘的往事等等。这样的内容既容易调动朗诵者的情绪，容易被初学朗诵者把握，也容易感动人、感染人，在考试中也容易打动主考老师，取得理想成绩。例如《平分生命》一文，虽然不是名家名篇，但是文章中所表达的情感能打动人心，尤其是文章虽短，但是情节富于变化，引人入胜，而且医生与男孩的对话非常精彩，文章最后点题的语言也容易产生意蕴深长的效果。

六、选择音韵流畅、朗朗上口的文章

拿到一篇文章，要注意篇章结构、句型运用、音韵组合特点。首先上口读一读，如果感到许多地方拗口，最好舍弃；如果能在毫无准备的情况下，非常流利地读完，没有出现太多口误，一般可以考虑。

口语化较强的作品，也比较利于朗诵者把握和表达。例如有朗诵者选取朱自清的《匆匆》：

在逃去如飞的日子里，在千门万户的世界里的我能做些什么呢？只有徘徊罢了，只有匆匆罢了；在八千多日的匆匆里，除徘徊外，又剩些什么呢？过去的日子如轻烟，被微风吹散了，如薄雾，被初阳蒸融了；我留着些什么痕迹呢？我何曾留着像游丝样的痕迹呢？我赤裸裸来到这世界，转眼间也将赤裸裸的回去罢？但不能平的，为什么偏要白白走这一遭啊？

这样的文章朗读起来不上口，主要原因是那个时代的语言特点和我们现在的语言表达有一定的距离，朗诵者很难把握其要旨与精髓。

七、不一定选择名家名篇

朗诵者不一定要选择名家名篇，因为如果朗诵脍炙人口、耳熟能详的名篇，受众非常熟悉，往往有自己固定的理解和感受，朗诵效果往往达不到期待的水平，会降低印象分。朗诵者可以借助一些经典诗文来进行练习，水平提高后，可以选择名家的一些非名篇作品去参加考试。同样读舒婷的诗歌，因《祖国，我亲爱的祖国》《致橡树》读的人太多，也引不起人们的兴趣与关注，不如读她的《神女峰》或《双桅船》；同样，读朱自清的散文《春》《背影》《荷塘月色》，不如选择《绿》或《歌声》更新鲜。

八、选择与环境、场合、气氛相适宜的作品

除考试外，一些朗诵者参加一些联欢会、主题活动或专门的朗诵会，在活动中需要挑选合适的朗诵作品，就需要根据活动时间、主题、内容、场地来选择最适宜的作品。

在重大节日，如春节可以选择《春》《春天，遂想起》等歌颂春天、珍惜时光的作品；在清明节可选择《一月的哀思》《有的人》《疯娘》等祭奠怀念类作品；在"五四"青年节可选择《我为少男少

女们歌唱》等作品；在"六一"儿童节可挑选一些儿歌或寓言故事朗诵；在中秋晚会上可选择《春江花月夜》《明月几时有》或《乡愁》等思乡怀念类作品；在"十一"国庆节可选择赞美祖国、热爱祖国的作品，如《我的南方和北方》《盛世中国》《祖国，我亲爱的祖国》等作品。

在一些主题活动中，要选择与主题相配的内容。如"中国古典文化传承"纪念活动中，可选择古典诗词、古典散文，如《庄子·内篇·逍遥游》《前赤壁赋》《岳阳楼记》等；在表现"母爱"主题的活动中可选择《大堰河，我的保姆》《纸船》《秋天的怀念》等作品；在"一二·九"抗日活动纪念日，可选择《南京大屠杀》《雷电颂》《黄河颂》等作品；在迎接新生晚会上可选择《我为少男少女们歌唱》；在毕业晚会上可选择《青春万岁》序诗等作品；在一些综艺晚会上，可选择表演性较强、舞台效果较好的台词进行朗诵，如话剧《茶馆》《雷雨》《哈姆雷特》《恋爱中的犀牛》等。

第二节　朗诵作品的改编

如果选好自己喜欢的朗诵作品，但篇目形式或长短不适合现场朗诵，可以采用节选和改编的方式进行加工。

一、节选

如果作品较长，可以适当节选，节选的方法有以下几种：

1. 选择诗文中的精华部分。例如《一月的哀思》是一首五百余行的抒情长诗，全诗共五章。通读全诗后，了解整篇诗歌的精华部分在第二、第三章中，可以在其中做出选择。

2. 略去其中时代感较强的部分。《一月的哀思》中有些内容已经过时，词句比较落伍，因此选择时把"大批判、大歌颂"部分剔除，只留下情感部分。

3. 选择其中的起始与高潮部分。这样便于交代背景，朗诵时不过于突兀，能够对情感表达有所铺垫，也能把诗文中最精彩的片段突现出来。前文中所节选的部分就是因为其中既有哀婉低回、回环往复的节奏，如"车队像一条河/缓缓地流在深冬的风里……"，也有刚健的风骨、沉雄的气势，如"主会场/九百六十万平方公里的祖国/分会场/五大洲南北东西/云水间，满眼翻飞的挽幛/风雷中，满耳坚定的誓语"，朗诵时节奏对比鲜明，容易取得较强的朗诵效果。

节选的目的是长短合适，长诗可以改短，但作品太短也不适合现场朗诵。短诗歌虽然也不乏优秀作品，但一方面会使朗诵者还来不及充分地调动感情就已经朗诵完毕，另一方面在专业考试时也不利于考官认真地听辨、评估朗诵者有声语言的表达能力。一般来说，诗歌应能达到一分钟的长度，这样才能保证朗诵者语言素质的展示和考官评估工作的完成。有些古诗的长度可能要低于这样的要求，但也不宜太短，八句的律诗或者更长的古体诗比四句的绝句更适合考试。当然，朗诵者也应该有一定数量的绝句之类的短诗储备，因为有时考官会就某一项目的考查而请朗诵者朗诵某一首诗，朗诵者应能事先做好准备。

二、改编

有些作品虽然内容形式都很好，但不能在现场表现出来，尤其是台词朗诵，很少有合适的人物台词能一个人独白，时间还控制在三分钟左右；这时候，就需要对作品进行一些简单的加工改编。例如曹禺的话剧《雷雨》第二幕中周朴园与鲁侍萍的对话，可以改编为三种单人独白：

鲁侍萍独白1：老爷，我倒认识一个年轻的姑娘姓梅的，可是她不是小姐，她也不贤慧，并且听说是不大规矩的。这个梅姑娘倒是有一天晚上跳的河，可是不是一个，她手里抱着一个刚生下三天的男孩。听人说她生前是不规矩的。这是个下等人，不很守本分的。听说她跟那时周公馆的少爷有点不清白，生了两个儿子。

生了第二个，才过三天，忽然周少爷不要她了，大孩子就放在周公馆，刚生的孩子抱在怀里，在年三十夜里投河死的。她不是小姐，她是无锡周公馆梅妈的女儿，她叫侍萍。您说她是您的亲戚，想把她的坟墓修一修？那用不着了。这个人现在还活着。她没有死。她被人救活了。以后无锡的人是没见着她，以为她那夜晚死了。她一个人在外乡活着。那个小孩呢？也活着。不过她现在老了，嫁给一个下等人，又生了个女孩，境况很不好。我前几天还见着她！就在此地。老爷，你想见一见她么？她的命很苦。离开了周家，周家少爷就娶了一位有钱有门第的小姐。她一个单身人，无亲无故，带着一个孩子在外乡什么事都做，讨饭，缝衣服，当老妈子，在学校里伺候人。以后她又嫁过两次，都是很下等的人。她遇人都很不如意，老爷想帮一帮她么？哦！老爷，没有事了？我先下去了！

鲁侍萍独白 2：老爷，您让四凤拿旧衬衣？老爷那种纺绸衬衣不是一共有五件？您要哪一件？不是有一件，在右袖襟上有个烧破的窟窿，后来用丝线绣成一朵梅花补上的？还有一件，旁边还绣着一个萍字。你问我是谁？我是从前伺候过老爷的下人。你自然想不到，侍萍的相貌有一天也会老得连你都不认识了。你问谁让我来的？谁指使我来的？不是我要来的！是命！是不公平的命指使我来的。我没有找你，我没有找你，我以为你早死了。我今天没想到这儿来，这是天要我在这儿又碰见你。哼！我的眼泪早哭干了，我没有委屈，我有的是恨，是悔，是三十年来一天一天我自己受的苦。你大概已经忘了你做的事了！三十年前，大年三十的晚上我生下你的第二个儿子才三天，你为了要赶紧娶那位有钱有门第的小姐，你们逼着我冒着大雪出去，要我离开你们周家的门。这都是从前的旧恩怨，你不想再提了，那是因为周大少爷一帆风顺，现在也是社会上的好人物。可是自从我被你们家赶出来以后，我没有死成，我把我的母亲可给气死了，我亲生的两个孩子你们家里逼着我留在你们家里。那是你们老太太看着孩子快死了，才叫我抱走的。哦，天哪，我觉得我像在做梦。过去的事你不让我再提了。我要提，我要提，我闷了三十年了！你结了婚，就搬了家，我以为这一辈子也见不着你了；谁知道我自己的孩子偏偏要跑到周家来，又做我从前在你们家做过的事。我伺候你，我的孩子再伺候你生的少爷们。这是我的报应，我的报应！

鲁侍萍独白3：老爷，我倒认识一个年轻的姑娘姓梅的，这是个下等人，不很守本分的。听说她跟那时周公馆的少爷有点不清白，生了两个儿子。生了第二个，才过三天，忽然周少爷不要她了，大孩子就放在周公馆，刚生的孩子抱在怀里，在年三十夜里投河死的。她不是小姐，她是无锡周公馆梅妈的女儿，她叫侍萍。这个人现在还活着。她没有死，她被人救活了。一个人在外乡活着。那个小孩也活着。她一个单身人，无亲无故，带着一个孩子在外乡什么事都做，讨饭，缝衣服，当老妈子，在学校里伺候人。老爷想帮一帮她么？哦！老爷，没有事了？我先下去了！

什么？您让四凤拿旧衬衣？老爷那种纺绸衬衣不是一共有五件？您要哪一件？不是有一件，在右袖襟上有个烧破的窟窿，后来用丝线绣成一朵梅花补上的？还有一件，旁边还绣着一个萍字。你问我是谁？我是从前伺候过老爷的下人。你自然想不到，侍萍的相貌有一天也会老得连你都不认识了。你问谁让我来的？谁指使我来的？不是我要来的！（悲愤）是命！是不公平的命指使我来的。（愤怒）我没有找你，我没有找你，我以为你早死了。我今天没想到到这儿来，这是天要我在这儿又碰见你。哼，我的眼泪早哭干了，我没有委屈，我有的是恨，是悔，是三十年一天一天我自己受的苦。你大概已经忘了你做的事了！三十年前，年三十的晚上我生下你的第二个儿子才三天，你为了要赶紧娶那位有钱有门第的小姐，你们逼着我冒着大雪出去，要我离开你们周家的门。我没有死成，我把我的母亲可给气死了，我亲生的两个孩子你们家里逼着我留在你们家里。（自语）哦，天哪，我觉得我像在做梦。过去的事你不让我再提了。我要提，我要提，我闷了三十年了！你结了婚，就搬了家，我以为这一辈子也见不着你了；谁知道我自己的孩子偏偏要跑到周家来，又做我从前在你们家做过的事。我伺候你，我的孩子再伺候你生的少爷们。这是我的报应，我的报应！

以上三段都是根据原作改编而成的，第一段和第二段基本采用转述法将原文两人对话变成一人独白，保留原文大致轮廓。第三段进行了删减，内容大意保留下来，字数控制在五分钟朗诵范围内，比较适合考试使用。如果在其他朗诵表演场合，时间短促可以单用其中一段；如果时间宽裕，也可组合使用。

在晚会表演时，还可以将单人朗诵内容改编成双人或多人朗诵作品。例如将歌吟有梦的散文诗《我的南方和北方》改成双人朗诵：

合：自从认识了那条奔腾不息的大江，我就认识了我的南方和北方。

甲：我的南方和北方相距很近，近得可以隔岸相望。

乙：我的南方和北方相距很远，远得无法用脚步丈量。

甲：大雁南飞，用翅膀缩短着我的南方与北方之间的距离。

乙：燕子归来，衔着春泥表达着我的南方与北方温暖的情意。

甲：在我的南方，越剧、黄梅戏好像水稻和甘蔗一样生长。

乙：在我的北方，京剧、秦腔好像大豆和高粱一样茁壮。

甲：太湖、西湖、鄱阳湖、洞庭湖倒映着我的南方的妩媚和秀丽。

乙：黄河、渭河、漠河、塔里木河展现着我的北方的粗犷与壮美。

甲：我的南方，也是李煜和柳永的南方。一江春水滔滔东流，流去的是落花般美丽的往事和忧愁。梦醒时分，定格在杨柳岸晓风残月中的那种伤痛，也只能是南方的才子佳人的伤痛。

乙：我的北方，也是岑参和高适的北方。烽烟滚滚，战马嘶鸣。在胡天八月的飞雪中，骑马饮酒的北方将士，正向着刀光剑影的疆场上逼近。所有的胜利与失败，最后都消失在边关冷月下的漠风中……

甲：我曾经走过黄山、庐山、衡山、峨眉山、雁荡山，寻找着我的南方。我的南方却在乌篷船、青石桥、油纸伞、鱼鳞瓦的深处隐藏。在秦淮河的灯影里，我凝视着我的南方。在寒山寺的钟声里，我倾听着我的南方。在富春江的柔波里，我拥抱着我的南方。我的南方啊！草长莺飞，小桥流水，杏花春雨。

乙：我曾经走过天山、昆仑山、长白山、祁连山、喜马拉雅山，寻找着我的北方。我的北方却在黄土窑、窗花纸、热土炕、蒙古包中隐藏。在雁门关、山海关、嘉峪关，我与我的北方相对无言。在大平原、大草原、戈壁滩，我与我的北方倾心交谈。在骆驼和牦牛的背景里，我陪伴着我的北方走向遥远的地平线。我的北方啊！大漠孤烟，长河落日，唢呐万里。

合：自从认识了那条奔腾不息的大江，我就认识了我的南方和北方。从古到今，那条奔腾不息的大江就像一根琴弦，弹奏着几多兴亡，几多沧桑。

甲：在东南风的琴音中，我的南方雨打芭蕉，荷香轻飘，婉约而又缠绵。

乙：在西北风的琴音中，我的北方雪飘荒原，腰鼓震天，凝重而又旷远。

合：我的南方和北方，我的永远的故乡和天堂！

这篇散文诗的改编就是根据作品内容进行了分工，一方代表"南方"，另一方代表"北方"，但综合起来，仍然能够表现完整的山河风貌，合中有分，分中有合，既便于听众理解，又增强了舞台表演效果。

第三节　新闻故事的改编

近年来，一些艺术类高校在考试中增添了"新闻故事讲述"项目，要求根据新闻稿件或题目，让考生现场改编成故事或根据题目进行创作，然后声情并茂地朗诵出来。这不仅考查朗诵者的语音技巧，还考查朗诵者的新闻敏感力以及对语言文字的驾驭能力。这就要求朗诵者有较快的反应能力，根据考试时间要求，迅速对新闻稿件内容进行删减、增补和改编，然后调动平时积累的语言技巧，进行生动的现场演绎。

以下是一则新闻稿件：

2002 年 11 月 9 日凌晨 3 时 30 分许，深圳市南山区荔湾路一户人家突发大火。当火势蔓延时，母亲卢映雪将五个孩子依次推上墙头翻墙逃生，自己却因筋疲力尽而丧生火海。卢映雪最后留下一句话："妈妈没办法了，不能出去了。"记者昨日（11 月 18 日）赶赴现场寻访这一感人故事。很多目击者回忆说，卢映雪到死都保持着胳膊向上救孩子的动作。

面带伤感的胡益科回忆说，本月 9 日凌晨 3 时 30 分左右，妻子卢映雪惊醒过来，慌张地喊他，说家中着火了。他看见浓烟从底楼不停往上冒，于是赶紧跑下楼灭火，卢映雪则招呼孩子和工人逃生。见大火难灭，胡益科赶紧又跑上阁楼，情急之中便用手砸破窗玻璃，然后从阁楼窗户跳下。当时大门被锁，大火已将大门附近封锁，他在外边向屋内大喊"跳窗"。这时，一名工人爬上阁楼的砖墙，准备从此处将困在阁楼内的人救出。看到大火已经逼近，卢映雪跑到墙边，用力将孩子们依次托上墙，然后让墙上的工人将孩子救出火海。

"妈妈将我托上墙时，大火已经将妈妈的衣服烧着了。"胡益科的大女儿胡丽婷说。她被用力往上托时感到母亲的气力已经快耗尽，当时火势更大了，母亲的衣服也被烧着了。她爬上墙后准备用力将母亲也拉上墙，但是母亲的手缓缓从她手中滑落，隐约间听到母亲有气无力地说了最后一句话："妈妈没办法了，不能出去了。"随后大火将母亲吞噬。她的五个孩子，除了胡丽婷手臂略微烧伤外，其他四个孩子均安然无恙。

胡家的邻居颜先生称，他闻到浓烈的烟味后，看见大火在胡家烧起来，他们全家赶紧跑出家门避险，同时拨打 119 求助消防员。他看见胡家一个工人先爬到阁楼的墙上，然后就看见胡家的孩子一个个被拉上墙头，随后看见胡益科守在墙下一个个接孩子。最后孩子都出来了，可是胡益科的老婆卢映雪一直没出来。消防员很快赶到，在约 20 分钟后将大火扑灭。目击者黄先生称，看见消防员将火扑灭后，他们赶紧随消防员到屋内寻找卢映雪，但是却看见悲惨的一幕：卢映雪跪在阁楼内的墙边，双手上举，一直保持着往上托孩子的动作，她身上的衣服被烧光，人已经被烧死。

"母爱太伟大了。"胡家邻居均称，卢映雪平时就是个心地善良、人缘极好的人，就是在大火中遇难后，卢映雪仍然保持了奋力救孩子的动作，那个永远定格的动作令谁都为之感动。胡益科说，妻子遇难后，几个孩子一直沉浸在悲痛中，几天来一家人根本吃不下饭，也根本不敢回到原来的家，害怕勾起痛苦的回忆。昨日，记者在火灾现场看见，胡家已被大火烧得一片狼藉，进门处附近已经被消防人员圈出警戒范围。消防部门有关人士称，火灾原因仍在调查中。

伟大的母爱感动了很多人。卢映雪的女儿胡丽婷、胡丽贤所在学校——深圳鹏基中英文学校闻讯后立即向全校师生发出捐款倡议书。从15日到昨日止，全校师生为胡家捐款1万多元，以解决胡丽婷姐妹二人无钱上学的困难。该校负责人说，学校不希望胡丽婷姐妹因家中出事而中断学业，如有必要学校下学期可以免费让她们来上学，她们的三个弟弟所在学校如没有优惠措施，也可以免费到鹏基学校上学。

这篇新闻有一千多字，内容较长，若改编成三分钟以内的朗诵稿，需要删减与主题无关的内容，增补救人场景的细节，将人们的讲述语改成叙述语，并对新闻顺序进行调整。

以下是改编作品：

母亲的姿势

（根据新闻故事改编）

这是一个真实的故事。他们就住在一套用木板隔成的两层商铺里。母亲半夜突然闻到一股浓浓的烟味，便意识到家中出事了。等丈夫从梦中惊醒，楼下已是一片火海，全家两个女儿三个儿子以及雇工都被困在大火中。幸好阁楼上的天花板只有一层，砸开它，就可以攀上后墙逃生。绝望之余，父亲带着雇工砸破窗玻璃，从阁楼窗户跳下。高墙里面，大火离母亲和五个孩子越来越近了。五个孩子中，最高的也只有154厘米，而围墙竟有两米多高，他们没有一个人能够单独攀上去。墙头上的雇工一手抓紧房顶横梁，另一只手伸向墙内的母亲和孩子。"别怕，踩着妈妈的手，爬上去！你爸在墙下接你！"母亲蹲在地上，抓牢大儿子的脚，大儿子用力一蹬，抓住雇工的手攀上墙头翻身脱离了险境。用同样的办法，母亲把二儿子和小儿子一一举过了墙。

此刻，火舌已舔到脚掌，母亲奋力抓起二女儿。这时，她的力气已用尽，浑身不停地颤抖。大女儿急中生智，协助妈妈把妹妹举过了墙。火海中，仅剩母亲和大女儿。大火已卷上了她们的身体，烧着了她们的衣服。大女儿哭着让妈妈离开，但母亲坚决地将大女儿拉了过来，拼尽最后一口气，将大女儿托过墙头。当雇工再次把手伸向母亲的时候，她竟然连站立的力气也耗尽了。转眼间，便被大火吞没了。墙外，五个孩子声泪俱下地捶打着墙，大喊着"妈妈"。而墙内的母亲再也听不见了，永远地闭上了眼睛。

消防人员赶到后将大火扑灭。人们进去寻找这位母亲，看到了极为悲壮的一幕：母亲跪在阁楼内的墙下，双手向上高高举起，依然保持着托举的姿势。

这个故事就发生在深圳，人们将永远铭记这位英雄母亲的名字——卢映雪。

有些新闻稿件，内容较短，叙述简单，需要进行大量增补。例如下面这篇新闻：

在山东烟台打工的黑龙江省三十四岁的农民郭永山，接到母亲病重的电话后，从山东省烟台市珠玑火车站出发，沿着铁路线徒步返乡。自2004年2月2日起，经过七十八天，穿越两市五省之后，身无分文、饥寒交迫的郭永山昏倒在大庆市萨尔图区胜利建材市场。好心的人们拨打了110，警察把他送上了开往佳木斯的火车。他终于在母亲临终前，赶到家中。

以下是改编作品：

千万里，爱的呼唤

（根据新闻故事改编）

黑龙江省34岁的农民郭永山，在山东烟台打工，去向老板讨要之前承诺的每月八百元工资，结果一分钱也没有拿到。他只好白天在工地干活，夜晚到酒店当清洁员，攒下三百元。接到母亲病重的电话后，他为母亲买了药，兜里就剩下了两元钱。于是带着两个馒头，离开了工地。他从山东省烟台市珠玑火车站出发，沿着漫长的铁路线，徒步踏上了艰难的归乡之路。

一路上，他饿了，就向别人唱令人心酸的《想家的时候》这首歌，勾起人们一行行热泪，换来点剩饭剩菜；困了，就倒在车站或别人家的屋檐下睡觉，结果被主人家的两条狼狗咬伤了腿。途中，他差点被大风刮到河里，在山林抄近路时又差点被狼吃掉。他九死一生，穿越两市五省，徒步七十八天，终因饥寒交迫昏倒在大庆市萨尔图区胜利建材市场。好心人拨打了110，他才被干警抢救并送上了开往佳木斯的火车。

当他把千里迢迢带回的药放到妈妈手中时，妈妈拉着郭永山的手，脸上露出安详而满足的笑容，永远地睡去了。

在进行新闻稿件的增补时，可以对场景进行合理想象，增添细节内容。还可以根据情节，增添对话，以增强故事的生动性。

第七章　专业考试推荐篇目及朗诵提示

饮酒

[晋]　陶渊明

结庐在人境，而无车马喧。

问君何能尔，心远地自偏。

采菊东篱下，悠然见南山。

山气日夕佳，飞鸟相与还。

此中有真意，欲辩已忘言。

　　朗诵提示：这首诗是东晋诗人陶渊明五言诗中的代表作。朗诵时宜用舒缓、平和的节奏读出平淡语句中的悠远意味：第一句用平静的语气平稳叙述，第二句是设问，先用上升语调询问"问君何能尔"，读后不要立即作答，可以稍作停顿，引人深思，然后缓慢读出答案，其中"心远"是重音，可以将调子拉起，然后停顿一下，再将调子降下，读出"地自偏"三字。接下来的两句是全诗最为人称道之处，"采菊东篱下，悠然见南山"朗诵时要把两个地点、两个动作用音色的虚实与强弱对比区别出来，把一种脱俗而又不失生趣的意境表现出来。然后，做稍长时间的停顿，给听者留下回味、想象的余地，接下来低声慢起读出描述山中黄昏美景的句子"山气日夕佳，飞鸟相与还"。在把听者带入优美意境之后，稍稍改换语气，用富含哲理的语气读出尾句。整首诗朗诵时语气要衔接自然，一气呵成，读出意境的空灵与美感。

江 城 子
[宋] 苏轼

十年生死两茫茫，不思量，自难忘。千里孤坟，无处话凄凉。纵使相逢应不识，尘满面，鬓如霜。

夜来幽梦忽还乡，小轩窗，正梳妆。相顾无言，惟有泪千行。料得年年断肠处，明月夜，短松冈。

朗诵提示：这是一首悼念亡妻的词，具有一种古诗和律诗所难以产生的内在节奏感和扣人心弦的艺术魅力。词中不仅表达了对亡妻永难忘怀的真挚情感和深沉忆念，也写出作者十年来政治生涯中的不幸遭遇和无限的人生感慨。朗诵该词要先确定好低沉、哀婉与苍凉的基调，下阕写梦境的突然出现，要在全词悲凉、沉痛的节奏中，变换出梦幻的喜悦来。读"小轩窗，正梳妆"时，要改用轻盈优美的语调，读出年轻时的蜜意柔情。结尾句是梦后的感叹，同时也是对死者的慰安。朗诵时可以采用波峰式语调，在"明月夜"提到最高峰，然后在"短松冈"三字上，一字一顿，缓缓降下，形成呜咽声声慢消、心潮起伏难平的意境。

浪 淘 沙
[南唐] 李煜

帘外雨潺潺，春意阑珊，罗衾不耐五更寒。梦里不知身是客，一晌贪欢。

独自莫凭栏，无限江山，别时容易见时难。流水落花春去也，天上人间。

朗诵提示：该词为五代十国时期南唐国君李煜所作，作者从描绘阴雨、晚春、寒夜景色入手，用流水与落花作比，将天上和人间相对照，抒发国破家亡之痛。朗诵时要把握好凄婉、哀伤的总基调。上阕前三句起头音量要低，语速宜缓，有如吟诵，语势平起平落。"梦里不知身是客"一句采取上升类语势，"客"字提高音量，字音拖长。"一晌贪欢"承接上句语势开口，在"一晌"后稍作停顿，音量减小，然后以无可奈何的语气读出"贪欢"两字，结尾收音要干净利落。下阕朗诵时要在较长时间停顿后再开始，给听众一个沉浸、融入的过程。"独自莫凭栏"可采用高调提醒的方式，"无限江山"一句将语速放慢，用四个字高度概括家国两失的感慨。"天上人间"四个字要突出今昔境遇之迥异，语速变慢。其中，"天上"与"人间"两个词之间可以夸张地停顿，并且用音量加大前后两词语势的对比，以表现其中的时空变化和情感变化的幅度，深刻揭示作者内心的悲凉和怀念故国的绝望之情。

念奴娇·赤壁怀古
［宋］苏轼

大江东去，浪淘尽、千古风流人物。故垒西边，人道是，三国周郎赤壁。乱石穿空，惊涛拍岸，卷起千堆雪。江山如画，一时多少豪杰。

遥想公瑾当年，小乔初嫁了，雄姿英发。羽扇纶巾，谈笑间、樯橹灰飞烟灭。故国神游，多情应笑我、早生华发。人间如梦，一尊还酹江月。

朗诵提示：苏轼的《念奴娇·赤壁怀古》文辞优美，意境开阔，气势磅礴，感情奔放，历来被视为宋词豪放派的代表作。在朗诵时要充分体会词人壮志满怀却无处可酬的情怀，把握该词苍凉悲壮、豪迈奔放的基调，然后控制好朗诵的节奏。开篇面对滚滚东流的长江，感慨万千，可缓缓提起语调，在"千古风流"达到高潮，在"人物"上降下。第二句是抒情，语调平淡，语速缓慢。第三句描写场景，语速转快，语句相连，语调上升。其中"乱石""惊涛"和"千堆雪"重读，读出气势。第四句赞美大好江山，改为降调，"一时"后稍微停顿，表现词人无限的感慨。第五句是回忆，语调转平和。"雄姿英发"中的"雄"字要加重感情。第六句描绘英雄形象，可将语气放轻松。在"谈笑间"的尾音上加重。"樯橹灰飞烟灭"句语速要快，语调上升。第七句是神游与现实的对比，要通过前后语速快慢，读出对比感。最后一句是回归现实，要放慢语速，降低语调，读出词人内心的苍凉，"一尊还酹江月"句采用波峰类语势，缓慢降下收尾。

与陈伯之书（节选）

［南朝·梁］丘迟

暮春三月，江南草长，杂花生树，群莺乱飞。见故国之旗鼓，感平生于畴日，抚弦登陴，岂不怆恨！所以廉公之思赵将，吴子之泣西河，人之情也，将军独无情哉？想早励良规，自求多福。

朗诵提示：本文是南朝丘迟写给陈伯之的一封招降书信。信中首先义正词严地谴责了陈伯之叛国投敌的卑劣行径，然后申明了梁朝不咎既往、宽大为怀的政策，向对方晓以大义，陈述利害，并动之以故国之恩、乡关之情，最后奉劝他只有归梁才是最好的出路。本文节选描画故国的秀美景色片段用以激发他思念家乡之情，借廉颇思复为赵将、吴起望西河泣下之典故，说明不忘故国故土乃人之常情，表达对陈伯之的理解与同情。因此，"伯之得书，乃于寿阳拥兵八千归降"。节选的这段文字虽然字数不多，但写景说理俱全。朗诵描绘景色片段时要尽力调动形象思维，从"草、花、树、莺"逐渐提升语调，把江南三月的美景铺排渲染开来。中间是情感过渡句，速度加快，语调采用"上山"类型，逐渐提高。从"所以"开始，音量降低，语气转为理解与同情，最好能将"廉公之思赵将，吴子之泣西河"一口气连续起来，然后落到重音"人之情"上，再加一句反问"将军独无情哉？"，进一步提升、加强语气。带着炽烈感情的诘问，发人深省，促人深思。然后是情动肺腑的娓娓劝说，要降低音量，用真诚的语气，放慢语速，采用一升一降的语调读出"早励良规，自求多福"，重音放在"早、良、自、多"上，表现作者的真诚心意。另外全文基本使用偶体双行的四六句式，朗诵时要注意句式的参差变化，读出其中的音乐美及和谐的节律感。

纸船——寄母亲

冰心

我从不肯妄弃了一张纸，

总是留着——留着，

叠成一只一只很小的船儿。

从舟上抛下在海里。

有的被天风吹卷到舟中的窗里，

有的被海浪打湿，沾在船头上。

我仍是不灰心地每天的叠着，

总希望有一只能流到我要它到的地方去。

母亲，倘若你梦中看见一只很小的白船儿，

不要惊讶它无端入梦。

这是你至爱的女儿含着泪叠的，

万水千山，

求它载着她的爱和悲哀归去。

朗诵提示：《纸船》是冰心 1923 年去国外留学途中在海船上写的一首诗，比较适合声音纤细、柔美的女生朗诵。朗诵前要先把握好此诗的主题与意境。诗人凭借叠纸船与嬉水这种孩提时常玩的游戏，遥寄自己对母亲的怀恋，亲切自然地创造出一种梦幻似的悱恻意境，不禁令人潸然泪下。

朗诵第一节"叠船"时，要有平稳感觉，重音强调"一张纸"中的"一"字，以表现小女孩的可爱与童真。下面接连两个"留着"，可以采用先高后低的语调，不仅形成了诗韵的旋律感，也使诗人执著的情感得以强化。朗诵第二节"抛船"时，要有丰富的内在语：自己此去，与亲人将相隔万里，短期内是无法相聚的。因此要用哀伤的语气表达诗人内心的痛楚。朗诵第三节"梦船"时，要改用虚声，加快语速，以表现梦境的虚幻与美好。最后一句中有两个同音字"它"与"她"，朗诵时如不加以区分会令人误解或迷惑。可以在读第一个"它"时，与前一句连接紧密一些，语气贯通，使"它"

与"纸船"合为一体。然后，稍作停顿，再读"载着她的爱和悲哀归去"，重音放在"爱与悲哀"上，不仅语义明了，情感也更深入了一步。

教我如何不想她

刘半农

天上飘着些微云，
地上吹着些微风。
啊！
微风吹动了我头发，
教我如何不想她？

月光恋爱着海洋，
海洋恋爱着月光。
啊！
这般蜜也似的银夜，
教我如何不想她？

水面落花慢慢流，
水底鱼儿慢慢游。
啊！
燕子你说些什么话？
教我如何不想她？

枯树在冷风里摇。
野火在暮色中烧。
啊！
西天还有些儿残霞，
教我如何不想她？

朗诵提示：这首诗作于1920年诗人留学欧洲期间，写出了诗人心底潜藏的最纯真的爱情和对祖国热切的思念之情。朗诵时首先要把握好主题，它既可以作为一首献给爱人的情歌，也可作为对祖国故土的怀念之歌。全诗四节要采用不同的语气语调：第一节表现天空明净、大地宽阔、云儿漂浮的景色，可采用柔和、开阔的音色；第二节描绘银色的月光照在宽阔的海面上的情景，可用虚声，放低音量；第三节描绘落花、流水、游鱼和燕子，可采用热情、灵动、活泼的语调；第四节描绘枯树、野火和残霞，可采用低沉、凄冷的语调。全诗中有四次出现"教我如何不想她？"，要注意采用不同的朗诵方法：第一节中是一声轻叹；第二节中要用粘连不断的声音，读得缠绵悱恻；第三节中诗人的心里有着更深的触动和思念，要读得情深义重；最后一节中寒冷的风和天边的残霞形成了强烈的对比，衬托出了诗人远离故国的孤独与失落，诗人在心底深处迸发出最强烈的一声呼唤"教我如何不想她？"，这一声可采用上升语调，蓄足气息，提高音量，达到全诗的最高潮。

黎明的通知（节选）
艾青

为了我的祈愿
诗人啊，你起来吧

而且请你告诉他们
说他们所等待的已经要来

说我已踏着露水而来
已借着最后一颗星的照引而来

我从东方来
从汹涌着波涛的海上来

我将带光明给世界
又将带温暖给人类

请他们准备欢迎，请所有的人准备欢迎
当雄鸡最后一次鸣叫的时候我就到来
请他们用虔诚的眼睛凝视天边

我将给所有期待我的以最慈惠的光辉

趁这夜已快完了，请告诉他们

说他们所等待的就要来了

　　朗诵提示：《黎明的通知》是诗人艾青又一首名作。要朗诵好这首诗，首先应该了解此诗的写作背景和象征意义。诗人冒着生命危险，经过千难万险，终于从重庆到达延安。在一片新的天地里，诗人的心豁然敞亮了。诗人清晰地感受到，长期以来，处于阶级压迫和民族危机之中的中华民族，在经历了如火如荼的斗争之后，人们所企盼的民族的黎明与希望就要到来了，因此诗中的"黎明"具有鲜明的象征意义。第二，在朗诵时要把握全诗热情、明朗、喜悦、积极的主基调，语调多扬少抑，充分表现诗人的欢悦之情。第三，要用拟人化的语调，以黎明的口气把人们的企盼读出来。诗人在写这首诗的时候，并不是从通常的思维逻辑着眼，即写人们怎样企盼或迎接黎明到来，而是从相反的角度，以黎明的眼光和心绪来写。这样的角度，这样的构思，使这首诗充满了新鲜感，朗诵时要将此特点鲜明地体现出来。

七律·长征

毛泽东

红军不怕远征难，万水千山只等闲。

五岭逶迤腾细浪，乌蒙磅礴走泥丸。

金沙水拍云崖暖，大渡桥横铁索寒。

更喜岷山千里雪，三军过后尽开颜。

　　朗诵提示：毛泽东的《七律·长征》，写于1935年10月，当时毛泽东率领中央红军越过岷山，长征即将结束。回顾长征一年来所战胜的无数艰难困境，他满怀战斗的豪情，以轻松的笔调写下了这首气壮山河的伟大诗篇。朗诵时要把握全诗慷慨、豪迈的基调，将毛泽东领导的红军战士不畏艰险、藐视一切困难的革命英雄主义气概和革命乐观主义精神展现出来。然后还要调动情绪，想象意境，体会感情，使"腾越五岭、疾跨乌蒙、巧渡金沙江、飞夺泸定桥、喜踏岷山雪"等五幅画面生动、立体地再现出来。另外要了解诗的格律形式，注意停顿和节奏，读清诗

的韵脚。七律是七言八句，三、四两句对仗，五、六两句对仗，分首联、
颔联、颈联、尾联。以下为停连节奏，供朗诵参考：

首联：红军/不怕/远征/难，万水/千山/只/等闲。

颔联：五岭/逶迤/腾/细浪，乌蒙/磅礴/走/泥丸。

颈联：金沙/水拍/云崖/暖，大渡/桥横/铁索/寒。

尾联：更喜/岷山/千里/雪，三军/过后/尽/开颜。

风流歌　（节选）

纪宇

风流哟，风流，什么是风流？
我心中的情丝像三春的绿柳；

风流哟，风流，谁不爱风流？
我思索的果实像仲秋的石榴。

我是一个人，有血，有肉，
我有一颗心，会喜，会愁；

我要人的尊严，要心的颖秀，
不愿像丑类一般鼠窃狗偷！

我爱松的高洁，爱兰的清幽，
决不学苍蝇一样追腥逐臭；

我希望生活过得轰轰烈烈，
我期待事业终能有所成就。

我年轻，旺盛的精力像风在吼，
我热情，澎湃的生命似水在流。

风流呵，该怎样把你理解？
风流呵，我发誓将你追求；
…………

朗诵提示：《风流歌》在 20 世纪 80 年代初红遍大江南北。当时正

值改革开放之初，人们对未来充满着希望，正是在这样一个人人追逐风流的时候，孕育了《风流歌》。全诗共四章：什么是风流、风流的自述、我和风流、真正的风流。本节选自第一章。全诗语言华美而清新，运用传统的对仗、比喻、拟人等手法，读来芬芳袭人，余香满口。朗诵时先要把握全诗高亢型节奏特点，用昂扬向上的语势表达振奋的情绪。第二要读好句中的韵脚，保持音韵和谐，归音圆润，语调铿锵。最后注意其中问答句式的读法，用升降语调的方式将问句与答句区分开来，使全诗富有变化，摇曳生姿。

一片槐树叶

纪弦

这是全世界最美的一片，

最珍奇，最可宝贵的一片，

而又是最使人伤心，最使人流泪的一片：

薄薄的，干的，浅灰黄色的槐树叶。

忘了是在江南，江北，

是在哪一个城市，哪一个园子里捡来的了，

被夹在一册古老的诗集里，

多年来，竟没有些微的损坏。

蝉翼般轻轻滑落的槐树叶，

细看时，还沾着些故国的泥土啊。

故国哟，啊啊，要到何年何月何日

才能让我再回到你的怀抱里，

去享受一个世界上最愉快的

飘着淡淡的槐花香的季节？

朗诵提示：《一片槐树叶》是台湾诗人纪弦写于 1954 年的一首咏物抒情诗。诗人远离大陆故土，思乡之情与日俱增。一次偶然翻阅旧书，夹在书中的一片槐树叶赫然跳入眼帘，由此触动诗人，他的感情掀起了波澜，于是诗人借夹在书中的这一片槐树叶抒发了游子思乡之情。朗诵时要深入体会其中蕴涵的情感，用舒缓型节奏表达诗中浓郁的乡愁和拳拳爱国之情。其中几个感叹词要深入体会，读得恰到好处。尤其是"故国哟，啊啊，要到何年何月何日"其中蕴涵的感慨、向往与无奈要通过语气色彩的转换与音量高低的变换体现出来。

谈　心
祝相宽

孩子，你知道吗，你爸爸

一个年过五十的堂堂老板

一个得到鲜花与掌声的农民企业家

在疾驰的轿车上他是何等的神气

在谈判的酒桌上又是怎样的尊严

他忙碌的身影像衔泥筑巢的燕子

他创业的奇迹正在风中流传

但是，我得告诉你，孩子

为了不争气的你，他流泪了

在你熟悉的教室的门口

在一位比他小二十岁的女教师面前

孩子，你知道吗，你爸爸

拿着你得了一位数的试卷

手像寒风中的树叶不停地打颤

这让我想起他创业的时候

在一个小车站熬过的一个隆冬的夜晚

他瞅着窗外冻僵的星星

他抽着自己卷的旱烟取暖

他说他干好了最大的愿望

就是送孩子走进大学的校园

今天，他还是翻来覆去地这样说

在你熟悉的教室的门口

在一位微笑着的年轻教师的面前

孩子，你知道吗，有一位伟人

把你们比作早晨八九点钟的太阳

而我，更愿意把你们比喻成粗糙的石头

你必须接受你的老师和父辈的敲打

那是他们用爱和心血一下接一下的敲打啊

因为他们和我一样相信——

你将以朝阳的形象

升起在明天

朗诵提示：这首诗以第一人称，用同一个"不争气"的孩子谈心的方式，讲述家长与老师对孩子的期望，尤其谈到父亲创业的艰难，以及在年轻女教师面前流泪的场景，令人动容。这首诗贴近学生生活，语义明了，语言直白，非常易于理解，而且感情朴实真挚，易于打动人心。朗诵时注意节奏的把握，要以娓娓道来的语气深情讲述，结尾时语调要逐渐提升，充满希望。

山雀子噪醒的江南（节选）

饶庆年

山雀子噪醒的江南，一抹雨烟

到处是布谷的清亮，黄鹂的婉转，竹鸡的缠绵

看夜的猎手回了，柳笛儿在晨风中轻颤

孩子踏着睡意出牧，露珠绊响了水牛的铃铛

扛犁的老哥子们，粗声地吆喝着问候

担水的村姑，小曲儿洒一路淡淡的喜欢

山雀子噪醒的江南，一抹雨烟

我的心宁静的依恋，依恋着烟雨的江南

故乡从梦中醒来，竹叶抖动着晨风的新鲜

走尽古老的石阶，已不见破败的童话

石砌的院落，新房正翘起昂起的飞檐

孩子们已无从知道当年蕨根的苦涩

也不再弯腰拾起落地的榆钱

乡亲们泡一杯新摘的山茶待我，

我的心浸渍着爱的香甜

…………

山雀子噪醒的江南，一抹雨烟

烟雨拂掠着我如画的江南

桂花酒新酿着一个现实的神话

荞花蜜将我久藏的童心点染

我的心交给了崖头的山雀

衔一片喜悦装点我迟到的春天

山雀子衔来的江南，一抹雨烟

　　朗诵提示：这首诗描述故乡江南春天的美景，在柔美意境中满含喜悦之情。朗诵时首先把握轻快型节奏，整首诗语调抑少扬多。对诗中反复出现的主题句"山雀子噪醒的江南，一抹雨烟"要注意吐字归音方法的运用，做到吐字圆润，意蕴深长，还要根据此句出现的不同位置采用不同的表现技巧：开头缓缓进入，给听众描绘远景轮廓；中间逐渐加强语气，加深情感；结尾语调提升，充分表达对故乡强烈的赞美与热爱。

谈生命（节选）

冰心

　　我不敢说生命是什么，我只能说生命像什么。

　　生命像向东流的一江春水，他从最高处发源，冰雪是他的前身。他聚集起许多细流，合成一股有力的洪涛，向下奔注，他曲折地穿过了悬崖峭壁，冲倒了层沙积土，挟卷着滚滚的沙石，快乐勇敢地流走，一路上他享受着他所遭遇的一切：

有时候他遇到巉岩前阻，他愤激地奔腾了起来，怒吼着，回旋着，前波后浪地起伏催逼，直到冲倒了这危崖，他才心平气和地一泻千里。有时候他经过了细细的平沙，斜阳芳草里，看见了夹岸红艳的桃花，他快乐而又羞怯，静静地流着，低低地吟唱着，轻轻地度过这一段浪漫的行程。有时候他遇到暴风雨，这激电，这迅雷，使他心魂惊骇，疾风吹卷起他，大雨击打着他，他暂时浑浊了，扰乱了，而雨过天晴，只加给他许多新生的力量。有时候他遇到了晚霞和新月，向他照耀，向他投影，清冷中带些幽幽的温暖：这时他只想憩息，只想睡眠，而那股前进的力量，仍催逼着他向前走……终于有一天，他远远地望见了大海。呵！他已到了行程的终结，这大海，使他屏息，使他低头。她多么辽阔，多么伟大！多么光明，又多么黑暗！大海庄严地伸出臂儿来接引他，他一声不响地流入她的怀里。他消融了，归化了，说不上快乐，也没有悲哀！也许有一天，他再从海上蓬蓬的雨点中升起，飞向西来，再形成一道江流，再冲倒两旁的石壁，再来寻夹岸的桃花。

朗诵提示：冰心的散文《谈生命》，用形象的"水"和"树"来比喻生命，蕴涵深刻的生活哲理，本文节选的是第一个比喻段。朗诵时总体要保持平和的语调，其中几个"有时候"，喻示着人的生命历程中的几种状况，要采用不同的语气：有高亢嘹亮，有低声柔和，有快速激烈，有轻盈跳跃，有热情奔放，有宁静平和，以表现"一江春水"即人的生命历程的丰富多彩。

黄河号子（节选）
歌吟有梦

黄河向东，日月向西。一条绷紧的纤绳，拉动的是五千年沉重的历史。

大风吹过了五千年，大河奔腾了五千年，船工的号子响彻了五千年。

五千年的爱与恨，洒满了滔滔的黄河水。五千年的悲与喜，融在一声声的黄河号子里。黄河号子，是五千年凝聚的黄河魂，是黄河的另一种咆哮声。

一条长长的纤绳，把从心头迸发的声音勒出了血。忽高忽低的涛声，便在宽厚的肩膀上一阵阵地轰鸣。那些隆起的胸肌，是隆起的力量，也是涌动的巨浪。那些沉重的脚步，踩碎了嶙峋的山岩，也踩碎了山岩般坚硬的辛酸和苦难。

黄河号子，在青铜的巨鼎上刻下一道凝重的水纹。那是一支呜咽的悲歌，那是一种千年不变万年不化的声音。从灵魂的深处飘荡而来，悠悠地穿过了岁月的时空，喷发出电闪雷鸣般的潮洪。

大风吹过了五千年，大河奔腾了五千年，船工的号子响彻了五千年。

朗诵提示：歌吟有梦的散文诗《黄河号子》用一条纤绳作线，将爱恨情仇、荣辱悲喜，贯穿于五千年的沉重历史。全文大气磅礴，气势非凡，非常适合气息饱满、声音嘹亮的朗诵者。朗诵时要把握高亢、激昂的主旋律，运用起伏变化的语调、饱满的情感去震撼听众的心灵。

安塞腰鼓（节选）
刘成章

一群茂腾腾的后生。

他们的身后是一片高粱地。他们朴实得就像那片高粱。

咝溜溜的南风吹动了高粱叶子，也吹动了他们的衣衫。

他们的神情沉稳而安静。紧贴在他们身体一侧的腰鼓，呆呆地，似乎从来不曾响过。

但是：

看！——

一捶起来就发狠了，忘情了，没命了！百十个斜背响鼓的后生，如百十块被强震不断击起的石头，狂舞在你的面前。骤雨一样，是急促的鼓点；旋风一样，是飞扬的流苏；乱蛙一样，是蹦跳的脚步；火花一样，是闪射的瞳仁；斗虎一样，是强健的风姿。黄土高原上，爆出一场多么壮阔、多么豪放、多么火烈的舞蹈哇！——安塞腰鼓！

这腰鼓，使冰冷的空气立即变得燥热了，使恬静的阳光立即变得飞溅了，使困倦的世界立即变得亢奋了。

愈捶愈烈！痛苦和欢乐，现实和梦幻，摆脱和追求，都在这舞姿和鼓点中，交织！旋转！凝聚！升华！

人，成了茫茫一片；声，成了茫茫一片……

当它戛然而止的时候，世界出奇的寂静，以致使人感到对她十分陌生了。简直像来到另一个星球。

耳畔是一声渺远的鸡啼。

朗诵提示：《安塞腰鼓》是刘成章饱蘸生命激情，用浓笔重墨写就的一首散文诗；它既是对高原生命的热烈颂歌，也是对民族魂魄的诗性礼赞。朗诵时首先要体会文中所蕴涵的对黄土高原深厚的热爱之情，然后把握全文慷慨激昂的节奏感。文中为了传达勃发的生命激情，使用一连串短语，甚至两字一顿，频频出击，节奏相当紧凑，像波涛一样一浪接一浪，倾泻而出，欲罢不能。朗诵时要注意语调起伏变化，使语势自然上升，表现气吞山河的场面和震撼人心的力量。文中最精彩的地方是主体部分的高亢、激昂与结尾处的邈远、宁静，要用音量的高低、音色的实虚和语气的强弱对比变化将之明显地区别出来，才能将本文的精妙之处淋漓尽致地展现出来。

活埋（节选）

远方

在南京，在大屠杀纪念馆，一个巨大的头颅，一张巨大的嘴，在呐喊。呐喊声，在无涯的时间和空间，凝固了。一个被日本人活埋的中国人，一个人，喊出了一个民族的痛。被埋在泥土下的躯体，在反抗，在挣扎，在竭尽全力爆发。血气上涌，眼眶通红，生命在呐喊声中，变得轻盈、飘逸，远离灵魂。

在看到一个人被另一个人埋进泥土，一个民族被另一个民族活埋的时候，会想些什么？

一个从死尸堆里爬出的人，告诉我：日本兵让俘虏自己挖一个坑，然后，面朝土坑，跪下。"乒"的一声枪响，人，一个倒栽葱，进了土坑，正好把土坑填满。然后，请下一个，用铁锹，用泥土，把坑抹平，让一个生命的痕迹，从此，在这块土地上，彻底消散。

1937年12月13日之后，一百多个，甚至更多个日子里，旧都南京的大街上，走动着来自另一国度的人，这些人嚣张、霸道，腰间，挂着钢刀和头颅。

这些在腰间晃荡的头颅，大张着嘴，呼吸着人世间最后一口空气。惊愕摆在脸上，无论多么用力的呼吸，都无法摆脱死亡的缠绕。呐喊，无声。哭泣，无泪。几个，有时是十几个，几十个，悬挂在一个腰间的头颅，有着一色的表情：剧痛后的麻木，面具一样。

在南京，在活埋者的头颅前，在万人坑的骨架前，我常常感觉到作为一个弱者的无助。我常常替他们挣扎着，呐喊着，逃跑着，可如果把我，放到这样一段日子里，除了挣扎、呐喊、逃跑，我还能做些什么？

我的想象力，如此贫乏。有一个人，或许，是一个作家，为我复原了一幅图：泥屑从头顶纷纷飘落的时候，一位母亲，把自己弯成一个弓，用身体，为婴儿，挡住了这个世界强加给他的噩运。

从被活埋的数十万骨架中，突然看到这样一幅图，惊悚之中，一股暖意上升。透过这根月牙一样的残缺的脊梁，我分明看到了人性的圆满。

朗诵提示：这篇文章中的"活埋"片段能快速激起朗诵者悲愤的情绪，带领听众进入朗诵意境，因而经常被应试者选用。但朗诵时要注意全面把握朗诵节奏，低沉是其中的主旋律，全文语调以抑为主，但结尾处是对母性的赞美，语调上升，以扬为主。要将对日本侵略者的憎恨，对同胞惨遭屠戮的同情，以及对灾难中人性伟大的歌颂等复杂情感，用多变的声音形式表现出来。文中有许多短句，在朗诵时，为表情达意需要，可突破标点符号界限，可停可连；连接是为了语句与情感的流畅，停顿是为了表达的强调与渲染。

朋友和其他

杏林子

暮春时节，又邀了几位朋友在家小聚。虽然都是极熟的朋友，却是终年难得一见，偶尔电话里相叙，也无非是几句寻常话。一锅小米稀饭，一碟大头菜，一盘自家酿制的泡菜，一只巷口买回的烤鸭，简简单单，不像请客，倒像家人团聚。

其实，友情也好，爱情也好，久而久之都会转化成亲情。说也奇怪，和新朋友会谈文学、谈哲学、谈人生道理等等，和老朋友却只话家常，柴米油盐，细细碎碎，种种琐事。很多时候，心灵的契合已经不需要太多的言语来表达。

朋友新烫了个头，不敢回家见母亲，恐怕惊骇了老人家，却欢喜地来见我们，老朋友颇能以一种趣味性的眼光欣赏这个改变。

年少的时候，我们差不多都在为别人而活，为苦口婆心的父母活，为循循善诱的师长活，为许多观念、许多传统的约束力而活。年岁逐增，渐渐挣脱外在的限制与束缚，开始懂得为自己活，照自己的方式做一些自己喜欢的事，不在乎别人的批评意见，不在乎别人的诋毁、流言，只在乎那一份随心所欲的舒坦自然。偶尔，也能够纵容自己放浪一下，并且有种恶作剧的窃喜。也越来越觉得，人生一世，无非是尽心。对自己尽心，对所爱的人尽心，对生活的这块土地尽心。既然尽心了，便无所谓得失，无所谓成败荣辱。很多事情便舍得下，放得开，包括人事的是非恩怨，金钱与感情的纠葛。懂得舍，懂得放，自然春风和煦，月明风清。

就让生命顺其自然，水到渠成吧。犹如窗前的乌桕，自生自落之间，自有一分圆融丰满的喜悦。春雨轻轻落着，没有诗，没有酒，有的只是一份相知相属的自在自得。

夜色在笑语中渐渐沉落，朋友起身告辞，没有挽留，没有送别，甚至也没有问归期。

已经过了大喜大悲的岁月，已经过了伤感流泪的年华，知道了聚散原来是这样的自然和顺理成章，懂得这点，便懂得珍惜每一次相聚的温馨，离别便也欢喜。

朗诵提示：台湾女作家杏林子十二岁时就罹患自体免疫系统不全而引发的慢性疾病，但她热爱生命，笔耕不辍，用幽默的笔调描述着人生的种种际遇，述说着命运给予的诸多挑战。全文较长，可选择第一、第二自然段，也可选择第三、第四自然段，还可单选第三自然段。朗诵时要运用冲淡平和的语气、宁静平稳的语调来表现作者的乐观和豁达。她的散文文字简洁，语言优美，透着淡淡的温柔。朗诵时注意吐字归音技巧，读出其中的韵味和禅意。

梦中的哈纳斯
李鹏程

平沙茫茫黄入天，飞鸟千里不敢来……

在人们的想象中，中国的新疆就是诗中道出的那种，那种穷荒绝漠的塞外风光。哪曾想，哈纳斯却是青山绿水，清新得一尘不染。瞧！就连那搏击长空的鹰，也因此忘却了飞翔。

哈纳斯因哈纳斯湖得名。据说一代天骄成吉思汗的弟弟，西征路过此地，曾饮马湖中，感叹哈纳斯湖的慷慨冷峻，特为它取名哈纳斯。

传说已无法考究，人间也已几经沧桑。湖还是湖，山仍然是山，无论是浪迹天涯的远行客，还是旅游探圣人，哈纳斯湖都是您梦中的湖。湖光山色变幻无穷，亲切中有一种严厉，柔情中带些许神秘，复杂的感受会打破您宁静的思绪。哈纳斯湖是哈纳斯的中心，而众星捧月般围绕在它四周的河流，白桦，苍松，更增添了它的神韵。

白桦树、白桦林，是哈纳斯的情人，她们永远都睁开着眼睛。或是含情脉脉，或是企盼警觉；衷情近于痴呆，厮守千年万载。

不用猜牧人是否勤劳，不用问这里是否草肥水美，看看这如同画中的牛羊，一切都是那么明明白白。木栏连着远方的山，拦住的却是幸福和美满。

哈纳斯的一切仿佛都镶着耀眼金边，随意捕捉一个，都可以请进北京美术馆。

哈纳斯，无论是雨天晴天，都令人沉醉留恋。哈纳斯的白桦，哈纳斯的松林，哈纳斯的木屋，像一双多情的琴师之手，饱蘸着哈纳斯湖的圣水，会时时拨动有情人的心弦，吟唱出如梦般的天籁之声。哈纳斯分明在人间却要梦里寻。

哈纳斯，哦！梦中的哈纳斯……

朗诵提示：这是一篇非常优美的写景抒情散文。朗诵时先要在脑海中进行丰富的情景展现，然后酝酿丰沛的激情。文中的句式也很丰富，对仗工整的诗句要读出其中的韵味，描景状物的句子要读出其中的意境，连续排比的句子要用升降起伏读出其中的变化，抒发情感的句子要读出作者热烈的赞美之情。

春夜听雨（节选）

张蜀君　丘峰

春夜好静。

春风又春雨。我独坐在书斋里听雨。听雨好情致。

春雨好稠。

绵绵细雨飘洒在窗前的悬铃树上，树枝上凝聚成水滴，"嘀嗒，嘀嗒"，宛如音乐的节拍，动听悦耳；雨丝穿过窗外的夹竹桃，沙沙轻吟，似吟唱细雨的情怀。窗外那长长的雨丝，牵动我的情思，我不禁低吟昔人的一首听雨词来："少年听雨歌楼上，红烛昏罗帐。中年听雨客舟中，江阔云低，断雁叫西风。而今听雨僧庐下，鬓已星星也，悲欢离合总无情，一任阶前点滴到天明。"

雨中人生，含蕴丰富。的确，读着这首词，你会感到词中对人生的诠释颇有深意。

春夜听雨，牵来细长的情丝。"夜窗疏雨不堪听，独坐寒斋万感生。今夜故人江上宿，如何禁得打篷声。"项世安的《雨夜》诗对离别故人的思念真是写得绝妙。夜雨中思绪翩翩，春的寒，雨的湿，容易牵动人们对亲友的情思。听春夜潇潇细雨，思自己人生苦旅，会顿感怅然，感慨系之。

张来的《雨中题壁》写道："去年此日泊瓜洲，衰柳萧萧客系舟。白发天涯叹流落，今宵听雨古宣州。"

这种对雨思忆，感叹人生境遇，是人生体验最好的回味。

夜雨读书，也是人生的乐趣。古人常有夜雨读书的习惯："风声，雨声，读书声，声声入耳。"

雨夜静谧，雨声和谐，引人夜读。读着读着，你可以想见现在正在春耕时节，万物生机，农人忙着抢抓春种："绿满山原白满洲，子规声里雨如烟。乡村四月闲人少，才了蚕桑又插田。"

可以想见春雨给农人带来的喜悦。由此你也会觉得自己也应像农人一样，在这宁静的雨夜，犹雨滋物，静静地读书，静静地思索……

春夜听雨，是休闲的好方法，这时你会觉着雨的韵律，雨的情致，自己也仿佛溶进自然的怀抱之中。

朗诵提示：这篇散文内容丰富，其中"雨中人生""雨夜读书""雨夜思索"等段都可以单独成篇，因而非常适合配乐朗诵或应试使用。另外文中散文句式与工整的诗句相互交错，能多样地展示朗诵技巧，也比较适合有一定朗诵基础的人表现技能。该文词句优美，意境悠远，朗诵时要注意用沉静、舒缓的节奏娓娓道来，不用大开大合的语气，少用升降变化明显的语调，可用稍长时间的停顿，在细致入微处体现语义的过渡。

乌鸦与狐狸
（俄）克雷洛夫

关于阿谀拍马的卑鄙和恶劣，不知告诫过我们多少遍了，然而总是没有用处，拍马屁的人总会在我们的心里找到空子。

上帝不知怎么赏给乌鸦一小块乳酪。乌鸦躲到一棵枞树上。它好像已经安顿下来，准备享受它的口福了。但是它的嘴半开半闭着，含着那小块美味的东西在沉思。

不幸这时候跑来一只狐狸，一阵香味立刻使它停住了。它瞧瞧乳酪，舔舔嘴。这坏东西跷起脚偷偷走近枞树。它卷起尾巴，目不转睛地瞅着。它那么柔和地说话，一个字一个字都是细声细语的：

"你是多么美丽呀！甜蜜的鸟！那脖子，唷，那眼睛，美丽得像个天堂的梦！而且，怎样的羽毛！怎样的嘴呀！只要你开口，一定是天使的声音。唱吧，亲爱的，别害臊！啊，小妹妹，说实话，你出落得这样美丽动人，要是唱得同样美丽动人，在鸟类之中，你就是令人拜倒的皇后了！"

那傻东西被狐狸的赞美搞得昏头昏脑，高兴得连气也透不过来了。它听从狐狸的柔声劝诱，提高嗓门儿，尽乌鸦之所能，叫出刺耳的声调。

乳酪掉下去了！——乳酪和狐狸都没影了。

朗诵提示：本篇寓言在开头就说明全文的寓意，在朗诵此段时要用冷静的语气、平稳的语调，读出其中的深意。尤其是重读"然而、总会"两词，突出寓言的现实意义。该寓言朗诵的另一个精彩点就是狐狸对乌鸦极力奉承的那段话，可采用夸张的语气、起伏较大的语调，来表现狐狸的狡猾。结尾句"乳酪和狐狸都没影了"，要重读"都"字，在"没影"两字上稍微拖腔，采用"滑音"，表现狐狸叼走乳酪的场景，让听者体会其中的微妙。

挤牛奶的姑娘
选自《伊索寓言》

一个农家挤奶姑娘头顶着一桶牛奶，从田野里走回农庄。她忽然想入非非："这桶牛奶卖得的钱，至少可以买回三百个鸡蛋。除去意外损失，这些鸡蛋可以孵得二百五十只小鸡。到鸡价涨得最高时，便可以拿这些小鸡到市场中去卖。那么这样一年到头，我便可分得很多赏钱，用这些钱足够买一条漂亮的新裙子。圣诞节晚宴上，我穿上漂亮迷人的新裙子，年轻的小伙子们都会向我求婚，而我却要摇摇头拒绝他们。"想到这里，她真的摇起头来，头顶的牛奶倒在地上。她的美妙幻想也随之消失了。

这是说，想入非非不会给自己带来任何实惠。

朗诵提示：伊索寓言《挤牛奶的姑娘》篇幅短小，寓意深刻，而且有现实意义，非常适合应试时选用。朗诵的精彩点是挤牛奶姑娘想入非非的片段，可以采用虚声、快速、起伏多变的语调将虚幻的场景描述得绘声绘色。另外注意该寓言的点睛之笔在结尾一句，因此，在朗诵完叙述部分后，稍加停顿，然后变换语气语调，用客观、冷静的语气意味深长地点出寓意，重点强调"不会"和"任何"两词，深化主题，给人警示。

蝙　蝠

（俄）克雷洛夫

很久以前，鸟类和走兽，因为发生一点争执，就爆发了战争。并且，双方僵持着，各不相让。

有一次，双方交战，鸟类战胜了。蝙蝠突然出现在鸟类的堡垒。"各位，恭喜啊！能将那些粗暴的走兽打败，真是英雄啊！我有翅膀又能飞，所以是鸟的伙伴！请大家多多指教！"

这时，鸟类非常需要新伙伴的加入，以增强实力。所以很欢迎蝙蝠的加入。

可是蝙蝠是个胆小鬼，等到战争开始，便秘不露面，躲在一旁观战。后来，当走兽战胜鸟类时，走兽们高声地唱着胜利的歌。蝙蝠却又突然出现在走兽的营区。"各位恭喜！把鸟类打败！实在太棒了！我是老鼠的同类，也是走兽！敬请大家多多指教！"

走兽们也很乐意地将蝙蝠纳入自己的同伴群中。

于是，每当走兽们胜利，蝙蝠就加入走兽。每当鸟类们打赢，他又成为鸟类们的伙伴。

最后战争结束了，走兽和鸟类言归于好，双方都知道了蝙蝠的行为。当蝙蝠再度出现在鸟类的世界时，鸟类很不客气地对他说："你不是鸟类！"

被鸟类赶出来的蝙蝠只好来到走兽的世界，走兽们则说："你不是走兽！"并赶走了蝙蝠。

最后，蝙蝠只能在黑夜，偷偷地飞着。

朗诵提示：克雷洛夫的寓言故事《蝙蝠》因对话精彩，讽刺性强，是朗诵爱好者和应试者经常选用的朗诵篇目。朗诵时要采用讲故事的语气，低声慢起，将听众迅速带入情境。中间两段蝙蝠的话可采用夸张的语调，模拟动物语言，大加渲染。文中没有点明寓意，但结尾句要用心体会，对"黑夜"一词加重读音，对"偷偷"一词改用慢速、虚声和低音，将文中蕴涵的寓意巧妙地展现出来，给听众留下回味的空间。

一吃就饱的东西

韩雪

一只老鼠大概因为担惊受怕，对偷粮盗米的生活厌倦了。

一天，在大嚼一顿后，这只老鼠打着饱嗝说了话："要是有一吃就饱的东西就好了，省得整天奔波劳碌！"另一只老鼠听了，将一包东西摔到他的面前："这还不好办？给，这有现成的！"先头的老鼠赶忙把包打开一看，吓了一跳："啊！老鼠药？这……"

后面的老鼠问："怎么样？这是不是你说的那种东西？这要吃下去，你就什么都不用吃了，还不是一吃就饱啊！"先头的老鼠眨眨眼，嘴动了动，也不知要说什么，后面的老鼠接着说："记住，老鼠和人一样，生来就是奔波挣扎的，世上哪有什么一劳永逸的事情！"

朗诵提示：韩雪的寓言《一吃就饱的东西》用两只老鼠的对话来阐明生活的意义，趣味横生，意蕴深长。朗诵时要特别注意处理好老鼠讲话的口吻：一只老鼠语气平淡，语调低沉，语音还可以断断续续，以表现这只老鼠的懒散情态；另一只老鼠讲话可以提高音量，提升语调，声音有力，表现这只老鼠积极向上的精神面貌。结尾点题句改换语气，用平和、冷静的语调说明生活的真谛。主要重音"就是"与次要重音"奔波挣扎"可分别采用加重读音与拉开字距的朗诵方法加以强调。最后一句感叹句可用反问的语气来强化其中的寓意。

小山羊卖菜

韩雪

小山羊种了好多菜，自己吃不了，余下的便挑到集上去卖，每次都卖得又多又快。小白兔很是眼馋，便向小山羊讨教，小山羊告诉他："你可以同我一起去看看嘛！"

到了集上，小山羊一边大声地吆喝，一边不停地招徕着。每逢有人前来看菜，小山羊还不停地夸着："梅花鹿，你长得可真漂亮"，"小花猫，你可真帅气"，"小鸭子，你都快成了白天鹅了"……听了这些贴心的话，每个人都高高兴兴地买了一大堆菜。

一只小毛驴走了过来，小山羊忙着打招呼："驴大哥，你好啊！"

小毛驴倔犟地应了一句："好什么好，每天不就这个样？"

小山羊一点也不着急："哪能呢，你比以前可精神多了！"

小毛驴不买账："别来这个，我不买你的菜。"

小山羊毫不介意："那没关系，咱就当聊聊天，听说最近你儿子学习可不错。"

小毛驴顿时来了兴致："那是，最近考试还弄了个第一呢！"

小山羊关心地说："那真得给你道喜，不过，光这样拼命学习还不行，可千万别累坏了身体！"

小毛驴赞同地说："对，是这个理！那你就给我多弄点有营养的菜！"

小山羊爽快地说："好嘞！我就给你称，保证你的儿子吃了我的菜，长得又壮又聪明！"

小白兔目睹这一情景，恍然大悟："你卖菜不夸菜而夸人，人一高兴……"

小山羊意味深长地说："这就是赞美的力量！"

朗诵提示：这篇寓言用人们司空见惯的卖菜场景来说明沟通交流的方式与技巧，篇幅不长，寓意新颖，给人恍然大悟之感，且自然生动，极富生活气息。朗诵时，小山羊语气柔和，语调平稳，听起来既热情又要真诚；小毛驴语气生硬，语调下沉，令人忍俊不禁。结尾可采用停顿提示法，在"这"字上提升语调，稍加停顿，将听众的注意力集中起来，引起强烈的探寻意念后，再用重捶法读出"赞美的力量"，点名题意。

藏羚羊跪拜（改编）

王宗仁

在青藏高原上，一个肩披长发，留着浓密的大胡子，脚蹬长筒藏靴的老猎人从帐篷里出来，伸伸懒腰，正准备要喝一铜碗酥油茶时，突然瞧见两步之遥对面的草坡上站立着一只肥肥壮壮的藏羚羊。他眼睛一亮，沉睡了一夜的他浑身立即涌上来一股清爽的劲头，丝毫没有犹豫，就转身回到帐篷拿来了杈子枪。他举枪瞄了起来，奇怪的是，那只肥壮的藏羚羊没有逃走，只是用乞求的眼神望着他，然后冲着他前行两步，两条前腿"扑通"一声跪了下来。与此同时只见两行长泪从它眼里流了出来。老猎人的心头一软，扣扳机的手不由得松了一下。但他是个猎手，不被藏羚羊的怜悯打动是情理之中的事。他双眼一闭，枪声响起，那只藏羚羊便栽倒在地。它倒地后仍是跪卧的姿势，眼里的两行泪迹也清晰地留着。

次日，老猎人怀着忐忑不安的心情将那只藏羚羊开膛扒皮，腹腔划开了，他吃惊得叫出了声，手中的屠刀咣当一声掉在地上……原来在藏羚羊的子宫里，静静卧着一只小藏羚羊，它已经成形，自然是死了。这时候，老猎人才明白为什么藏羚羊的身体肥肥壮壮，也才明白它为什么要弯下笨重的身子为自己下跪：它是求猎人留下自己孩子的一条命啊！

天下所有慈母的跪拜，包括动物在内，都是神圣的。

当天，老猎人没有出猎，在山坡上挖了个坑，将那只藏羚羊连同它没有出世的孩子掩埋了，同时埋掉的还有他的杈子枪……

从此，这个老猎人在藏北草原上消失了，没有人知道他的下落。

朗诵提示：这篇文章因涉及母爱及野生动物保护主题，具有震撼人心的艺术魅力，经常被朗诵者选用。朗诵时可采用讲故事的语气娓娓道来。讲述藏羚羊下跪及宰杀藏羚羊的情节时，要采用紧张型节奏，语速加快，语调提升，制造悬念，将听者的心紧紧地揪住，然后在真相大白后，从高潮滑落，改用慢速低声，用低沉型语调结尾。

一瓶水的修养

（根据新闻故事改编）

一位记者随同一所受捐助的师范学校的老师迎接一位捐助者。捐助者是香港实业家，家财万贯。

在机场，为了解渴，他们各自买了矿泉水。刚喝了几口，飞机就到了，大家都不约而同地把手中的矿泉水扔到了垃圾桶里。看到大富翁从飞机上走下来，他们迎上去，向大富翁问好。

大富翁态度很好，也很随和。他的手中像一些旅客一样拿着一只矿泉水的瓶子。他拿着那只瓶子和记者及迎接的老师说话，谈笑风生。人们看到，大富翁手中拿着的几乎是一只空瓶子，瓶底只有一口水了，随着他的手在晃动，矿泉水发出轻微的声音。他拿着那只装有一口水的瓶子一直坐上了接送他的车子，还是没有扔掉。

车里有水，有人递给他一瓶满满的矿泉水。他摆摆手，然后把那瓶中剩下的一口水喝完，把瓶子放下，然后接过满瓶的矿泉水。

他这次留下了五百万元的捐款。他的名字叫田家炳，香港知名实业家、慈善家，二十年他已捐款十亿元人民币！

除了爱心之外，更让人感动的应该是那个只剩一口水的瓶子。

朗诵提示：这本是一个平淡无奇的故事，但平淡中蕴涵深刻的生活道理，对当今社会的人们具有强烈的启发意义。因此在朗诵时可采用平和、舒缓的节奏，没有大的语调起伏变化，没有太多的停连变化，只通过轻重音变换，在结尾处将主题点出，于平凡处显现大主题，在平和的声音里展现震撼人心的威力。

一只让人流泪的水缸

（根据故事改编）

那是二十年前一个周日的午后，正是炎热的夏天，几乎每家每户都在午睡。忽然就起火了，由于木头多，火势蔓延快得吓人。六岁的她从睡梦中被父母推醒时，外面已是一片红彤彤的火海。这种居住区房屋很密集，狭窄的巷弄消防车根本无法开进来，所以火越烧越大。父亲抱起她想冲出院门，但烈焰飞腾，浓烟滚滚，已经没有路可以冲出去。周围都是绝望的哭喊声，她看到这个情景，吓得都不会哭了。

父亲观望了一下，把她递到母亲怀里，然后冲向院子里的那只水缸。他用水桶拎出一桶水来，从她们母女二人头上浇下去，又把一桶水浇在自己身上，然后把缸推倒。父亲抱过她，将她塞进缸里说："无论多难受都不要出来！"她蜷缩在缸里，忽然觉得缸滚动起来。她随着缸的滚动翻转着，一时有些晕眩，赶紧闭上眼睛，用脚死死地抵住缸壁。她觉得越来越热，缸壁也慢慢变得烫起来，她身上的水都变成了白白的蒸汽。缸滚动得越来越慢，不知过了多久，她被人从缸里拽出来，空气清凉了许多。她清醒过来，哭喊着叫爸爸妈妈。她忽然看到了那令她终生难忘的一幕：那只水缸仍在那里，大火仍在不远处燃烧着，而她的爸爸妈妈，仍弓身站在缸后，四只手放在缸上，保持着推缸的姿势！他们已经死了，全身烧得黑糊糊的，可她还是一眼认出了他们。

这就是世界上最伟大的亲情啊！在最危急的时刻，把生的希望留给儿女，不惜付出自己生命的，只有父亲母亲！

朗诵提示：这是一个感人至深的亲情故事，朗诵时可通过节奏的对比变化，来强化声音表现效果。开头先用低声慢速，采用平静、柔和的语气，从"忽然"开始加速，改用快节奏。描述大火燃烧的情景时，语句紧连，语速加快，语气急迫，语调上升。从"缸滚动得越来越慢"始逐渐从紧绷的旋律中释放出来，语速减缓，语气降低。朗诵到"那令她终生难忘的一幕"时，可以把语速减慢，语气加重，把那感人的一幕读得撼人心弦。最后结尾点题句要加重语气，将亲情的伟大充分强调出来。

有一种情感永不泯灭

（根据新闻故事改编）

一个妇女，她的儿子三岁那年，被人贩子拐走了。她受不了这个打击，精神崩溃，神经错乱，被送进了市郊的精神病院。

离精神病院不远，有一家乡里办的鞭炮厂。一天中午，大门口的保安恰好进屋去接了一个电话，疯女人跑进了厂里。她径直闯进了生产车间，顺手抓起一些东西就往地上摔。等车间里的几个工人和保安跑来制止她时，她正举起一个装着鞭炮火药的小铁箱；一旦箱子落地，后果不堪设想！人们高喊："放下它！放下它！"可疯女人反而举得更高。情况万分危急！就在这时，一直在追寻疯女人的精神病医院的医生赶到了。他见状，灵机一动，立即冲疯女人叫了起来："别摔坏了你的孩子！"

疯女人顿时愣住了，直直地看着医生，火药箱没有立即落下。医生又大声而和蔼地说了一句："你手上举的是你的孩子。"疯女人的情绪立即安定了许多。她将举在头顶的火药箱放了下来，紧紧抱在怀里，低头打量着怀里的东西。就在这一瞬间，保安和工人们冲了过去，夺下了那箱火药。

医生说，她虽然精神失常，但心底那一份母爱尚未泯灭。

朗诵提示：这则母爱故事，主题鲜明，篇幅短小，易于驾驭。朗诵时主要把握好疯女人抱起火药箱时的紧张场面，可用高声快速、急迫的语气渲染紧张气氛。另外人们的两声高喊"放下它"也要读得恰如其分，因为面对一个精神不正常的人，不能毫无顾忌地高声大喊，可以采用假声，用语调的一高一低来表现人们的焦急与担心。

让 爱 生 爱
（根据故事改编）

在一个村庄里，一位年轻的村妇和她的婆婆关系非常不好。她觉得婆婆一直在和她作对，处处为难她。她心里总是想着如何对付她的婆婆。

一天，年轻的村妇来到一家医院，问一位女医生："医生，有什么秘方可以毒死我的婆婆吗？我受不了她的虐待了。"女医生听了笑着说："我给你开一剂'酸泥丸'，你可以在每天吃饭之前拿出一颗给她吃。只是每次给她吃药的时候，你要故意装作很孝顺的样子侍候她，让她不起疑心。三个月后，你的婆婆就会有变化，那时你来我这儿，我再给你加重药的剂量，到第一百日，必有效果。"年轻的村妇听了，高高兴兴地拿着医生开给她的药回去给她的婆婆吃了。

三个月后，她再次来到女医生的面前说："医生，我不想毒死我的婆婆了。"女医生问她："你为什么改变主意了？""从我听了你的话，每天吃饭前尽心侍候她吃下一颗'酸泥丸'后，婆婆突然改变了对我的态度，变得对我非常和善。而且跟我抢着做家务，让我多休息，像我的母亲一样关怀我。所以我要救我婆婆。医生，你快给我开一剂解毒的药来救救她吧！"

慈祥的医生听完她的话，开怀大笑，说："我知道你会来的。你放心好了，你的婆婆不会死的。'酸泥丸'其实是一道可口的点心。因为你经常面带笑容给婆婆吃'酸泥丸',婆婆感觉到了你对她的孝顺,从而改变了对你的态度,并开始善待你。要知道,你要别人怎样对你,首先应该学会怎样对待别人……"

朗诵提示:这是一则富含哲理的生活故事。朗诵难度主要在对话上,要将年轻村妇开头对婆婆的憎恨与结尾对婆婆的不舍明显区别开来,还要将医生的聪明、睿智读出来。因此读医生的话可采用平和的语调、平稳的节奏,而读村妇的话,要采用大起大伏的语调,多用轻重音和停连变化方式,将村妇的性格和态度的转变表现出来。结尾医生的话"你要别人怎样对你,首先应该学会怎样对待别人"是全文的主题句,要改换语气,加重读音,将其中蕴涵的生活哲理强调出来。

母亲的清醒一刻
(根据故事改编)

她是一个疯女人,每每遇到惊吓就会失常,要么瘫痪,要么发狂。这天晚上,她和三个儿女挤在一张床上看电视。晚上九点多了,她想起还没有喂猪,就穿过堂屋去厨房拿猪食。突然她发现房顶簌簌地向下掉泥灰,走到门外,就看到房子像化雪一样慢慢往下塌。

前一天,当地下过一场大雨,她家的土坯房当时被水淹了,连墙根都泡软了,但她并没有意识到房子会出现什么异常。她脑子一片空白,只感觉自己似乎要晕倒。

突然,一片混沌中传来小女儿的呼叫声:"妈妈!快帮我撑起!"她一下子清醒过来,意识到三个儿女在房间里。她立刻扯开嗓子喊人救命,但那天晚上她的丈夫不在家,附近的邻居也都外出了。漆黑的夜色中,喊叫声悲切、凄凉、无助。喊叫了一会儿,只有风声回应着她,她等不及了,决定自己救孩子。她开始循着孩子们的声音疯狂地扒残垣、瓦片和泥土。她一边疯狂地扒着,一边和几个孩子轮流说话。她感觉自己的双手越来越疼,脚也开始发软。她一边继续扒着,一边鼓励着自己:"不能晕倒!"灾难撕破那晚的安宁,鲜血染红了那晚的夜色。终于,她看到了纱帐,知道挖到床了。她一把撕开纱帐,将三个孩子拉了出来。

这个事件发生在2005年9月13日的璧山县大兴镇万民村，那位身患精神病的母亲的名字非常普通——安昌贤。

即使神志不清，母爱也是清醒的……

朗诵提示：这也是一则母爱故事，易于打动听者。朗诵时注意节奏对比变化，可在开头部分采用平和的语气和舒缓的语速来衬托、对比后面的紧张气氛。从"突然"段开始，逐渐加速，描摹黑夜中凄凉、无助的场景时要极力渲染，到疯女人抢救儿女的情节时，要用急迫的语气、紧张的节奏和多连少停的语音方式将疯女人疯狂解救儿女的情态表现出来。结尾一句话，含义丰富，要注意吐字归音方法，读出意味深长的效果。

便当里的头发
（根据故事改编）

在那个贫困的年代里，很多同学往往连带个像样的便当到学校上课的能力都没有，我邻座的同学就是如此。他的饭菜永远是黑黑的豆豉，我的便当却经常装着火腿和荷包蛋。

而且这个同学，每次都会先从便当里捡出头发之后，再若无其事地吃他的便当。这个令人浑身不舒服的发现一直持续着。

"可见他妈妈有多邋遢，竟然每天饭里都有头发。"同学们私底下议论着。尽管我总觉得好肮脏，但为了照顾同学自尊，不能表现出来。我对这同学的印象，也因此开始大打折扣。有一天学校放学之后，那同学叫住了我："如果没什么事就去我家玩吧。"虽然我心中不太愿意，不过自从同班以来，这是他第一次开口邀请我到家里玩，所以我不好意思拒绝他。于是我随朋友来到了位于汉城最陡峭处的某个贫民村。

"妈，我带朋友来了。"听到同学兴奋的声音之后，房门打开了。他年迈的母亲出现在门口。

"我儿子的朋友来啦，让我看看。"但是走出房门的同学母亲，只是用手摸着房门外的梁柱。

原来她竟然是双眼失明的人。

朗诵提示：这个故事语言朴实，篇幅短小，表现母爱主题，易于调动朗诵者情绪，也容易打动听者。朗诵时可用平和的语调，娓娓道来。朗诵前面部分的叙事尽量给人以错觉，让听者对"便当中的头发"产生厌恶感。后半部分逐层揭开谜底，语速逐渐加快，语调逐渐提升。在结尾句"原来"后，停顿片刻，制造悬念，引起听者强烈好奇，然后在"她竟然是"后，再稍加停顿，当听者产生急不可耐的情绪之后，再缓缓地读出"盲人"二字，以表现作者的震惊，并引导听者将前后文意贯通起来形成百感交集的复杂感受。

话剧《罗密欧与朱丽叶》中罗密欧的独白

一个坟墓吗？啊，不！……这是一个灯塔，因为朱丽叶睡在这里，她的美貌使这一个墓窟变成一座充满着光明的欢宴的华堂。——这里没有死亡的阴惨和恐怖，辉映着的却是青春和爱情的光芒，朱丽叶压抑不住的生机扫尽现实的阴霾，给黑暗的人生带来永恒的光明和无尽的欢乐。

啊，我的爱人，我的妻子！死，虽然已经吸去了你呼吸中的芳蜜，却还没有力量摧残你的美貌；你还没有被他征服，在你的嘴唇上、面庞上，依然显着红润的美艳，不曾让灰白的死亡进占。……啊，亲爱的朱丽叶，你为什么仍然这样美丽？难道那虚无的死亡，那枯瘦可憎的妖魔，也是个多情种子，所以把你藏匿在这幽暗的洞府里做他的情妇吗？为了防止这样的爱情，我要永远陪伴着你，再不离开这漫漫长夜的幽宫。

来，苦味的向导，绝望的领港人，现在赶快把你的厌倦于风涛的船舶向那岩上冲击进去吧！为了我的爱人，我干了这一杯！

朗诵提示：这是莎士比亚的著名悲剧《罗密欧与朱丽叶》中的一段经典独白。剧作讲述的是在意大利的维罗那，出生在两个互相敌对的家庭的朱丽叶和罗密欧深深相爱，在神父的帮助下，两人秘密地结了婚。神父希望能以此来化解两个家族间长久的仇恨，但朱丽叶的父亲要把朱丽叶嫁给一个她不爱的年轻人。在神父的策划下，朱丽叶假装服毒自尽，接到噩耗的罗密欧赶到陵墓，就在朱丽叶醒来时，罗密欧已经喝下了剧毒药，朱丽叶也随之开枪自尽。本段选自剧作的结局部分第五幕第三场，即罗密欧进入墓穴看到服药假死的朱丽叶时的独白，最后一段是罗密欧义无反顾地走向死亡前所表露的最后的心声。朗诵时要用浓烈的情感、炽热的语气表现罗密欧与朱丽叶爱的深沉和坚贞，用上扬的语调、乐观的情绪表达对中世纪封建制度强烈的反叛。另外，莎士比亚的台词富有诗意特征，要讲究吐字归音技巧，将台词中所蕴涵的浓郁的诗情淋漓尽致地表现出来。

话剧《雷雨》中蘩漪的台词

曹禺

（蘩漪得知周萍要和四凤一起走。）

蘩漪：（爆发，眼睛射出疯狂的火）你有权利说这种话吗？你忘了就在这屋子，三年前的你吗？你忘了你自己才是个罪人；你忘了，我们——（突停，压制自己，冷笑）哦，这是过去的事，我不提了。（转向周萍，哭声，失望地说）哦，萍，好了。这一次我求你，最后一次求你。我从来不肯对人这样低声下气说话，现在我求你可怜可怜我，这家我再也忍受不住了。（哀婉地诉出）今天这一天我受的罪过你都看见了，这样子以后不是一天，是整月，整年地，以至到我死，才算完。他厌恶我，你的父亲；他知道我明白他的底细，他怕我。他愿意人人看我是怪物，是疯子，萍！

朗诵提示：这是话剧《雷雨》第四幕中蘩漪的一段台词，是蘩漪得知周萍要带四凤出走后的一段情感大爆发。朗诵这段"语无伦次"的台词，其中既要有对周萍负心出走的愤怒与悲伤，也要有对爱情的强烈渴望与低声下气的祈求，还要有对周朴园压抑人性的不满与怨恨。情感复杂，语气丰富，节奏富于变化，才能把蘩漪外表冷酷、内心火热、略带神经质的女性形象用声音塑造出来。

电影《甲午风云》中邓世昌的台词

尊敬的罗皮儿先生，难道我大清保卫自己的江山是轻举妄动？难道我北洋水师出海抗击倭寇的侵略是惹是生非？难道倭寇卑鄙的不宣而战反倒是我北洋水师在那里寻衅滋事？难道我们只有像猪羊一样任人宰割你们才好出来说话？真是一派胡言！

　　朗诵提示：电影《甲午风云》描述了 1894 年发生的甲午海战。日本在中国领海内肆意挑衅，北洋大臣李鸿章极力主张求和。"致远号"管带邓世昌主动请缨，代替旗舰指挥作战，率领"致远"号官兵英勇战斗。因为炮弹打完，邓世昌决定撞沉敌舰"吉野"号。但在追赶"吉野"号时，不幸被鱼雷击中，全舰官兵壮烈牺牲。本段是邓世昌坚决拒绝求和，愤怒斥责外国调停公使的一段台词。朗诵时要把握义正词严、慷慨激昂的基调。四个反问句可采用高低相间的方式，也可采用上山类语势，逐渐提高，形成一波一波浪潮翻涌的态势，以不容辩驳的反问语气将愤怒的情绪推至高潮。最后一句朗诵前稍停片刻，重点强调"真是"二字，然后采用"喷口"法，读出"一派胡言"四字，达到全段最高潮，然后干净利落地收尾。

电影《安娜·卡列尼娜》中安娜的台词

　　我要这钟声，这教堂，这诺言有什么用呢？这不过是为了掩盖我们彼此仇恨的事实罢了。难道人不就是为了互相憎恨才来到这个世界上的吗？所以才折磨自己，也伤害别人。哦不，这怎么可能呢？这些街道我是不会认识的，到处都是房子，房子，房子里到处都是人，数不清的人，个个都是眼睛。对于爱情，我是越来越热烈，越来越自私，而他却越来越冷淡，真是无可奈何。生活迫使我们分了手，我使他不幸，他使我不幸。一切都是虚假，一切都是欺骗，一切都是谎言，一切都是罪恶，罪恶，罪恶！

　　朗诵提示：《安娜·卡列尼娜》是俄国著名作家列夫·托尔斯泰的代表作品。电影重点讲述了女主人公安娜的爱情悲剧。本段台词是安娜在感到爱情破灭后的一段内心独白。朗诵时要把握住主人公安娜的性格特点。安娜渴望自由，勇敢地冲出家庭与渥伦斯基结合，公然与整个上流社会对抗，由此失去了一个贵族妇女在社交界的一切地位和权利，除了渥伦斯基的爱，她一无所有。然而，这份爱情得不到渥伦斯基相应的感情回应，安娜绝望了。朗诵时要把安娜内心的困惑、迷惘与绝望体现出来。结尾要满含怨愤地喊出：一切都是虚假，一切都是欺骗，一切都是谎言，一切都是罪恶！

电影《剪刀手爱德华》中爱德华的台词

如果晚上月亮升起的时候，月光照到我的门口，我希望月光女神能满足我一个愿望，我想要一双人类的手。我想用我的双手把我的爱人紧紧地拥在怀中，哪怕只有一次。如果我从来没有品尝过温暖的感觉，也许我不会这样寒冷；如果我从没有感受过爱情的甜美，我也许就不会这样地痛苦。如果我没有遇到善良的佩格，如果我从来不曾离开过我的房间，我就不会知道我原来是这样的孤独。

朗诵提示：《剪刀手爱德华》是一部带有后现代主义色彩的美国电影。影片讲述了一个不得志的化妆品推销员安培太太在无意间发现了隐居在古堡中的机器人爱德华，并把他带回家中照顾。爱德华几乎和人类一模一样，有思想，有感情，能吃饭能喝水，就缺一双人类的手，他只有一双剪刀手。他能用他的剪刀手修剪树木，给人理发，给狗修毛，所以大家都非常喜欢他。他爱上了安培太太的女儿金，并在金的男友吉姆的怂恿下成了他们入室行窃的帮凶。他因为深爱着金，所以并没有说出真相，但他在一夜之间成了一个恶魔。最后在众人的围堵中，他逃进了古堡，从此过起了以前那种与世隔绝的生活。这段台词是爱德华的一段内心独白，朗诵时要充分体会爱德华对人类生活的热爱和对美好爱情的向往，语气火热，但语调平淡，带着难以掩饰的冰冷与落寞。

电影《十二夜》中 Jeannie 的台词

跟你分开之后，有段时间我非常恨你，恨你入骨；我甚至觉得，我对你那么好，你没理由不要我；我那么喜欢你，你没理由这样对我。但想不到，原来根本都不关任何人的事。一切，都因为我自己不够成熟。之后，我就去了英国，一下了飞机我就想哭，因为我记得你以前说过，你一定会带你的女朋友去见大学的教授，然后你问我们什么时候去。现在我到了，但是只剩下我一个人。我在火车站下车，去了你以前的大学，我突然觉得你很遥远，我很怕。你怎么变得那么陌生。如果连这种感觉都没有，那我就真的一无所有。到了第三天，我又去你的大学，坐在饭堂里，我想象，你曾在这里出现过。然后就哭了，是不是我不够好？我觉得，一切都应该过去了。突然间，我所有的感觉都跑回来了，就好像我四年前大学毕业，搬出来住一样，所有东西都是刚刚开始。突然我的心不再痛了，我也不再不开心，心好像也跑回来了，我觉得我可以重新开始。我曾经想过找你，给你写过很多信，但都没有寄，因为我跟自己说如果我找你，是为了想让你回心转意的话，我不允许自己这么做。因为我不能让人家再这样伤害我。我跟别人说，我找你是为了告诉你，我不再紧张你；她说，如果不紧张，根本就不用找。我知道，所以我不再骗自己了，所以我想说的是，我真的很喜欢很喜欢你，然后很伤心很伤心。然后，希望有一天，我的伤好了，可以重新来过。我一直在等这一天，希望快点来，而这一天终于来了。

　　朗诵提示：《十二夜》是香港导演林爱华执导的一部电影，由十二段感情故事构成。本段讲述的是年轻貌美的空姐 Jeannie（张柏芝饰）邂逅了有为的工程师 Alan（陈奕迅饰），两人在失恋阵痛未退的晚上相遇，由此展开了十二夜迷情故事。但这段感情来得快去得也快，两人因不同的生活观逐渐形成了分歧和隔膜。Jeannie 再一次陷入失恋的漩涡之中，只好等待着下一段真爱的到来。这段台词就是 Jeannie 向 Alan 倾诉衷肠的大段独白。朗诵时要保持平稳、舒缓的节奏，前半部分要用决绝、憎恨的语气，中间部分用深情、悲伤的语气，结尾要用真诚、火热的语气把一个都市女孩对爱情的执著表现出来。

电影《大腕》中演员李成儒的台词

一定得选最好的黄金地段

雇法国设计师

建就得建最高档次的公寓

电梯直接入户

户型最小也得四百平米

什么宽带啊，光缆啊，卫星啊

能给他接的全给他接上

楼上边有花园儿，楼里边有游泳池

楼子里站一个英国管家

戴假发，特绅士的那种

业主一进门儿，甭管有事儿没事儿都得跟人家说

May I help you，sir?

一口地道的英国伦敦腔儿

倍儿有面子

社区里再建一所贵族学校，教材用哈佛的

一年光学费就得几万美金

再建一所美国诊所儿，二十四小时候诊

就是一个字儿——贵！

看感冒就得花个万八千的

周围的邻居不是开宝马就是开奔驰

你要是开一日本车啊

你都不好意思跟人家打招呼

你说这样的公寓，一平米得卖多少钱

我觉得怎么着也得两千美金吧

两千美金？那是成本

四千美金起

你别嫌贵，还不打折

你得研究业主的购物心理

愿意掏两千美金买房的业主

根本不在乎再多掏两千

什么叫成功人士你知道吗？

成功人士就是——买什么东西都买最贵的，不买最好的

所以，我们做房地产的口号就是

不求最好，但求最贵！

朗诵提示：冯小刚的贺岁电影《大腕》通过小人物尤优为著名导演泰勒举办葬礼的故事，展现中国当下林林总总的文化现象和时代虚症：广告无孔不入、电视剧名导的幕后卑劣行径、圈内为了成名不知廉耻、盗版现象猖獗、传媒的八卦等等。故事结尾疯人院中房地产商的一段独白因其具

有强烈的讽刺意味和幽默效果而广为流传。朗诵时要用长气保持连贯的语流、顺畅的语句，若能带点京腔效果更好。模拟英国管家的话，要惟妙惟肖，追求神似。其中自问自答的内容，可通过语气的变化和语调的升降读出问句与答句的区别。最后一句点睛句可重点对比强调"不求、但求"，而且语速要快，才能把房地产商人得意的嘴脸表现出来，产生令人忍俊不禁的效果。

电视剧《康熙王朝》中康熙的台词

　　当朝大学士，统共有五位，朕不得不罢免四位；六部尚书，朕不得不罢免三位。看看这七个人吧，哪个不是两鬓斑白，哪个不是朝廷的栋梁，哪个不是朕的儿女亲家，他们烂了，朕心要碎了！祖宗把江山交到朕的手里，却搞成了这个样子，朕是痛心疾首，朕有罪于国家，愧对祖宗，愧对天地，朕恨不得自己罢免了自己！还有你们，虽然个个冠冕堂皇站在岸上，你们，就真的那么干净吗？朕知道，你们有些人，比这七个人更腐败！朕劝你们一句，都把自己的心肺肠子翻出来，晒一晒，洗一洗，拾掇拾掇！朕刚即位的时候以为朝廷最大的敌人是鳌拜；灭了鳌拜，以为最大的敌人是吴三桂；朕平了吴三桂，台湾又成了大清的心头之患；啊，朕收了台湾，噶尔丹又成了大清的心头之患。朕现在是越来越清楚了，大清的心头之患不在外边，而是在朝廷，就是在这乾清宫！就在朕的骨肉皇子和大臣们当中，咱们这儿烂一点儿，大清国就烂一片，你们要是全烂了，大清各地就会揭竿而起，让咱们死无葬身之地呀！想想吧，崇祯皇帝朱由检，吊死在煤山上才几年哪？忘啦！那棵老歪脖子树还站在皇宫后边，天天地盯着你们哪！朕已经三天三夜没有合眼了，总想着和大伙说些什么，可是话总得有个头啊。想来想去，只有四个字（"正大光明"匾升起）……这四个字，说说容易啊，身体力行又何其难？这四个字，是朕从心里刨出来的，从血海里挖出来的。记着，从今日起，此殿改为正大光明殿！好好看看……哦，你们都抬起头来，好好看看，想想自己，给朕看半个时辰……

　　朗诵提示：这段台词讲述了康熙在位61年的重大事件，如"捉鳌拜、定三藩、收台湾、打噶尔丹"等，最后点出了大清的心头之患乃是朝廷内部的腐败争斗这一深刻主题。这是康熙怒斥群臣的一段独白。朗诵前要充分体会主人公的感受，运用恰当的语气、语调。康熙大帝君临天下，文韬武略，功高盖世，然而，封建王朝腐败的吏治与朋党之争令他痛心疾首。再大的强敌都能平定，但内部的结党营私、腐败争斗，是康熙感到无能为力的。因此在朗诵时要从痛心到愤怒，从无奈再到殷殷告诫，语气丰富，感情浓烈。另外需要注意的是本段台词虽是康熙大帝所言，但非常口语化，富有生活气息，因此朗诵时要贴近生活，切忌拿腔拿调。

后　记

许多年前，作为朗诵爱好者的我，因为参加学校组织的诗文朗诵会，想选一首既经典又新鲜的作品，找遍各个书店、图书馆和阅览室，都没有合适的内容，只好接受语文老师推荐的一首裴多菲的诗。尽管当时在比赛中获得了一等奖，可是我始终都没弄清楚自己满含深情朗诵的"金龟子，黄色的金龟子"到底是什么意思。多年后，我在高校从事口语教学，指导学生进行朗读训练时，看到学生经常拿着从网上下载的"美文"作为考试篇目，文章虽好，却不一定适合朗诵。尤其是我在担任播音编导艺术类高考的评委时，听到同一考场许多考生在读相同的作品，感到非常奇怪，深入探究才知道由于缺乏朗诵材料，考生本人也不清楚选择什么样的作品才适合自己的音色和个性。于是我决定编写一部《经典诗文台词朗诵技巧》，既有系统的理论指导，又有大量推荐篇目，让大家有一个更广阔的选择空间。

今天，这本书终于和大家见面了。首先感谢我的恩师万里教授。她把在中央人民广播电台积累多年的朗诵经验传授给我，将我带上汉语口语表达学研究之路。感谢国家语委的老师们，让我在汉语语音教学的"黄埔军校"——中央语音培训班接受了严格、规范的语音训练！感谢中国传媒大学播音主持艺术学院的老师们，三年的研究生课程为我的播音发声和朗诵技能奠定了扎实基础！

另外，感谢书中所引用的经典篇目的作者，是你们创作了优美的文字，给朗诵者进行有声语言的再创作留下了广阔空间。一些改编篇目和使用网络名字的作者，由于通联和姓名阙如无法联系，请看到此书的作者尽快与我们沟通，我们将一并致谢！

在成书过程中，白晓清、张静、王靖远、刘同帅等好友及同学，为本书的体例、内容及文字提出了许多建设性意见。在此，表示诚挚的谢意!

　　最后,感谢以前曾用书中内容在考试或比赛中取得优异成绩的同学们!是你们用自身经历验证了书中所讲理论。也希望即将看到此书的朗诵爱好者和专业工作者从中受到启发,在以后的朗诵实践或理论研究中取得理想成绩!

张海燕
于 2012 年春

参 考 文 献

万里，张锐. 教师口语 ［M］. 北京：北京师范大学出版社，1994.

张颂. 中国播音学 ［M］. 北京：北京广播学院出版社，1994.

刘照雄. 普通话水平测试大纲 ［M］. 长春：吉林人民出版社，1994.

吴开晋，耿建华，孙基林. 中国朗诵诗精选 ［M］. 石家庄：花山文艺出版社，1995.

张洁. 青少年播音主持训练教程 ［M］. 北京：中国传媒大学出版社，2007.

百度百科. 朗诵词条 ［OL］. ［2012-04-19］. http://baike. baidu. com/view/254263. htm.

佚名. 古典诗词朗诵中一个不容忽视的问题 ［OL］. ［2010-01-18］. http://sccsjs. gxu. edu. cn/Article/langsong/201001/71. html#.